全国新闻出版系统职业院校统编教材

网络编辑实务

WANGLUO
BIANJI SHIWU

主　审：刘　敏
主　编：郑孝昌
副主编：钟坚挺　陈文耀
参　编：何　庆　韩贵东　王秀波

PRESS AND PUBLISHING

北京师范大学出版集团
BEIJING NORMAL UNIVERSITY PUBLISHING GROUP
北京师范大学出版社

图书在版编目(CIP)数据

网络编辑实务 / 郑孝昌主编. —北京：北京师范大学出版社，2019.3(2025.7 重印)

ISBN 978-7-303-23347-2

Ⅰ. ①网… Ⅱ. ①郑… Ⅲ. ①互联网络－新闻编辑 Ⅳ. ①G213

中国版本图书馆 CIP 数据核字(2018)第 009114 号

出版发行：北京师范大学出版社 https://www.bnupg.com
北京市西城区新街口外大街 12-3 号
邮政编码：100088

印　　刷：保定市中画美凯印刷有限公司
经　　销：全国新华书店
开　　本：787 mm×1092 mm　1/16
印　　张：18.5
字　　数：470 千字
版　　次：2019 年 3 月第 1 版
印　　次：2025 年 7 月第 3 次印刷
定　　价：42.90 元

策划编辑：易　新　　　　责任编辑：易　新
美术编辑：焦　丽　　　　装帧设计：焦　丽
责任校对：陈　民　　　　责任印制：赵　龙

序 言

以习近平同志为核心的党中央高度重视职业教育工作。2014 年，全国职业教育工作会议召开，习近平总书记就加快发展职业教育作出重要指示，强调职业教育是国民教育体系和人力资源开发的重要组成部分，是广大青年打开通往成功成才大门的重要途径，肩负着培养多样化人才、传承技术技能、促进就业创业的重要职责，必须高度重视、加快发展。2017 年，中华职业教育社成立 100 周年之际，习近平总书记专门致信祝贺，关心指导职业教育发展。在党的十九大上，习近平总书记指出，要完善职业教育和培训体系，深化产教融合、校企合作。习近平总书记关于职业教育的重要讲话，是习近平新时代中国特色社会主义思想的重要组成部分，是新时代推动我国职业教育发展的思想武器、强大动力和工作指南。

新闻出版作为主要依靠人才、依靠智力资源发展的行业，一直把推进职业教育、培养职业技能人才作为重要工作紧抓不放。党的十八大以来，在习近平新时代中国特色社会主义思想的指引下，相关部门实施高技能人才培养工程，举办职业技能大赛，开展职业技能培训和认证，成立行业职业教育指导委员会，着力推进新闻出版职业教育工作，取得了丰硕成果，为新闻出版业转型升级、繁荣发展提供了人才保障。党的十九大作出了建设文化强国的重大部署，提出要提高保障和改善民生水平，把教育事业放在优先位置。《新闻出版广播影视“十三五”发展规划》也对发展行业职业教育、培养职业人才作出了重要安排。面向新时代，立足新起点，必须要进一步贯彻落实习近平总书记关于职业教育的重要指示精神，着眼新闻出版广播影视强国建设，不断创新推动新闻出版职业教育工作，为行业繁荣发展提供强有力的人才支撑。

教材是职业教育的重要载体，是决定职业教育成效的关键因素。为了推动印刷行业提质增效、实现更高层次的发展，新闻出版职业教育指导委员会组织编写了平面媒体印制技术专业、出版与发行专业首批各十本专业教材，服务印刷、出版发行技能人才培养。从整体上，这批专业教材主要体现出以下几个特点：

一是把握现代职教体系要求。按照建设适应发展需求、产教深度融合、中职高职衔接、职业教育与普通教育相互沟通的现代职业教育体系的要求，做好教材内容设计。教材编写过程中注重中高职衔接，把握内容编排由简到繁、由浅入深，为系统培养适应经济社会发展需求的印刷、出版专业技能型特别是高端技能型人才打造精品教材。

二是教材编写模式多样。把握应用型教材的编写以社会实际需要为核心目标的特点，对教材编写模式不做统一要求，鼓励老师根据自身课程的特点，选取最适合这门课程教学的模式组织编写。编写过程中，采取了任务式、模块式、项目式等多种编写模式，有效解决了应用型人才培养过程中教材难以满足教学现状的问题。

三是强化业务实践能力。坚持理论的适度性、应用的系统性、实践的指导性、内容的先进性，按照岗位工作流程，以工作实践为主线，选用了大量典型的实践案例素材组织教材内容。每门课程内含几个大的模块，模块下再分任务。通过层层递进，突出人才培养过程中实践能力和专业技能的训练，强化学生的动手实践能力，为学生未来的就业打好坚实的基础。

四是遵循新的课程标准。教育部于2015年认定通过了平面媒体印制技术专业、出版与发行专业课程标准，对两个专业4门专业核心课及其他专业课都进行了界定，这为教材的编写提供了根本依据，也为教育教学提供了质量标准。教材编委会在组织首批教材的开发编写期间，严格按照新的课程标准编制教材内容，以学生职业能力和职业技能的形成为重点，充分反映时代特征与专业特色，能够有力满足学生学习的需求。

平面媒体印制技术专业、出版与发行专业首批各十本教材即将付梓出版，希望职业教育各个方面对教材的使用提出反馈意见，促进查缺补漏、吸取教训、及时改进，提升后续教材的开发编写工作质量，更好地为行业培养高素质技能人才服务。

编委会

2019年1月

前 言

本课程以网络编辑的典型工作任务为载体，针对网络编辑员和助理网络编辑师职业资格要求，训练技能，学习知识，培养素质。本课程特点是贯彻学生为中心的教学理念，针对职业教育的特点和职业学校学生的特点，遵循实践到理论在到实践的认知规律，采用“做”中“学”，“练”中“学”的教学方法完成学习和训练任务。教学进程是从简单的工作任务到复杂工作任务的过程，同时也是让学生从学会“制作”到学会“创作”的提高过程。

网络编辑岗位需要的知识技能很庞杂宽泛，本课程重点训练这些知识和技能与网络编辑岗位对接时怎么应用，而不会针对某方面的知识和技能深入的展开。在整个课程体系中的安排可以较灵活，在学习本课程前可以安排专门提高学生某项素质的课程比如新闻采写，网页制作等，也可以将这些课程放在本门课程之后作为专项提高。

每个项目的“任务一”师生共同完成，“任务二”由学生或学生小组完成。任务有些是综合性案例，有些是由若干并列或递进的子任务组成。任务来源于工作过程，但经过提炼和重新设计，意图做到以下 3 点：1. 涵盖但不限于本项目知识点和技能点；2. 实现由“虚”到“实”的转化，能够“练”带动“学”；3. 学生的学习效果能客观显现，可评价。本书是“全国新闻出版系统职业院校统编教材”中的一种。

本书的构思由广东省新闻出版技师学院郑孝昌完成。项目一了解网络编辑、项目三制作音视频和项目十学习法律法规由郑孝昌撰写；项目一了解网络编辑(与郑孝昌共同)、项目五制作网页及发布内容由广东省新闻出版技师学院何庆撰写；项目二编辑图文、项目四设计动画由广东省新闻出版技师学院钟坚挺撰写；项目六获取和筛选网络信息由韩贵东撰写；项目七加工稿件、项目八实施原创由江西传媒职业学院陈文耀撰写；项目九构建和管理网络互动由江西传媒职业学院王秀波撰写。本书的主审由江西传媒职业学院刘敏担任。

编　者

目 录

项目一　了解网络编辑

【学习目标】

知识目标： 理解网络编辑的概念，了解网络编辑的工作内容和业务流程。

能力目标： 掌握网页制作最基本的技术。

素质目标： 完成简单的网络编辑任务，体验网络编辑工作的乐趣，了解网络编辑对知识和技能的要求。

第一部分
预备知识

一、网络编辑的概念

网络已经成为我们生活必不可少的元素。很多网友调侃说，断网比断水断电还痛苦。我们通过网络获得大量的资讯信息。比如，我们打开浏览器，在地址栏输入 www. sina. com. cn，打开如图 1-1 所示页面。

图 1-1

可以浏览新闻、专题等丰富的内容，也可以使用它提供的博客、邮箱等各种应用。网络媒体蓬勃发展离不开网络编辑从业人员的辛勤工作。网络编辑职业——网络编辑师(员)，是指利用相关专业知识及计算机和网络等现代信息技术，从事互联网网站内容建设的人。网络编辑包括信息获取、信息编辑加工、信息原创、网页制作发布、组织和管理网络互动等内容。

二、网页制作工具介绍

在本项目中，我们要学习完成简单的网络编辑任务。与传统的编辑相比，网络编辑的工作环境是在网络上，并且最后多数是以网页的形式发布。所以我们在这个项目前先必须掌握网页制作的基本知识，学会网页制作工具的简单应用。

Dreamweaver 是用来制作网站网页的一款主流软件，简称“DW”，中文名称"梦想编织者"，是美国 MACROMEDIA 公司(已被 Adobe 公司收购)开发的集网页制作和管理网站于一身的所见即所得网页编辑器，它是第一套针对专业网页设计师特别开发的视觉化网页开发工具，利用它可以轻而易举地制作出跨越平台限制和跨越浏览器限制的充满动感的网页。

以目前的新版本 Dreamweave CS6 为例，介绍 Dreamweaver 的基本操作：

第一步，打开 Dreamweaver。

会弹出欢迎界面，分三个部分。左边是最近访问过的文件列表，中间是新建各种格式的文件，右边是主要功能介绍，如图 1-2 所示。

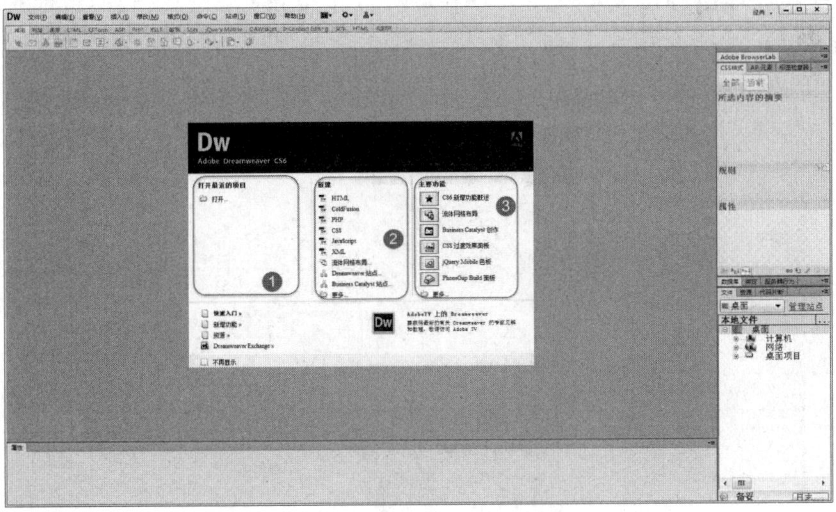

图 1-2

右边主要功能介绍，实际上是一些链接，单击会跳转到 adobe 公司的官网，是对 Dreamweaver 介绍的文档、视频等，如图 1-3 所示。

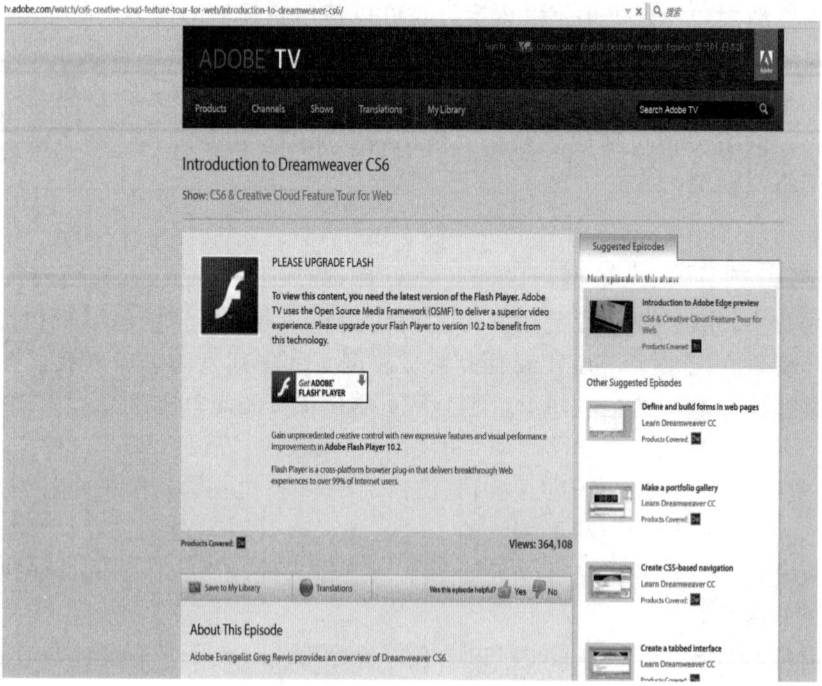

图 1-3

Dreamweaver 可以编辑很多格式的文件，在新建列表我们可以看到很多种格式的选择，这些文件本质都是文本文件，Dreamweaver 提供对相关代码的智能提示，使我们方便编辑，并且在新建文档时，会将一些相应格式的初始值都填写好，如图 1-4 所示。

新建文件格式：HTML ColdFusion PHP CSS...

图 1-4

譬如我们单击新建一个 html 文件，切换到代码试图，会看到相应的初始代码已经写好，如图 1-5 所示。

图 1-5

超文本标记语言(英文：HyperText Markup Language，HTML)。是为“网页创建及其他可在网页浏览器中看到的信息”设计的一种标记语言。它通过标记符号来标记要显示的网页中的各个部分，在上图看到的用各种尖括号包裹的就是各种标记，不同的标记可以告诉浏览器如何显示其中的内容。在上图中：

①如根节点〈html〉告诉浏览器，这是一个 html 文件；

②〈head〉〈/head〉之间定义网页文档信息；

③〈body〉〈/body〉网页中显示的实际内容均包含在这两个正文标记符之间。正文标记符又称为实体标记。

第二步，建立站点。

在新建列表中还有有一个 Dreamweaver 站点选项。站点就是一个网站，我们要把编写好的网页和其他的资源文件保存在站点上，简而言之，站点就是保存网站内容的文件夹。我们来介绍下怎么用 Dreamweaver 来建立站点。

1. 在欢迎界面—新建列表最下方，单击 Dreamweaver 站点，或者在顶部菜单栏单击站点—新建站点，如图 1-6 所示。

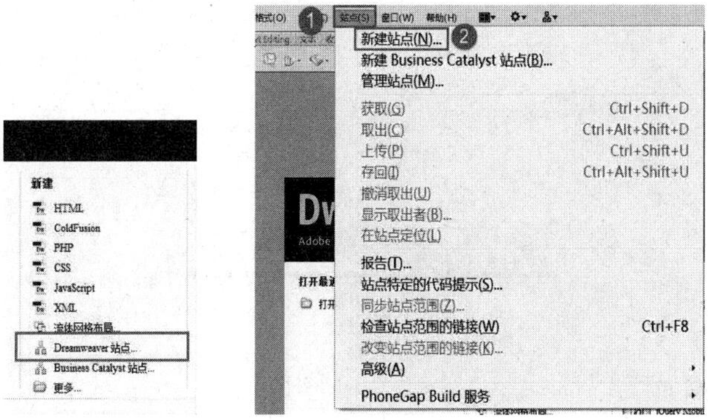

图 1-6

2. 接着填写：站点名称（填写你的站点名称，示例中填写“网络编辑”）—选择本地网站文件夹（示例中填写 C:\webdegsin），单击保存。如图 1-7 所示。

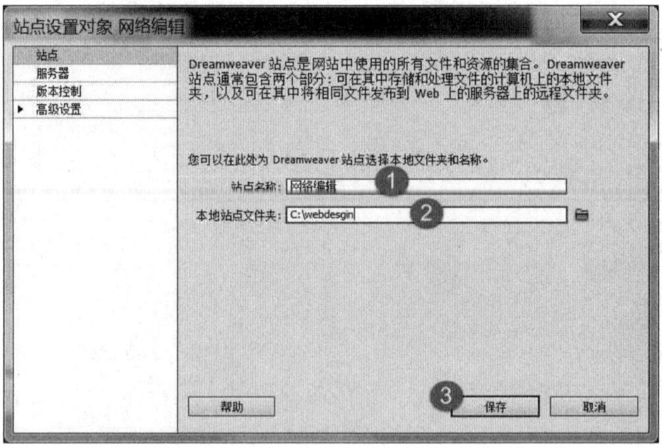

图 1-7

3. 在右侧的文件窗口就能看见本地文件了（暂时没有任何文件），如图 1-8 所示，本地站点已经建立好。远端站点我们暂时不做介绍。

图 1-8

第三步，新建网页。

1. 在欢迎界面，新建列表单击 HTML，我们新建一个网页，如图 1-9 所示。

图 1-9

2. 单击菜单栏“文件—保存(热键 Ctrl+S)”保存文件，输入文件名 index 后，单击保存按钮。如图 1-10 所示。

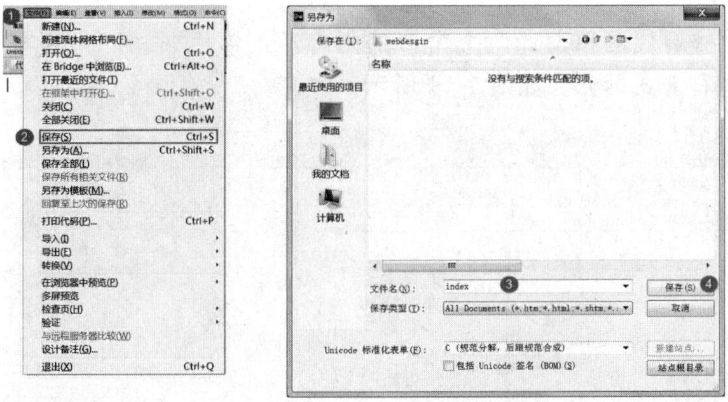

图 1-10

3. 现在我们在右侧文件窗口就能看到刚刚创建的网页文件了，如图 1-11 所示。

图 1-11

如果看不到文件，注意单击站点前的＋符号，如图 1-12 所示。

第四步，编辑网页。

1. 了解 Dreamweaver 工作区。

Dreamweaver 工作区分为代码窗口、拆分窗口、设计窗口，还有实时视图。如图 1-13所示。

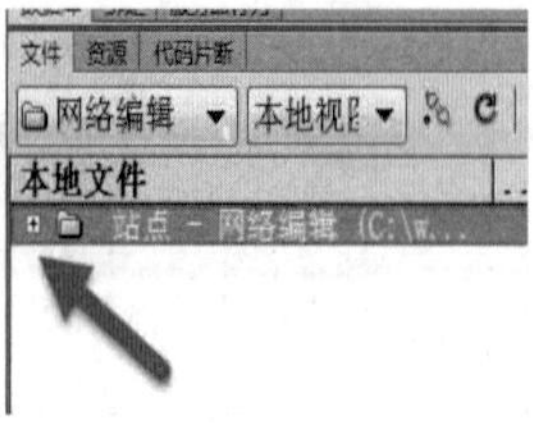

图 1-12

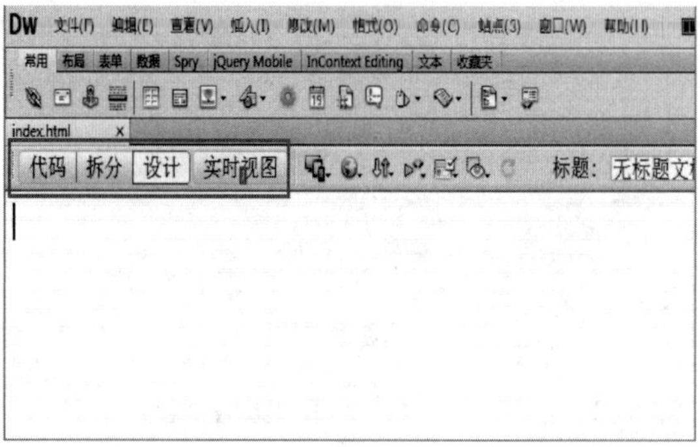

图 1-13

拆分中可以查看代码和设计两个窗口的内容，菜单栏“查看”中还有垂直拆分，即让你的窗口以左右方式拆分。如图 1-14 所示。

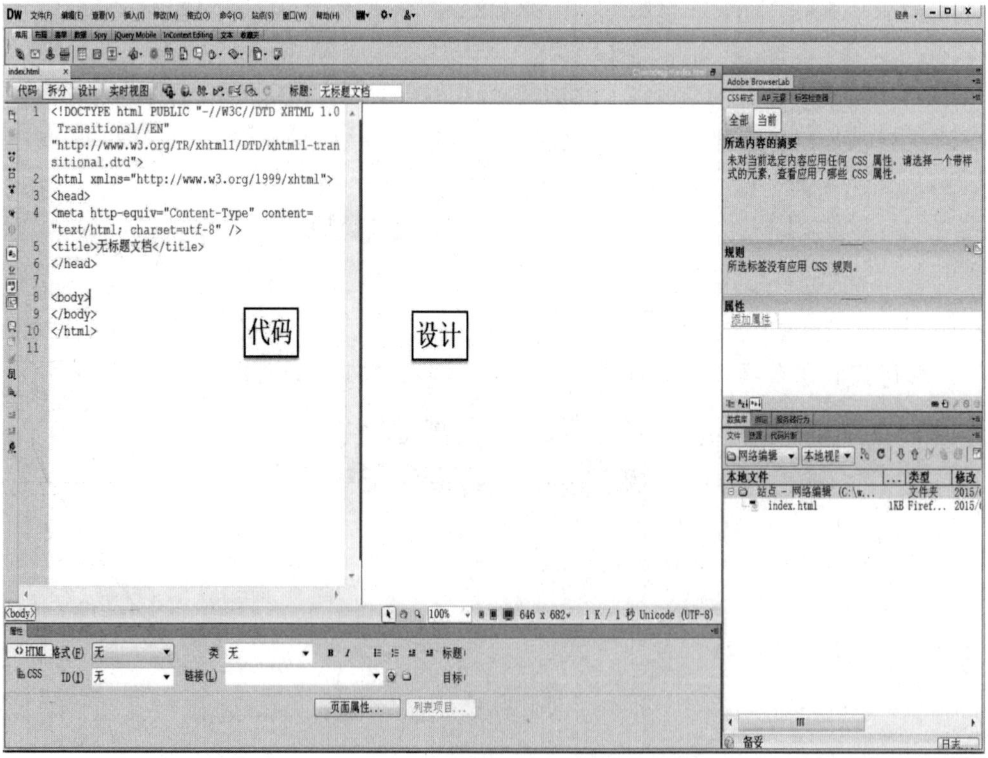

图 1-14

代码窗口就是编写网页代码的工作区，设计窗口可以看到我们编写出来的代码的实际效果，但是设计窗口并非最终浏览器显示效果，与浏览器看到的有差异。“实时视图”才是最终浏览器(DW 内置谷歌浏览器内核 webkit)的效果。也就是说，打开“实时视图”后，设计窗口显示的效果和 chrome 浏览器显示的效果一致。

注意：当打开“实时视图”后，网页处于不可编辑状态；再次单击“实时视图”可以关闭状态。

了解工作区之后，我们主要讲解通过设计窗口来编辑网页。初学者适合使用设计窗口，可以使用鼠标和键盘进行可视化的操作。

2. 在设计窗口录入文字。

我们在之前新建的网页中，在设计窗口录入李白的《静夜思》。

此时我们看到设计窗口显示效果如图 1-15 所示。

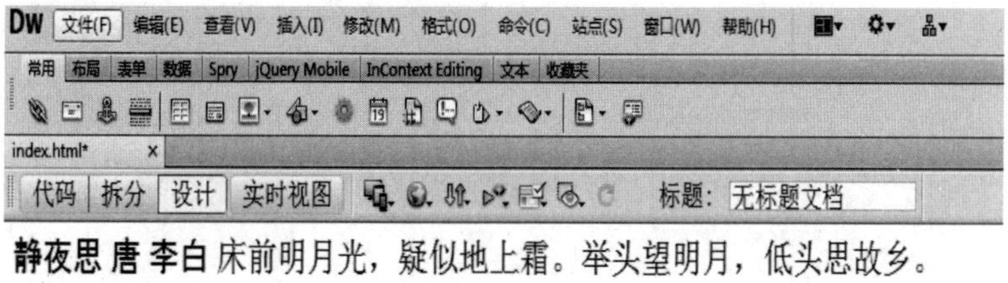

图 1-15

注意：如果网页已关闭，可以在右侧文件管理窗口，双击文件名，来重新打开网页文件。

我们查看左下标记提示栏，只有一个〈body〉标记，格式是“无”，如图 1-16 所示。

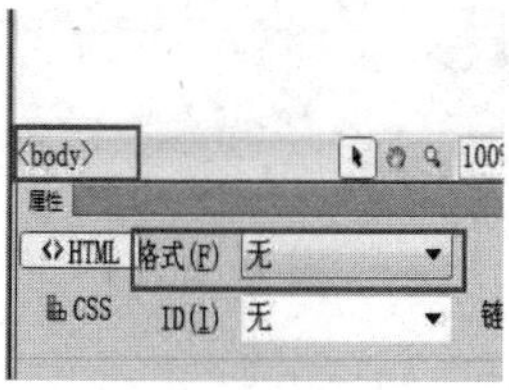

图 1-16

这表明网页〈body〉标记内没有其他标记，也没有其他格式。

3. 为文本添加格式。

我们使用回车为文字分段，分为四段后效果如图 1-17 所示。

图 1-17

分段之后，可以注意到左下标签提示栏由〈body〉变成了〈body〉〈p〉，格式是“段落”，如图 1-18 所示。

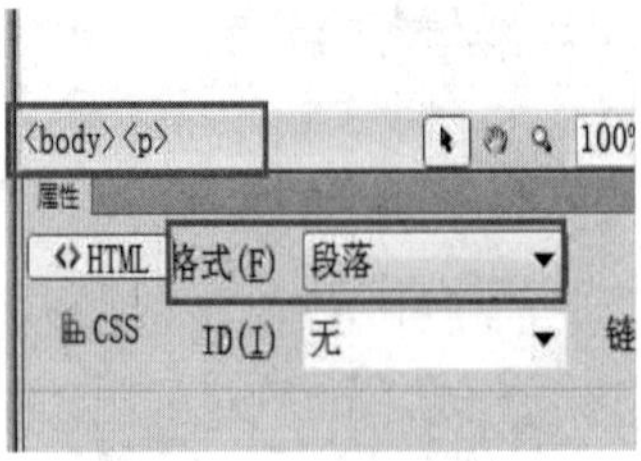

图 1-18

很明显，当我们按完回车之后，Dreamweaver 自动为我们添加了〈p〉标记，而〈p〉标记就表示段落。

切换到代码窗口，可以更清晰的查看标记。如图 1-19 所示。

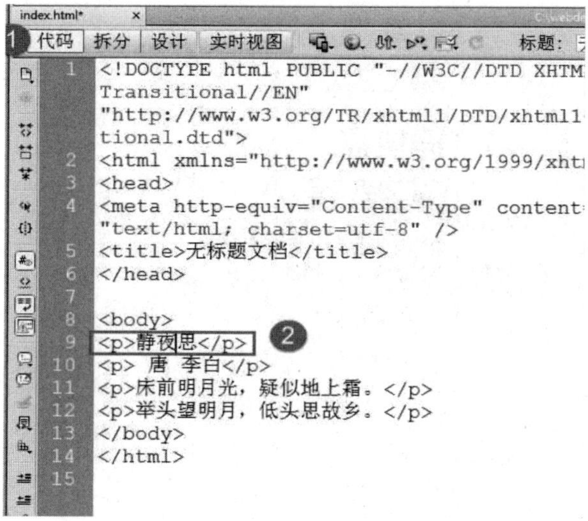

图 1-19

4．修改样式(图 1-20、图 1-21)。

很显然，正常的页面排版中，“静夜思”应该是标题，而不是段落。

①我们单击工作区“设计”切换回设计窗口；

②拖动鼠标，选择“静夜思”；

③然后在属性栏—格式下拉框中选择“标题 1”；

④修改后，可以看到“静夜思”字体变大加粗；

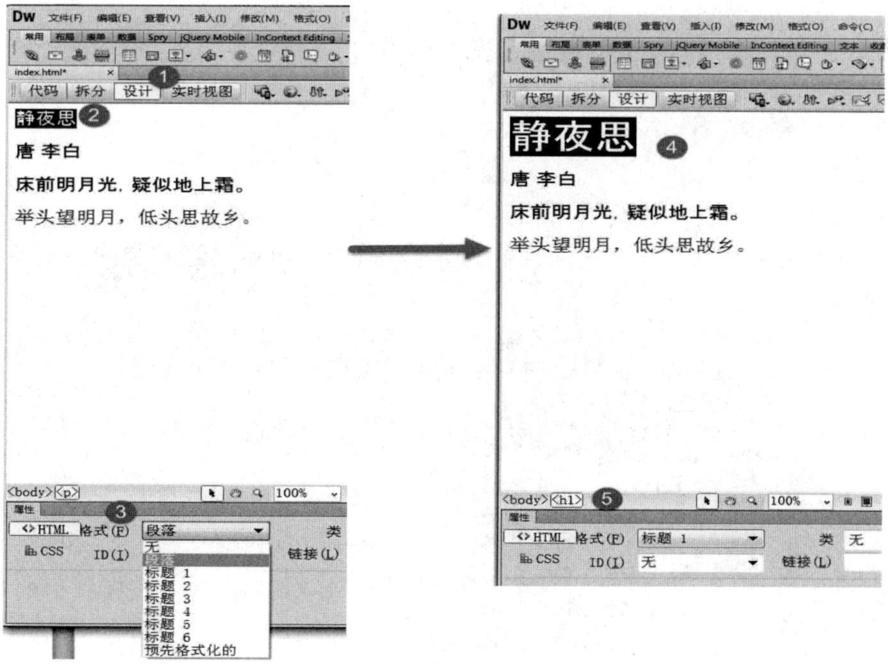

图 1-20

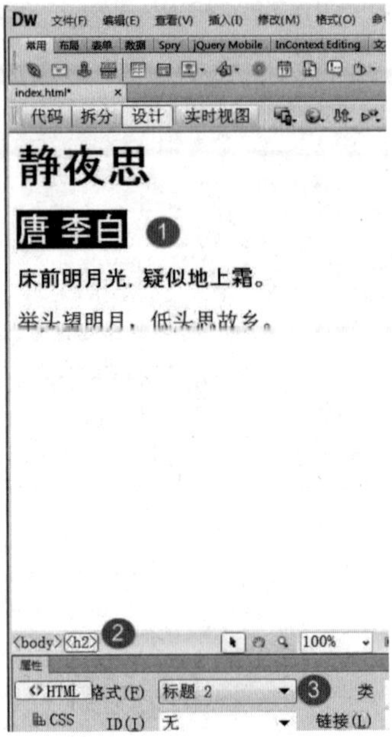

图 1-21

⑤〈p〉〈/p〉标记变成了〈h1〉〈/h1〉标记；

⑥同样的方法，将“唐　李白”的段落格式修改为标题 2(〈h2〉)标记。

5. 添加标题。

在标题框体中填写标题：唐诗精选。如图 1-22 所示。

图 1-22

6. 预览效果。

在工作区的右侧，找到地球图标。单击图标，会展开电脑已经安装的浏览器列表。如图 1-23 所示。

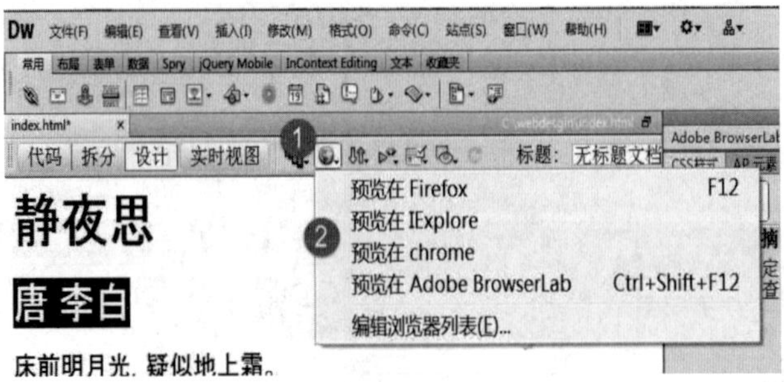

图 1-23

选择第一个预览浏览器，图中为“Firefox”，在弹出的提示框“是否保存更改”选择

“是”。查看实际效果。如图 1-24 所示。

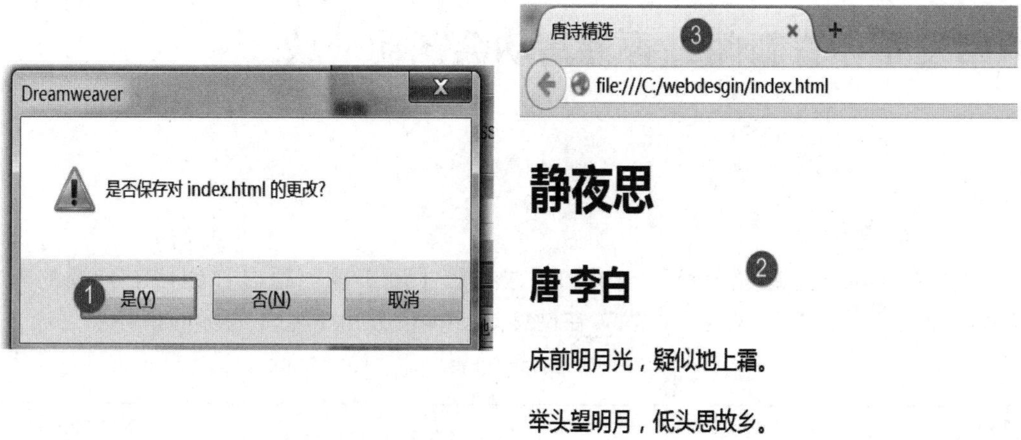

①选择“是”　②预览效果　③标题

图 1-24

至此，我们完成了第一个简单的页面。

第二部分
编辑发布体育新闻：香港运动会跃动全城

一、任务描述

根据提供的体育新闻原稿，编辑加工成一篇主题鲜明，适合在网络上传播的新闻报道，确定标题，制作成网页，发布在网站上。本任务由学生在老师的指导下完成。

时间安排表

课时	工作安排	教师活动	备注
0.5	划分小组，下发任务，解读任务		好的团队是成功的基础
0.5	编辑加工文稿	讲解示例，检查学生写的文稿	
2	制作网页	讲解示范，巡回辅导	在机房完成
1	小组展示成果，自评、互评、教师评价	组织展示评价活动	

二、任务实施

第一步，编辑加工文稿。

原稿如下文：

业余选手当主角

运动健身很有范　香港运动会跃动全城

本报记者　陈然

《人民日报海外版》(2015 年 05 月 26 日第 03 版)

两年一度的全港运动会(港运会)正在火热进行中，来自香港 18 个区的 3205 名运动健儿经过严格甄选和积极备战，在赛场大展身手。本届港运会为第五届，赛程从 4 月 25 日至 5 月 31 日，共设 8 个竞赛项目。

3000 多健儿参赛——

全部为业余，职业运动员不参加

“21：19，南区胜!”羽毛球男子单打决赛现场，裁判员宣布比分的声音刚刚响起，迅即淹没在人群的欢呼和掌声中。20 岁的庞立仁跳跃着甩掉球拍，兴奋地奔向他的亲友和教练。经过 1 个多小时的苦战，代表南区出战的他成功逆转，战胜了沙田区的对手。

攥着香港财政司司长曾俊华亲手颁发的金牌，庞立仁难掩喜悦。他坦言，4次参加港运会，这是第一次拿到羽毛球男子单打的冠军，多年的辛苦训练终于得到回报。今年才满20周岁的庞立仁是香港专业教育学院的商科学生，他告诉记者，自小学开始接触羽毛球，中学进入校队，后来一直坚持训练，不敢懈怠，虽然以后未必会成为职业运动员，但参加港运会已让他证明了自己的实力。

事实上，庞立仁的心态和经历代表着港运会近半数的运动员。据香港康乐及文化事务署(康文署)统计，本届港运会参赛运动员共3205人，其中24周岁以下的运动员比例占总数的近六成。康文署发言人强调，港运会最重要的一条“会规”就是把所有职业运动员、精英运动员等“拒之门外”，确保在社区层面为所有热爱运动的香港市民提供平台，因此也称为“全民运动会”。

比赛在康文署辖下各体育场馆进行。5月初，记者来到九龙维多利亚公园泳池，观赏游泳比赛。场馆上座率约为七成，多是运动员的亲友或社区积极人士，看台秩序井然。随着比赛开始，场馆逐渐变得热闹，口号声此起彼伏，选手在赛道中你争我赶，一时间水花四溅。更有助威的亲友在赛道外的阶梯上一路帮选手打气，直至终点。

香港全城动起来——

市民参与“拓展性”社区活动

港运会的开幕礼也是精彩盛大的。仪式在红磡体育馆举行，吸引7500多名市民入场参加。8位精英运动员手持港运会会旗，率领18区的运动员代表列队进场。2014年仁川亚运会男子体操跳马金牌得主石伟雄和男子滑浪风帆米氏板金牌得主郑国辉，连同香港艺人谭咏麟一起点燃港运会火盘燃点仪式。表演节目精彩丰富，包括18区啦啦队演出、香港城市室乐团演奏全港运动会主题曲《人人起劲》，舞夜光龙、大型拉丁舞、街头舞和花式跳绳表演。歌星李克勤、黄山怡等也同台献唱。

除了赛场内拼搏的运动健儿和出席开幕仪式的热情观众，还有更多香港市民满怀热情地参与着港运会举办的各项“拓展性”社区活动。早在正式比赛开始前的两个月，港运会精心酝酿的“全城跃动活力跑”便在新界沙田城门河畔鸣枪开跑，引得5000多名热爱运动的市民踊跃参加，其中更有参与者“全家出动”，积极响应“全城跃动”。

紧接着，彰显地区凝聚力的“18区啦啦队大赛”也拉开战幕。周日的午后，港岛西营盘中山纪念公园体育馆内充满呐喊和欢呼，18支来自全港各区的啦啦队云集体育馆。参赛者身穿亮丽服饰，由地区代表带领列队进场，以精彩的舞步、口号和动作，展示所属地区的特色。引外，港运会还举办了精英运动员示范及交流会、体育讲座、嘉年华等活动，向市民宣介运动健身的益处。摄影爱好者可以拍下港运会各项比赛和活动的精彩镜头，参加“活力动感摄影比赛”。

学生们认真阅读以上原稿，由学生小组对原稿进行编辑加工，改写成新的网络新闻稿件。可参照以下示例。但是如果完全按照示例完成，那么在评价时只能给合格分。

稿件编辑加工示例：

思路：突出“全民”运动，内容简练。

1. 修改标题

原标题主题不突出，调整修改后，如下：

副标题：业余选手当主角　运动健身很有范

主标题：香港运动会跃动全城

2. 稿件压缩

网站新闻稿件有简练的版面要求，原稿内容过长，我们对冗余的内容进行删除，消除赘述，但不损害原稿主干，保留精华。

删除对应段落后，新闻稿件如下：

两年一度的全港运动会（港运会）正在火热进行中，来自香港 18 个区的 3205 名运动健儿经过严格甄选和积极备战，在赛场大展身手。本届港运会为第五届，赛程从 4 月 25 日至 5 月 31 日，共设 8 个竞赛项目。

3000 多健儿参赛——

全部为业余，职业运动员不参加

据香港康乐及文化事务署（康文署）统计，本届港运会参赛运动员共 3205 人，其中 24 周岁以下的运动员比例占总数的近六成。康文署发言人强调，港运会最重要的一条“会规”就是把所有职业运动员、精英运动员等“拒之门外”，确保在社区层面为所有热爱运动的香港市民提供平台，因此也称为“全民运动会”。

比赛在康文署辖下各体育场馆进行。5 月初，记者来到九龙维多利亚公园泳池，观赏游泳比赛。场馆上座率约为七成，多是运动员的亲友或社区积极人士，看台秩序井然。随着比赛开始，场馆逐渐变得热闹，口号声此起彼伏，选手在赛道中你争我赶，一时间水花四溅。更有助威的亲友在赛道外的阶梯上一路帮选手打气，直至终点。

香港全城动起来——

市民参与“拓展性”社区活动

港运会的开幕礼也是精彩盛大的。仪式在红磡体育馆举行，吸引 7500 多名市民入场参加。8 位精英运动员手持港运会会旗，率领 18 区的运动员代表列队进场。2014 年仁川亚运会男子体操跳马金牌得主石伟雄和男子滑浪风帆米氏板金牌得主郑国辉，连同香港艺人谭咏麟一起点燃港运会火盘燃点仪式。表演节目精彩丰富，包括 18 区啦啦队演出、香港城市室乐团演奏全港运动会主题曲《人人起劲》，舞夜光龙、大型拉丁舞、街头舞和花式跳绳表演。歌星李克勤、黄山怡等也同台献唱。

除了赛场内拼搏的运动健儿和出席开幕仪式的热情观众，还有更多香港市民满怀热情地参与着港运会举办的各项“拓展性”社区活动。早在正式比赛开始前的两个月，港运会精心酝酿的“全城跃动活力跑”便在新界沙田城门河畔鸣枪开跑，引得 5000 多名热爱运动的市民踊跃参加，其中更有参与者“全家出动”，积极响应“全城跃动”。

第二步，制作网页。

文稿编辑完成后，我们利用网页制作工具，制作成发布的网页。下面是示例步骤，学生参照步骤，利用知识准备中所学的技能，分组完成，老师可做示范或讲解。学生实操时，采用自己编写的文稿，不必采用示例文稿。

1. 拷贝图片文件 1-2.jpg 到建立站点的文件夹(接第一部分知识准备中的例子，网站文件夹在 C:\webdesgin)。

2. 新建网页文件，然后保存名为 1-2.html。

如图 1-25 所示。

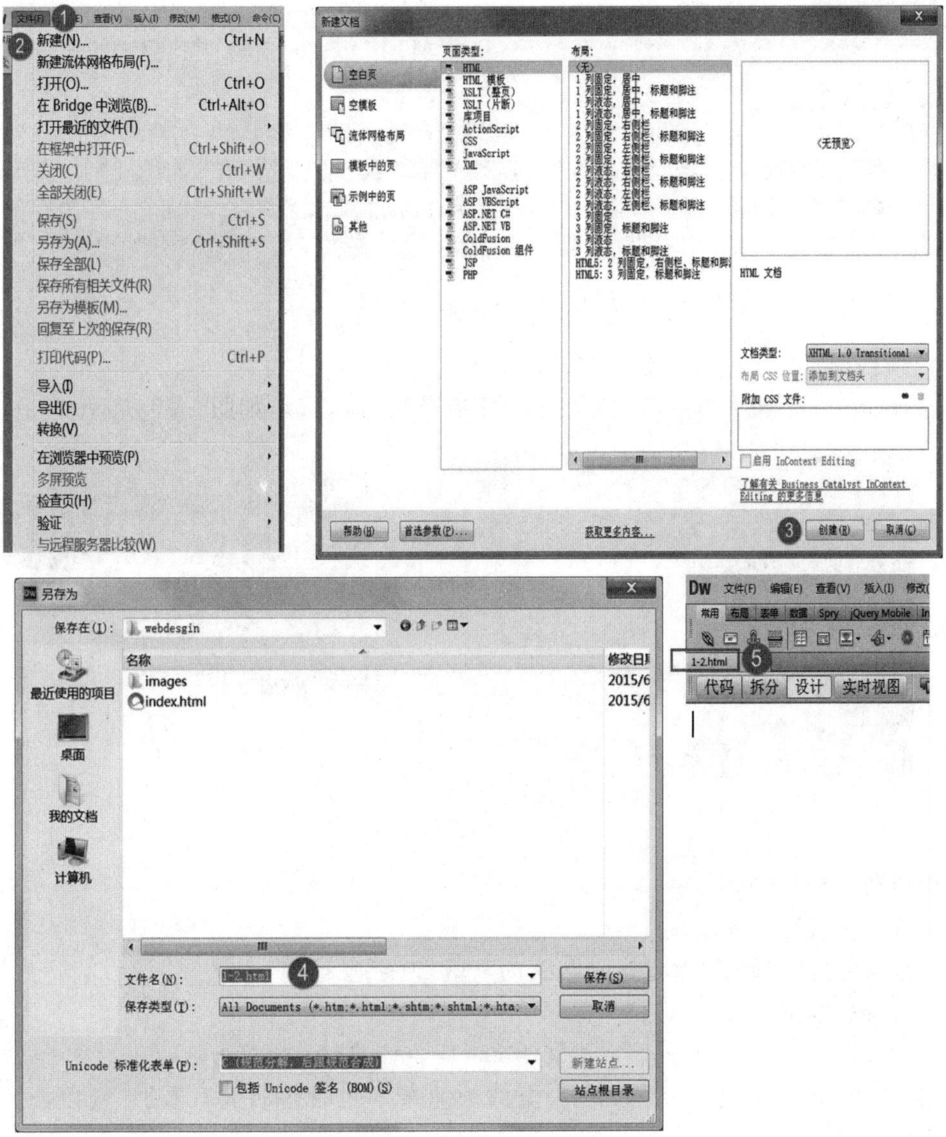

图 1-25

3. 在设计视图录入以下新闻稿件文字，使用回车分段。

录入后，结果如图 1-26 所示。

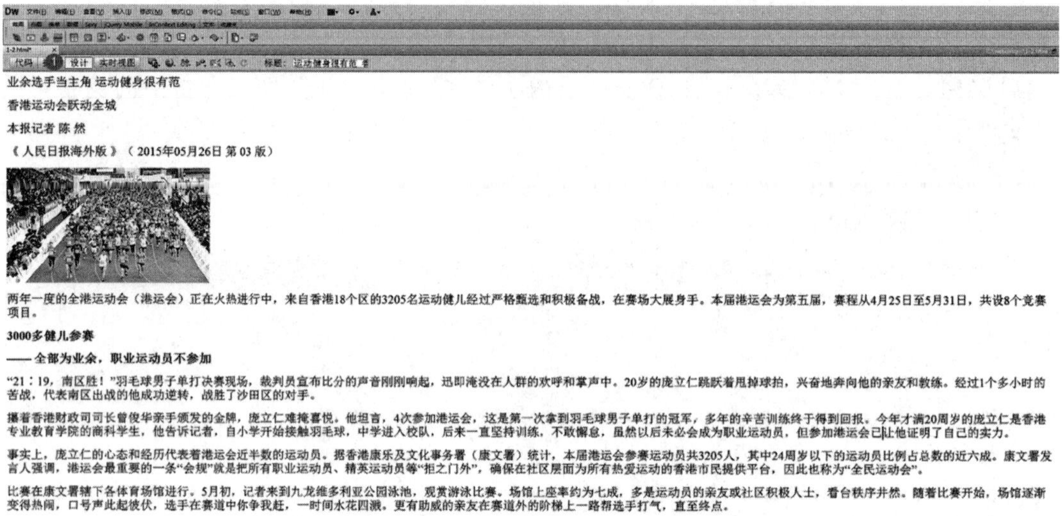

图 1-26

4. 使用属性栏，修改标题的样式。

(1)修改“业余选手当主角　运动健身很有范”为标题 3，如图 1-27 所示。

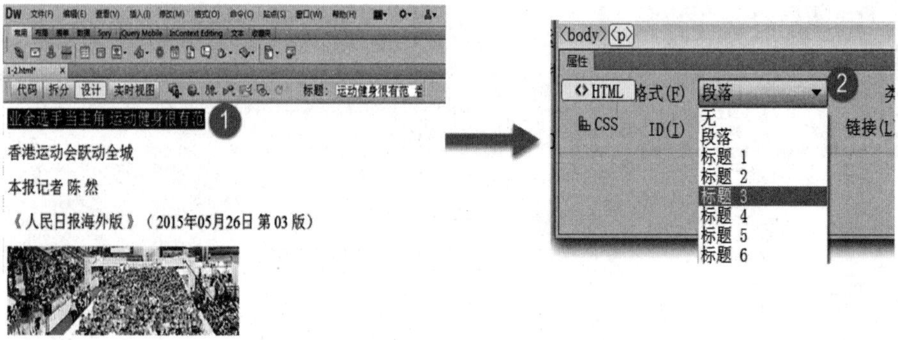

图 1-27

①拖动鼠标，选择文字；

②修改格式为：标题 3。

(2)同样方法，修改“香港运动会跃动全城”为标题 1。

(3)修改“本报记者　陈然”为标题 4。

(4)修改“《人民日报海外版》(2015 年 05 月 26 日第 03 版)”为标题 5。

(5)选择“3000 多健儿参赛”“——全部为业余，职业运动员不参加”两段，加粗强调，如图 1-28 所示。

(6)同样设置“香港全城动起来——市民参与‘拓展性’社区活动”两段。

①拖动鼠标，选择文字；

②单击 B，为文字添加粗体。

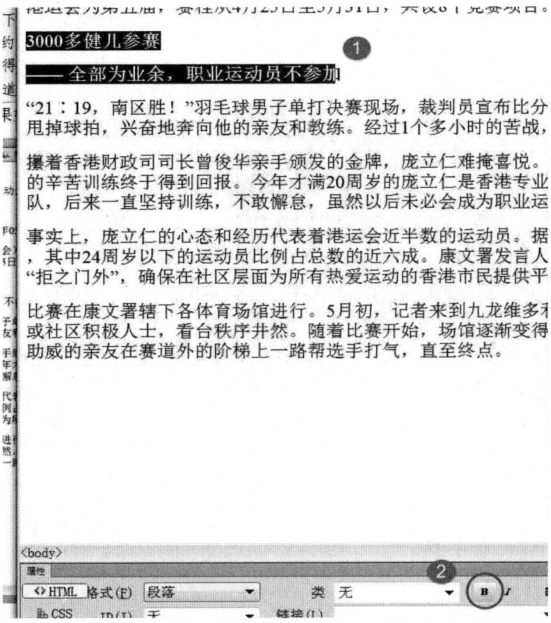

图 1-28

5. 选择合适位置插入图片，如图 1-29 所示。

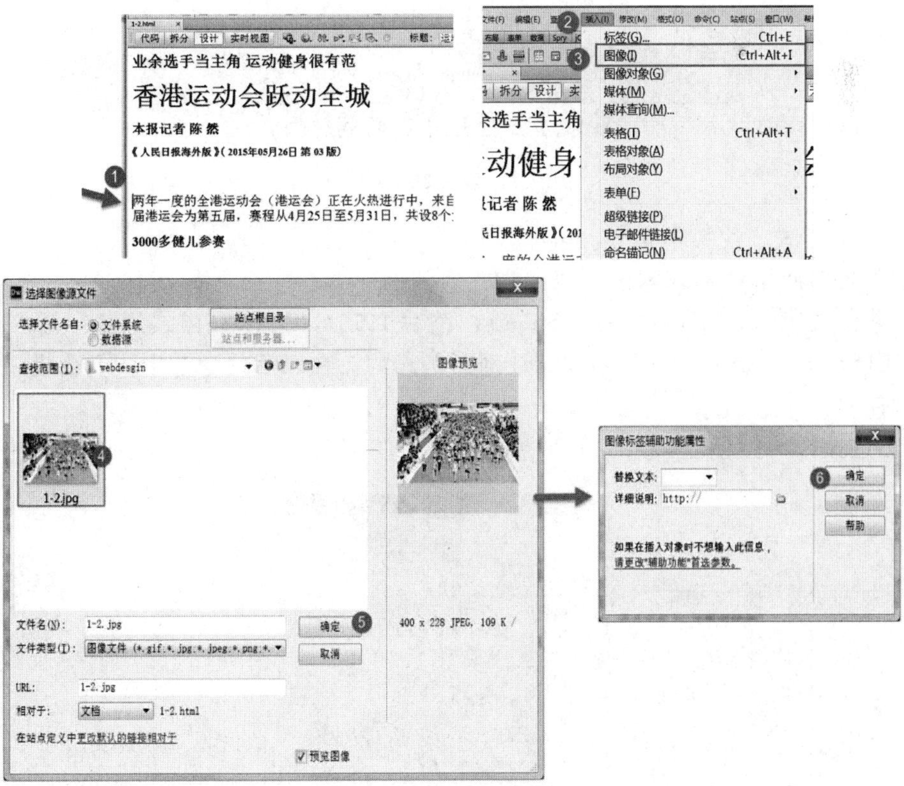

本报记者 陈 然

《人民日报海外版》(2015年05月26日 第 03 版)

图 1-29

①鼠标单击选择合适位置；

②选择菜单“插入”；

③图像(热键 Ctrl＋Alt＋I)；

④文件名：选择图片；

⑤单击“确定”；

⑥在弹出对话框中单击“确定”；

⑦鼠标单击图片后位置，回车。

6. 修改标题为：香港运动会跃动全城，如图 1-30 所示。

图 1-30

7. 添加样式，使文本变窄、居中。

这里我们使用 CSS 来修改网页的样式。

层叠样式表(Cascading Style Sheets，缩写 CSS)，又称串样式列表，通常又称为“样式表(Style Sheet)”。它是用来设计网页格式的。在以后的章节中我们会进一步阐述 CSS 的使用。

(1)选择〈body〉标记，如图 1-31 所示。

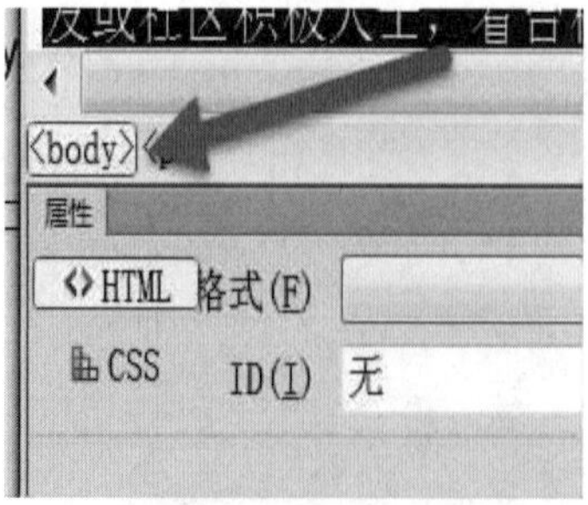

图 1-31

(2)添加 CSS 样式，如图 1-32 所示。

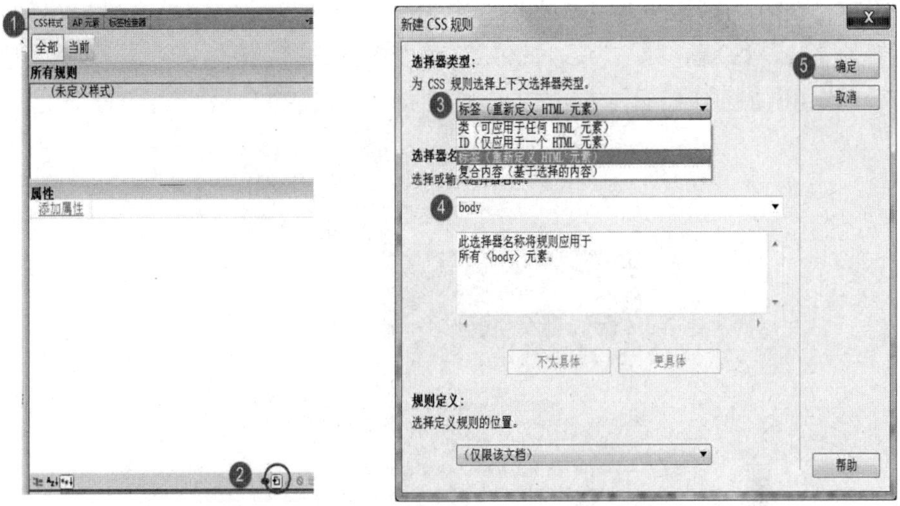

图 1-32

①“CSS 样式”窗口；

②单击加号图标，添加 CSS 样式；

③选择类型为：标签；

④确认标签名：body；

⑤单击“确定”。

(3)在弹出 CSS 样式窗口中，设置〈body〉宽度为 800 像素，居中对齐。如图 1-33 所示。

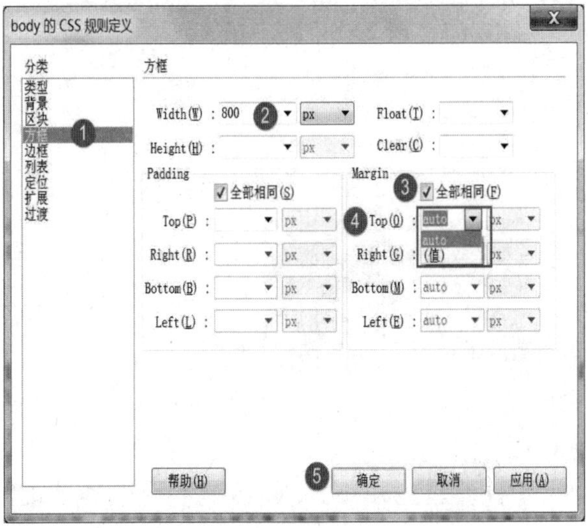

图 1-33

①单击选择：方框；

②设置 body 的宽度(width)为 800 像素(px)；

③确定勾选“全部相同”；

④选择边界(margin)为自动(auto)，实现居中效果；

⑤单击“确定”。设置完成后，效果如图 1-34 所示。

图 1-34

第三步，浏览器中预览效果。

如图 1-35 所示，参考标注 1～7，对比格式是否正确(注：在不同浏览器中，视觉效果会有差异)。

图 1-35

三、任务检验

任务完成后，各小组展示成果，先由本小组自我总结评价，然后其他小组给予评价，老师点评，再由小组进行改进，最后由教师根据改进后的成果，征求其他小组意见，给出最后得分。评价时可对照推荐结果样式(参见预览效果图)。

任务检验评价表

评价内容	评价标准	配分	自评	互评	教师评价	改进	改进后得分
稿件质量	主题突出，内容简练，有创意，符合原稿提供的事实。	30					
网页能否实现	结果正确，制作过程出错少。	50					
网页排版美观度	对照示例比较优劣	20					
总分							

第三部分

技巧和拓展

一、网络编辑工作内容

完成了前面的工作任务后，我们对网络编辑有了初步的体验和认识。网络编辑是与书报刊编辑、广播电视编辑相对而言的。它最大的特点是：它是基于网络媒体的，是利用数字化技术进行编辑加工，并通过网络进行传播。而编辑工作的内涵——“选择、整理已有的文化成果向社会传播”则依旧继承。

网络编辑是利用数字技术，对信息进行采集、分类、编辑、原创、审核，然后通过网络媒体进行发布，并通过网络接受受众的反馈信息，产生互动。

网络编辑的主要工作内容是搜集、采集素材，进行分类加工；或者进行采编创作；对稿件内容编辑加工、审核及监控；用相关软件制作成网页着用信息发布系统进行发布；组织网上调查及管理网络互动；进行网站专题、栏目、频道的策划和实施。

《国家职业标准》将网络编辑职业，分为网络编辑员、助理网络编辑师、网络编辑师和高级网络编辑师四个等级。网络编辑员主要职能素材采集、网络信息搜集分类、多媒体内容编辑、内容传输发布；助理网络编辑师主要职能包括信息原创、内容编辑、组织互动、网页实现；网络编辑师的主要职能包括栏目策划、专题制作、内容编辑与管理；高级网络编辑师的主要职能包括频道策划、内容管理、运营管理。

通过前面的体验，我们也会发现网络编辑与传统的编辑是有好大不同的，它已经不仅仅是“文字功夫”，需要做的事情更加广泛，总结起来，网络编辑有以下主要特点：(1)数字化的编辑方式。网络编辑利用数字化的编辑工具对文字、图形、图像、视频、动画进行综合处理，采用多媒体的、超文本的写作方式，信息的链接是网状的，文本的结构是超文本结构的。(2)多媒体性。网络媒体兼收并储了三大传统媒体的优势，充分利用了图文、视音频的多种表现形式，是传统媒体无法比拟的。(3)复合性。网络编辑既要完成传统编辑的文稿采写、编辑加工工作，同时要进行多媒体加工、网页实现等技术工作，工作难度较高。从业人员需要掌握的知识和技能较多，综合素质要求高。(4)实时性。在网络上可以第一时间发布新闻，可以随时更新、修改、删除，可以在线直播。(5)交互性。由于是基于互联网的，所以信息发布者与受众之间的交流互动非常快捷方便，甚至可以实时交流，受众很容易变成“参与者”甚至变成信息“发布者”。

二、网络编辑的工作流程

梳理一下网络编辑的工作流程，一般情况下是：

第一步获得信息。对网络编辑来说获得原始信息的途径有三个，一是网络搜索，从互联网浩如烟海的信息中，搜索所需的信息，然后进行分类整理，筛选。当然要特别注意信息的可靠性，必要时要进行核实。二是接受投稿。接受外来投稿，经过审核后采用。三是原创。由本网站自行采访或采集。

第二步编辑加工。编辑加工包括对文稿进行归类、筛选、修改、校对和对需要的多媒体信息进行处理，包括图像处理、音视频制作、动画制作等。对编辑人员来说需要掌握编辑的知识也需要学会常用的工具软件。

第三步制作网页。网页是信息的呈现形式，要求有效、美观、有个性。网页设计与制作的质量直接影响阅读感受，从而影响网站的访问率，影响网站的经营好坏。

第四步上传网页。网页上传前，要在后台进行充分的调试验证。将网页文件放在网站服务器特定的文件夹中，就可以让人单击访问了。远程的，可以使用FTP(文件传输协议)将文件传送到站点。

第五步使用网络信息发布系统。有些网站后台安装有信息发布系统，对于通常的新闻稿件，录入信息发布系统中，会自动生成网页，从而减少了编辑人员在技术操作方面的负担。但是，对于网络编辑人员来说还是要掌握网页制作的技术，才能方便地实现自己的创意，也方便对自动生成的网页进行改进。

三、网络编辑需要掌握的知识和技能

从网络编辑的工作内容来看，做好网络编辑工作需要丰富的知识和较高的技能，从事网络编辑的人员必须具备很好的综合素质。概括来说，主要有以下几个方面。

1. 编辑基础知识和基本功。网络编辑人员首先具备传统媒体编辑一样的基本功，需要较好的知识结构和能力结构。首先掌握现代汉语知识、数字单位规范使用的知识，名称表达的知识，文章修改及校对的知识，新闻采访的基本知识，新闻写作的基本知识，视听语言的基本知识等，其次要爱好广泛，文史哲方面的基础知识和包罗万象的百科知识都有所了解。在能力方面，有较强的文字驾驭能力，能够清晰而有逻辑地表达自己的想法，具有创造性思维，对新闻及相关专业有敏锐的洞察力，分析和整合能力强，并能形成较强的创作和写作能力。

2. 计算机及网络基础知识和应用。能熟练掌握计算机基本硬件、软件知识，局域网和互联网的基础知识，网站建设的基础知识，即时通讯工具的使用知识，传输文件的使用方法，网页制作的基本知识等。技能方面，能熟练操作计算机，进行文字和表格处理，能熟练地驾驭网络，在网络上搜索信息，传输文件，与其他网上用户交流互动；能够制作网页，管理网站，掌握网络信息发布系统的使用等。

3. 多媒体写作的知识和技能。掌握多媒体文本和超链接文本的写作知识，掌握办公软件Office、图像处理软件Photoshop、音视频处理软件Premiere、动画软件Flash、网页制作软件Dreamweaver等软件的操作知识。能够使用这些软件对文字、图形图像、音视频、动画等进行编辑处理，进行多媒体文稿的创作。

4. 法律法规和职业道德。了解与网络编辑相关的法律法规，比如《中华人民共和国劳动法》、《中华人民共和国著作权法》、《互联网信息服务管理办法》、《互联网新闻信息服务管理规定》、《互联网电子公告服务管理规定》、《中华人民共和国计算机信息网络国际联网管理暂行规定》、《互联网出版管理暂行规定》、《信息网络传播权保护条例》等，了解网络编辑的职业道德和职业守则。能自觉地遵纪守法，坚守职业道德。

在今后的学习中，同学们要特别注意这些知识的学习和技能的培养。

第四部分
转载关于网络编辑的文章

一、任务描述

通过网络，搜索一篇关于网络编辑的技术性文章，简单加工后，发布在技术交流栏目中。本任务由学生小组自行学习教材提供的任务提示和参考资料，然后独立完成。

时间安排表

课时	工作安排	学生活动	备注
0.5	以小组为单位，接受任务，解读任务	组内讨论	好的团队是成功的基础
0.5	任务计划	组内讨论，分工，学习材料	
0.5	搜索文章，筛选，加工	上机操作，阅读，讨论	在机房完成
1.5	制作网页	上机操作，协作完成	在机房完成
1	小组展示成果，自评、互评、教师评价	组织展示评价活动	

二、任务计划

结合之前学习的知识，我们可以通过以下几个步骤来完成任务目标：

1. 通过搜索引擎来获得信息；
2. 对搜索结果进行筛选、加工；
3. 使用 Dreamweaver 制作网页；
4. 预览效果。

由小组讨论每一步的具体做法，整理出一份任务实施的计划书。

____

____

自行阅读以下的学习材料，尝试学习材料中介绍的各种操作，归纳要点，讨论学习材料对完成任务有哪些帮助？

____

____

在后面完成任务时可回头再查阅知识点和操作方法。

◈学习材料

1. 搜索引擎的使用

搜索引擎(Search Engine)是指根据一定的策略、运用特定的计算机程序从互联网上搜集信息，在对信息进行组织和处理后，为用户提供检索服务，将用户检索相关的信息展示给用户的系统。

（1）使用搜索引擎查找信息，国内常用的搜索引擎网址有（列举两种）www.baidu.com和www.sogou.com。

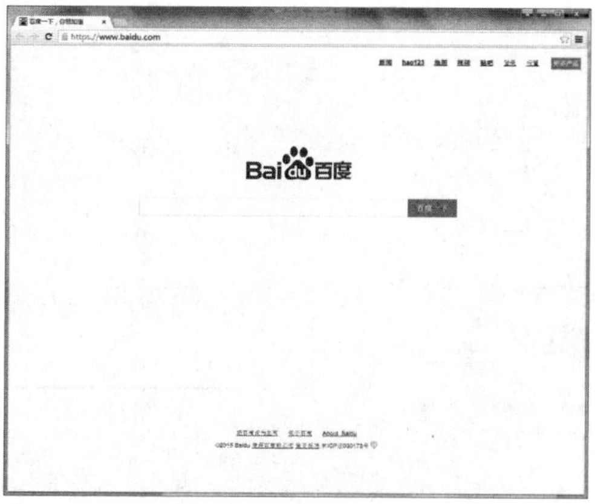

（2）简单查询：在搜索引擎中输入关键词，然后单击“搜索”就行了，系统很快会返回查询结果。高级查询的使用方法我们暂不赘述。

通常我们根据要查询的信息总结归纳出关键字，譬如“网络编辑”后，以百度为例来进行查询。

(3)选择查找结果，单击浏览。

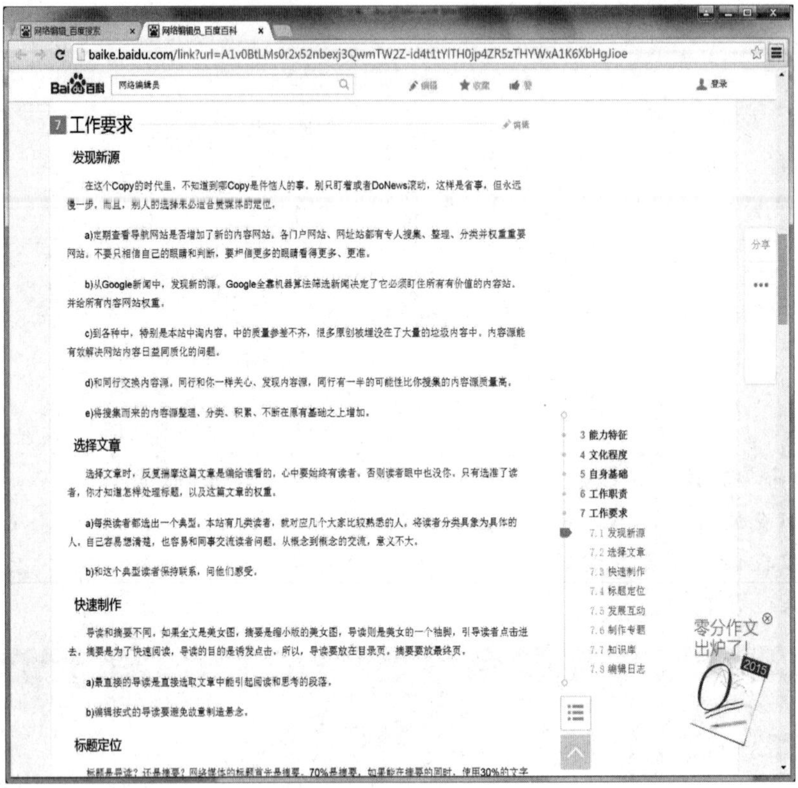

查询的结果可能包含着许多无用的信息，通过浏览主题我们做初步判断，然后单击浏览对内容进行筛选，复制合适的内容，然后粘贴到编辑软件中(譬如：Word、Dreamweaver 等)进行进一步的加工处理。

2. 复制和粘贴

复制和粘贴是使用计算机常用的操作，初学者新手朋友一般使用鼠标右键然后选择复制，粘贴也是如此。

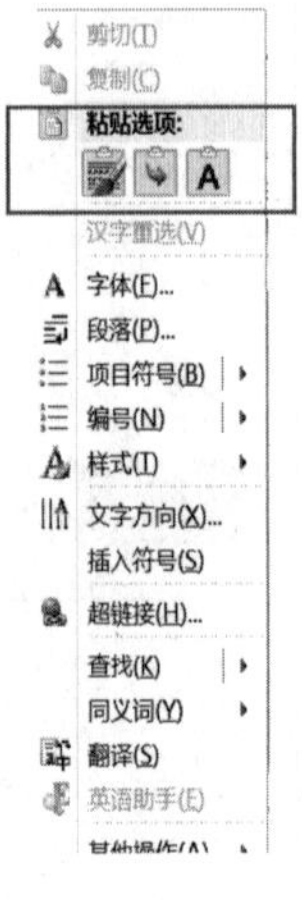

在日常操作中我们通常使用快捷键来进行操作：

同时按住：Ctrl＋C 复制　同时按住：Ctrl＋V 粘贴。

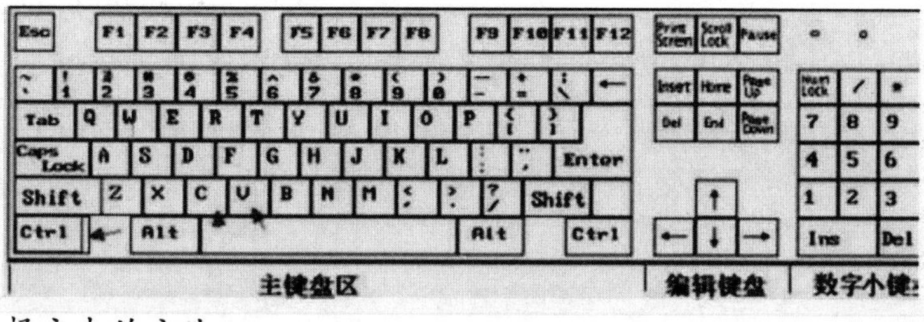

(1)选择文本的方法：

当我们要复制文字或文件时，要先选中目标。

选择文本常用两种方式：

①鼠标单击开始位置，然后按住左键拖动鼠标；

②鼠标单击开始位置，然后移动到结束位置，按住 Shift 键单击结束位置；

③当需要全部选择可以使用快捷键 Ctrl＋A。

被选择范围通常会以深色背景表示，见下图：

（2）粘贴的方法：

直接粘贴可以使用快捷键 Ctrl＋V。由于网页上的文章会带有很多格式，直接粘贴会把格式也粘贴下来，不方便进一步编辑加工。如下图（在 Dreamweaver 网页中粘贴）：

为了方便我们进一步修改编辑，我们可以使用选择性粘贴。

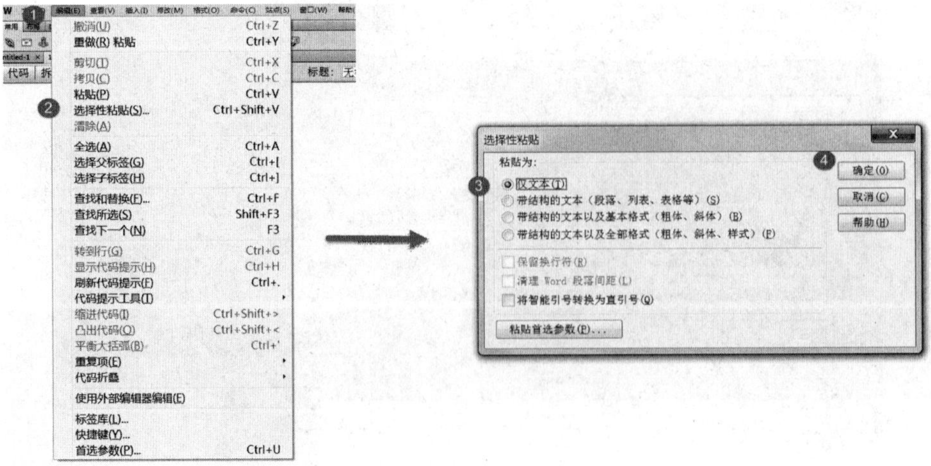

①菜单栏单击“编辑”　②单击“选择性粘贴 Ctrl＋Shift＋V”　③选择“仅文本(T)”　④确定

此时粘贴仅有文本，不带格式。结果如下图：

三、任务实施

1. 根据任务描述，提炼一个或多个关键字，使用搜索引擎进行查询。譬如“网络编辑”“技术”等，多个关键字输入时用空格分隔。如图 1-36 所示。

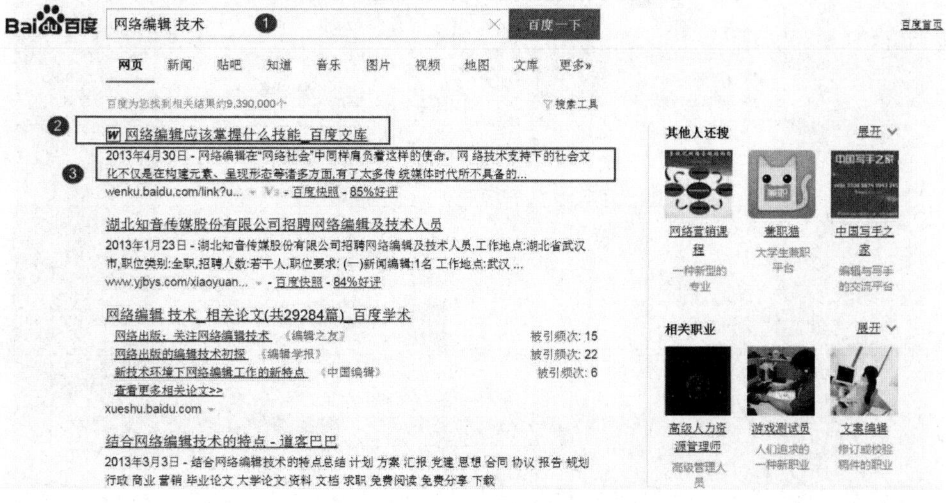

图 1-36

①输入关键字；

②搜索信息的标题；

③网页内容介绍。

你使用的关键词是________，得到了________个结果？

2. 浏览搜索结果，根据主题筛选文章。

在小组内推荐你觉得合适的文章，然后小组内讨论，筛选出你们认为符合你们需要的三篇文章，它们是________________，________________，________________。选择它们的理由是________________。

它们各来自哪个站________________，________________，________________。来源可靠吗？________________，为什么？________________。

最后确定一篇文章作为需要转载的文章，制作成网页，这篇文章是________________，文章的主题是________________，为了吸引人们去单击阅读，讨论后确定一个合适的标题，________________。

3. 选择合适的内容，复制粘贴到编辑软件中(Word、Dreamweaver)。

在粘贴之前，我们需要先打开编辑软件，新建文件。

以 Dreamweaver 为例，我们新建网页文件的步骤是：

(1)建立站点；(2)新建网页；(3)保存。

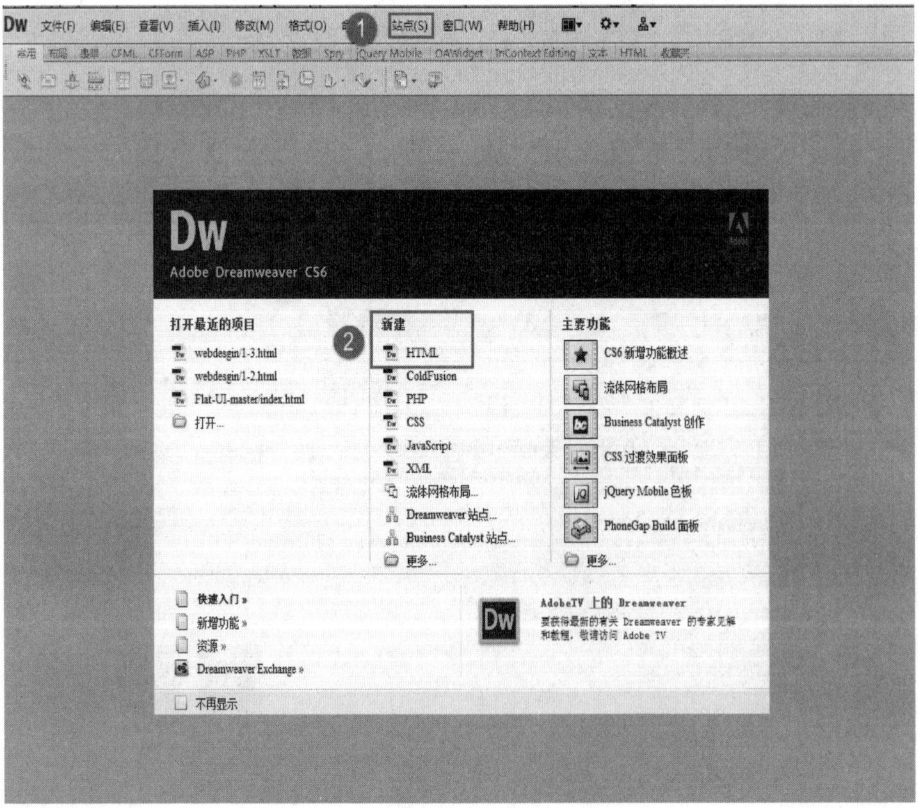

图 1-37

①站点菜单；

②新建 html(网页文件)。

4. 当需要使用网上的图片时，我们保存网上图片到站点文件夹。保存的方法是鼠标右键单击图片，选择“图片另存为(V)...”。如图 1-38 所示。

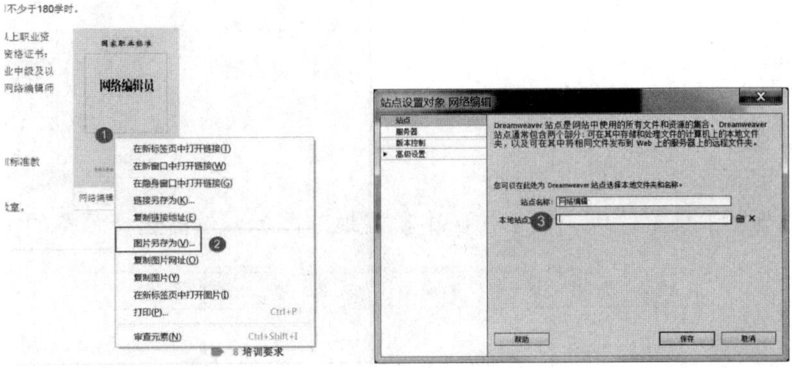

①右键单击“图片” ②单击“图片另存为(V)” ③站点文件夹的位置

图 1-38

5. 对文稿设计标题、设置格式、增删内容、修改错误。可参照以下操作：鼠标左键选择文本，在属性栏中单击格式，在弹出下拉框中选择对应的格式。

图 1-39

①页脚属性栏；

②格式设置。

6. 设置样式，如何使文章变窄并且居中，可参照以下操作：设置 body 的 CSS 样式。

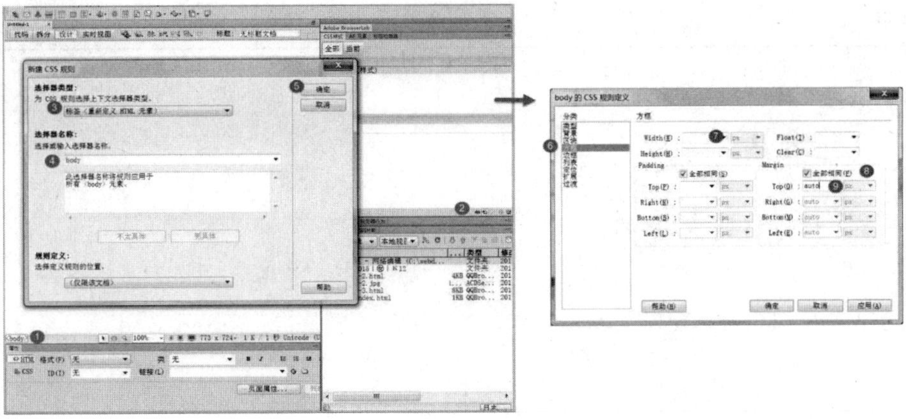

图 1-40

①选择〈body〉标签；
②单击“新建 CSS 文件”；
③选择“标签”；
④名称：“body”；
⑤确定；
⑥“方框”；
⑦设置宽度；
⑧勾选“全部相同”；
⑨设置为“auto”。

7. 在浏览器中预览效果：在工作区中单击地球图标，然后选择预览的浏览器。

图 1-41

四、任务检验

任务完成后，各小组展示成果，先由本小组自我总结评价，然后其他小组给予评价，老师点评，再由小组进行改进，最后由教师根据改进后的成果，征求其他小组意见，给出最后得分。评价时可对照推荐结果样式(参见预览效果图)。

任务检验评价表

评价内容	评价标准	配分	自评	互评	教师评价	改进	改进后得分
稿件采集	内容符合主题，稿件内容信息可靠	20					
稿件质量	标题突出，内容简练，有创意，符合原稿提供的事实	20					
网页能否实现	结果正确，制作过程出错少	40					
网页排版美观度	对照示例比较优劣	20					
总分							

第五部分

总结和反馈

1. 请一个学习小组总结本项目中遇到的问题和解决的办法。

遇到的问题	解决办法

2. 请学生总结之后完成下表。

网络编辑的主要内容	列出你今后需要学习的知识和技能

项目二　编辑图文

【学习目标】

知识目标： 了解构图在图片视觉效果上的作用；
了解色彩在图片视觉效果上的作用；
领会通过色彩调整改善图片视觉效果的原理；
领会通过改变构图提高图片视觉效果的原理。

能力目标： 掌握通过改变构图提高图片视觉效果的方法；
掌握通过色彩调整提高图片视觉效果的方法；
掌握图表的制作方法。

素质目标： 具备分析图片视觉效果的职业素养；
具备分析图表美观程度和实用程度的职业素养。

第一部分

预备知识

Adobe Photoshop，简称“PS”，是一个由 Adobe Systems 开发和发行的图像处理软件。Photoshop 主要处理以像素所构成的数字图像。使用其众多的编辑与绘图工具，可以更有效的进行图片编辑工作。2003 年，Adobe 将 Adobe Photoshop 8 更名为 Adobe Photoshop CS。至此，Adobe Photoshop CS6 已经是 Adobe Photoshop 中的第 13 个主要版本。

该软件可分为图像编辑、图像合成、校色调色及特效制作部分等。图像编辑是图像处理的基础，可以对图像做各种变换如放大、缩小、旋转、倾斜、镜像、透视等。也可进行复制、去除斑点、修补、修饰图像的残损等。这在人像处理制作中有非常大的用场，去除人像上不满意的部分，进行美化加工，得到让人非常满意的效果。

图像合成则是将几幅图像通过图层操作、工具应用合成完整的、传达明确意义的图像，这是美术设计的必经之路；Adobe Photoshop 软件提供的绘图工具让外来图像与创意很好地融合，使图像的合成天衣无缝。

校色调色是 Adobe Photoshop 软件中深具威力的功能之一，可方便快捷地对图像的颜色进行明暗、色偏的调整和校正，也可在不同颜色进行切换以满足图像在不同领域的广泛应用。

特效制作在 Adobe Photoshop 软件中主要由滤镜、通道及工具综合应用完成。包括图像的特效创意和特效字的制作，如油画、浮雕、石膏画、素描等常用的传统美术技巧都可藉由 Adobe Photoshop 软件特效完成。而各种特效字的制作更是很多美术设计师热衷于 Adobe Photoshop 软件的原因。

在网页设计领域里，Photoshop 是不可缺少的一个设计软件，一个好的网页创意不会离开图片，只要涉及图像，就会用到图像处理软件，Photoshop 理所当然就会成为网页设计工具软件中的一员。使用 Photoshop 不仅可以将图像进行精确的加工，还可以将图像制作成网页动画上传到网页中。

第二部分

图片处理和表格制作

一、任务描述

由教师带领学生完成一系列任务：对图片素材进行色彩调整、对构图上不够完美的图片进行裁切美化、利用 Action 对图片进行统一大小、用 Microsoft Word 表格制作课程表。

时间安排表

课时	工作安排	学生活动	备注
0.5	教师示范图片色彩调整	示范	在机房完成
0.5	教师示范图片裁剪	示范	在机房完成
0.5	教师示范 Action 使用与表格制作	示范	在机房完成
0.5	以学生为主体制定工作方案	指导	在机房完成
2.5	学生完成图片色彩调整、裁剪、Action 使用与表格制作	巡回辅导	教师视具体情况辅导
0.5	任务评议	组织评议	师生共同参与

二、任务实施

图 2-1

(一)色彩调整

1. 打开原图，Ctrl＋U，色相饱和度，色相－14，饱和度 13，明度＋10。

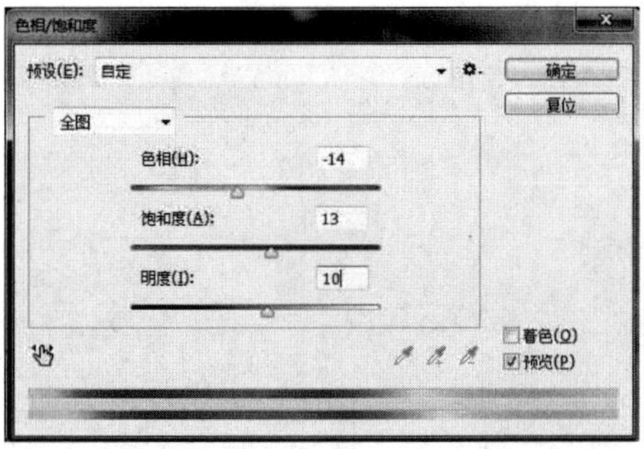

图 2-2

2. Ctrl＋M，调曲线，红通道，稍稍提上去一些。

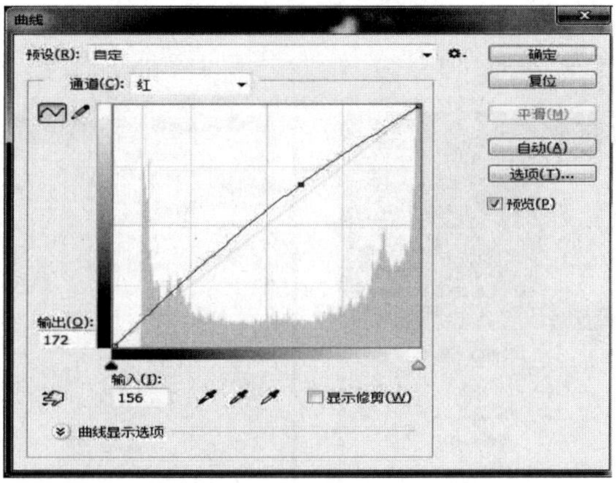

图 2-3

3. 新建图层，Ctrl＋Shift＋Alt＋E，盖印图层，滤镜→艺术效果→绘画涂抹，画笔大小 6，锐化程度 0，画笔类型简单，加图层蒙版，把人物部分及下面的地面部分用黑色画笔擦出来。

图 2-4

4. 新建图层填充颜色：R173，G248，B113。

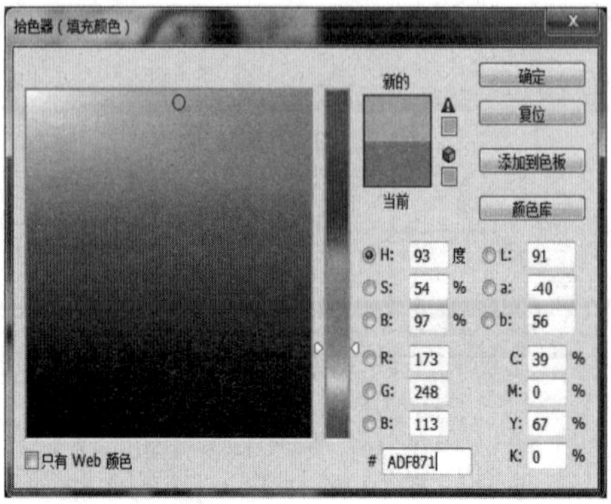

图 2-5

5. 图层混合模式改为“颜色加深”。

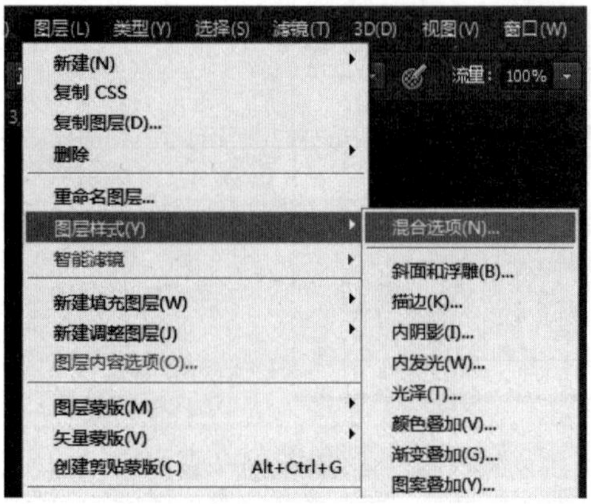

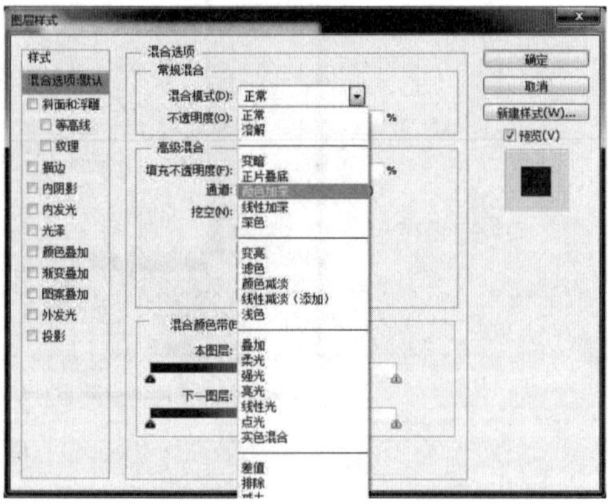

图 2-6　　图 2-7

加上图层蒙版，把除绿色的地方都用黑色画笔擦掉，把背景的绿色调鲜嫩。

图 2-8

6. Ctrl＋Shift＋Alt＋E，盖印图层，Ctrl＋Shift＋U 去色，图层混合模式改为“滤色”，图层不透明度改为：20％。

图 2-9

7. 新建图层，填充颜色：＃FBF4C4，图层混合模式改为“颜色减淡”，图层不透明度改为：10％。

图 2-10

8. Ctrl＋Shift＋Alt＋E，锐化一下，最终完成效果如下图。

图 2-11

(二)图片裁剪

1. 打开原图片，如图 2-12 所示。

图 2-12

2. 打开图层面板双击背景图层，给图层进行解锁操作变成图层 0。

3. 在软件的工具箱中选择裁切工具，并将裁切工具的属性栏中的所有设置清空。

4. 利用裁切工具将图像进行裁切，裁切时将裁切框向图像右侧移动，目的是使人物尽量占据整张图像的中间位置。

图 2-13

5. 位置确定好后单击任意工具，在弹出的对话框单击“裁剪”，此时图像被裁切完毕。

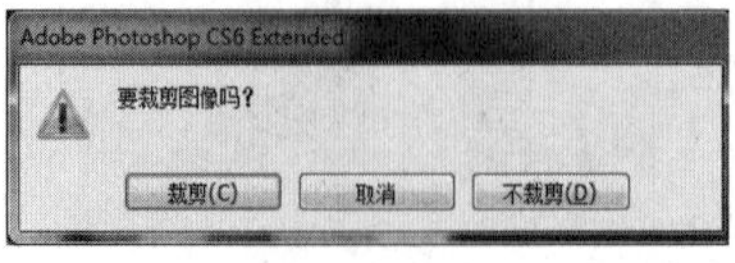

图 2-14

6. 鼠标右击图层 0，在弹出的下拉菜单中选择复制图层。

7. 复制完图层后，图层上出现一个图层 0 副本，此时在工具箱中选择矩形选框工具。

8. 选中图层 0 副本，利用矩形选区选中图片的右侧部分。

9. 在编辑菜单下选择自由变换命令，将选中的部分图像向右拖拽尽量将这一部分拉大。

10. 向下合并图层，将该图层进行复制，生成一个图层 0 副本。

11. 选中图层 0 副本，利用移动工具将该图层稍向右水平移动。

12. 选中图层 0 副本，并给该图层添加图层蒙版，在工具箱中选择渐变工具，将渐变设置成黑色到透明的渐变。

13. 利用渐变工具将图层 0 副本的右侧边渐隐，此时上下图层效果融合。

图 2-15

14. 融合后还是可以明显看出图像最右侧部分稍微有点暗，打开图像菜单下的曲线命令，利用曲线将图层 0、图层 0 副本亮度调到一致且合适。

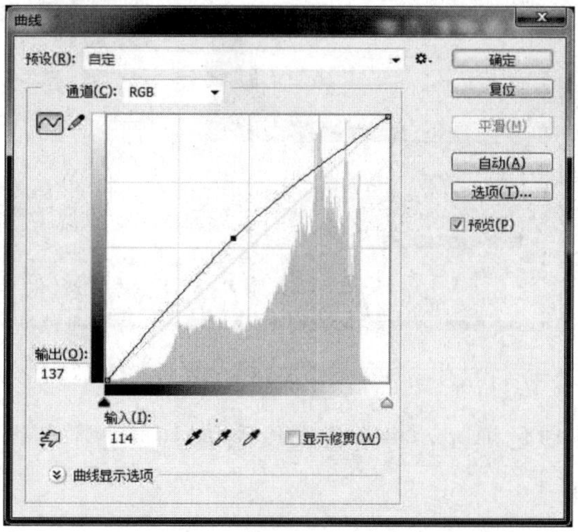

图 2-16

15. 选中两个图层，将图层合并成一个图层。

16. Ctrl+M 打开曲线命令，将照片的明暗与对比调整一下。

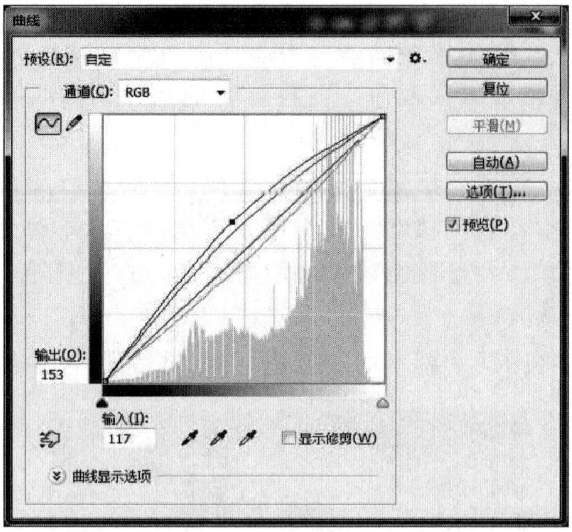

图 2-17

17. 在图像菜单下选择调整/可选颜色命令，进行色彩的细节调整，进入可选颜色后对照片中的红色(－21，－9，－18，－20)、黄色(8，－5，19，－11)、绿色(73，18，－89，28)、白色(26，－6，－11，9)、中性色(－3，－5，－20，7)、黑色(1，－1，－13，8)分别进行调整。

18. Ctrl+L 对色阶作调整。

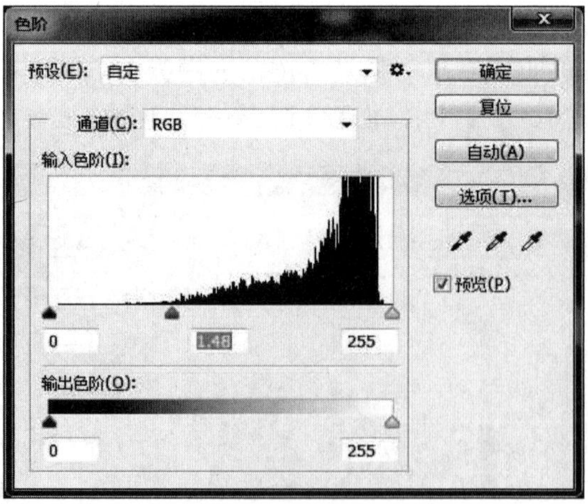

图 2-18

19. 新建图层，用白色填充，将不透明度调为 10%，添加图层蒙版，用画笔将除人脸部外区域描出来。

图 2-19

(三)利用 Action 调整图片大小

1. 启动 Photoshop，并打开需要的一张图。

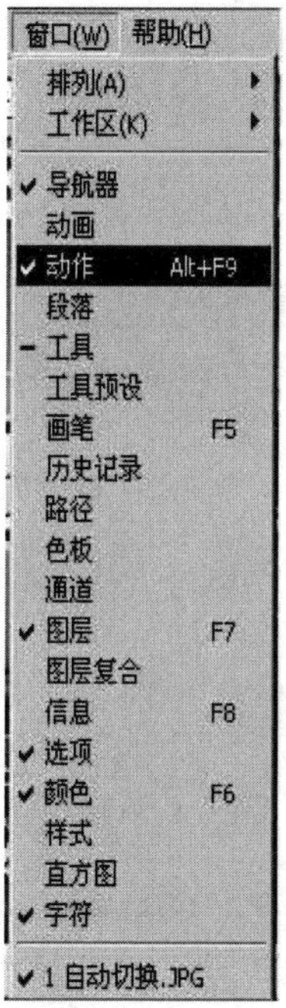

图 2-20

2. 显示“Action”面板，新建名为“统一图片大小”的 Action，指定功能键为“F2”。

图 2-21

3. 单击“Action 记录”按钮。

4. 将图片大小调整到合适大小。

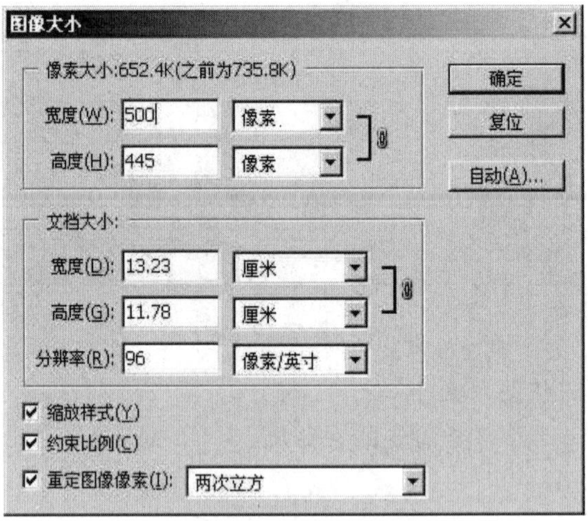

图 2-22

5. 另存文件到“统一图片大小”文件夹。

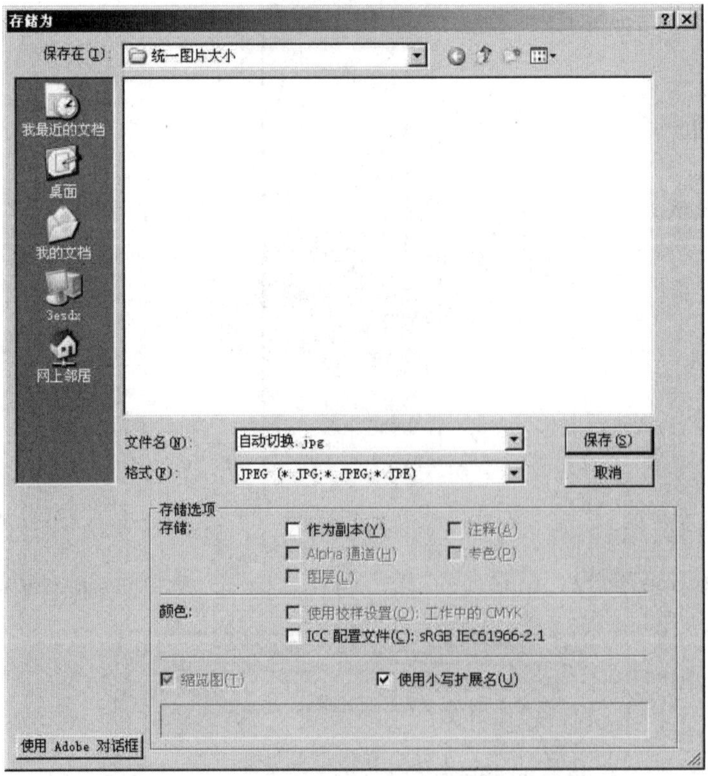

图 2-23

6. 单击“停止记录”。

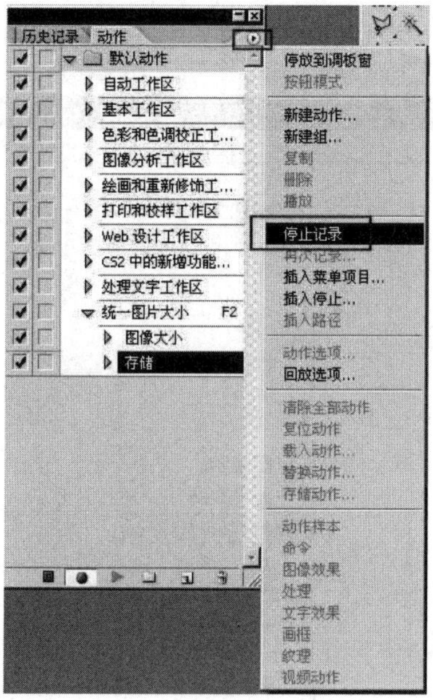

图 2-24

7. 打开其他图片，按“F2”，直到所有图片调整完毕。

(四)课程表制作

1. 单击菜单栏的“表格”，选择级联菜单的“插入”—“表格”。

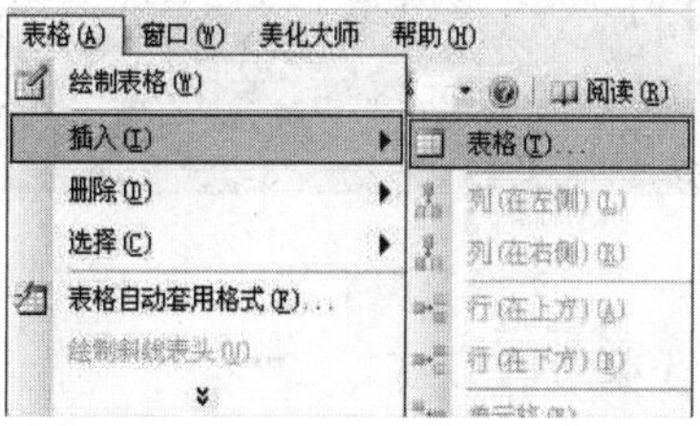

图 2-25

2. 设置行列数。

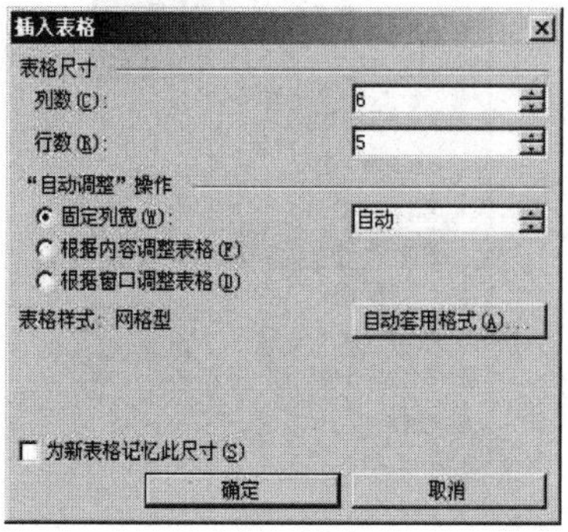

图 2-26

3. 选择第 4 行。

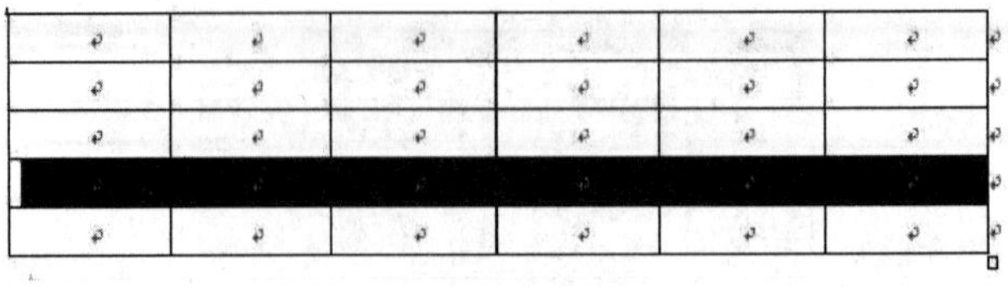

图 2-27

4. 右击，选择“合并单元格”。

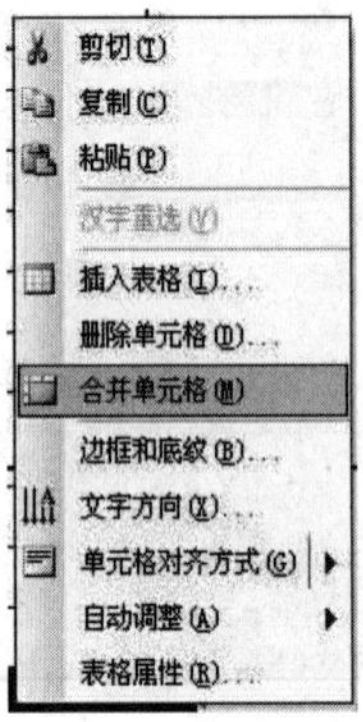

图 2-28

5. 单击右上角标记。

图 2-29

6. 在任意单元格右击，选取对齐方式。

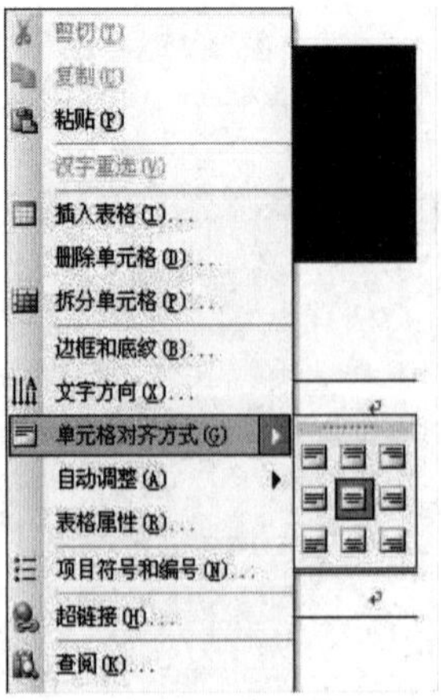

图 2-30

7. 输入文字，完成表格制作。

课程表

	星期一	星期二	星期三	星期四	星期五
1，2 节	语文	数学	英语	戏剧	构图
3，4 节	图像	音乐	广告	体育	摄影
5，6 节	美术	动画	色彩	文案	网络

三、任务检验

本系列任务完成后，由师生共同对每一位学生的作业从美观效果以及适用程度等方面进行评议，提出存在问题并给予改进建议。

第三部分

技巧和拓展

一、构图知识

在网络编辑的图片处理过程中，一个很重要的考虑因素是图片的美观，构图是影响图片视觉效果的重要因素之一。

（一）构图的基本原则

1. 比例

指事物与局部以及局部与局部之间的关系，同时彼此之间包含着匀称性，一定的对比，是和谐的一种表现。失调的比例会产生不舒适感，甚至是畸形感。

2. 空间的表现

空间要富于表现力，常常采用不对称的设计方法，把一个要素放在中间，会扼杀空间的表现力，因为图形的位置处于中间，就没必要形成形状有趣的虚空间。把图形偏离一边，甚至是一直排到最边缘，可激活空白空间，尤其当空白空间的位置很大时，如果空白空间安排得当，画面上所有要素看上去都会感觉很好，但如果你在画面上安排的都是实体要素，那么空白空间几乎就没有必要起到任何作用了，这些在平面设计中是重要的规则。

3. 整体性与协调性

所追求的完美形式必须符合主题的思想内容。只讲表现形式而忽略内容，或只求内容而缺乏艺术表现，都是不成功的。只有把形式与内容合理地统一，强化整体布局，才能取得独特的艺术价值。

（二）常用构图方式

1. 均衡式构图

给人以满足的感觉，画面结构完美无缺，安排巧妙，对应而平衡。常用于月夜、水面、夜景、新闻等题材。

2. 对称式构图

具有平衡、稳定、相对的特点。

3. 变化式构图

景物故意安排在某一角或某一边，能给人以思考和想象，并留下进一步判断的余地。富于韵味和情趣。常用于山水小景、体育运动、艺术摄影、幽默照片等。

4. 对角线构图

把主体安排在对角线上，能有效利用画面对角线的长度，同时也能使陪体与主体发生直接关系。

5. X形构图

线条、影调按X形布局，透视感强，有利于把人们视线由四周引向中心，或景物具有从中心向四周逐渐放大的特点。常用于建筑、大桥、公路、田野等题材。

6. 紧凑式构图

将景物主体以特写的形式加以放大，使其以局部布满画面，具有紧凑、细腻、微观等特点。常用于人物肖像、显微摄影，或者表现局部细节。对刻画人物的面部往往能达到传神的境地，给人留下深刻印象。

7. 三角形构图

以三个视觉中心为景物的主要位置，有时是以三点成一面的几何形成安排景物的位置，形成一个稳定的三角形。这种三角形可以是正三角、也可以是斜三角或倒三角。其中斜三角形较为常用，也较为灵活。三角形构图具有安定、均衡、灵活等特点。

8. S形构图

画面上的景物呈S形曲线的构图形式，具有延长、变化的特点，使人看上去有韵律感，产生优美、雅致、协调的感觉。当需要采用曲线形式表现被摄体时，应首先想到使用S形构图。常用于河流、溪水、曲径等。

9. 向心式构图

主体处于中心位置，而四周景物呈朝中心集中的构图形式，能将人的视线强烈引向主体中心，并起到聚集的作用。具有突出主体的鲜明特点，但有时也可产生压迫中心，局促沉重的感觉。

二、快捷键知识

在使用Photoshop软件进行图像处理的时候，如果能够熟练地应用快捷键，将可以明显地提高工作效率。以下介绍部分常用的快捷键。

1. 工具箱

矩形、椭圆选框工具M；

裁剪工具C；

移动工具V；

套索、多边形套索、磁性套索L；

魔棒工具W；

喷枪工具J；

画笔工具B；

像皮图章、图案图章S；

历史记录画笔工具Y；

像皮擦工具E；

铅笔、直线工具N；

模糊、锐化、涂抹工具R；

减淡、加深、海棉工具O；

钢笔、自由钢笔、磁性钢笔P；

添加锚点工具+；
删除锚点工具－；
直接选取工具 A；
文字、文字蒙版、直排文字、直排文字蒙版 T；
度量工具 U；
直线渐变、径向渐变、对称渐变、角度渐变、菱形渐变 G；
油漆桶工具 K；
吸管、颜色取样器 I；
抓手工具 H；
缩放工具 Z；
默认前景色和背景色 D；
切换前景色和背景色 X；
切换标准模式和快速蒙版模式 Q；
标准屏幕模式、带有菜单栏的全屏模式、全屏模式 F；
临时使用移动工具 Ctrl；
临时使用吸色工具 Alt；
临时使用抓手工具空格；
打开工具选项面板 Enter；
快速输入工具选项(当前工具选项面板中至少有一个可调节数字)0 至 9；
循环选择画笔[或]；
选择第一个画笔 Shift+[；
选择最后一个画笔 Shift+]；
建立新渐变(在“渐变编辑器”中)Ctrl+N。
2. 文件操作
新建图形文件 Ctrl+N；
用默认设置创建新文件 Ctrl+Alt+N；
打开已有的图像 Ctrl+O；
打开为... Ctrl+Alt+O；
关闭当前图像 Ctrl+W；
保存当前图像 Ctrl+S；
另存为... Ctrl+Shift+S；
存储副本 Ctrl+Alt+S；
页面设置 Ctrl+Shift+P；
打印 Ctrl+P；
打开“预置”对话框 Ctrl+K；
显示最后一次显示的“预置”对话框 Alt+Ctrl+K；
设置“常规”选项(在预置对话框中)Ctrl+1；
设置“存储文件”(在预置对话框中)Ctrl+2；

设置“显示和光标”(在预置对话框中)Ctrl+3;
设置“透明区域与色域”(在预置对话框中)Ctrl+4;
设置“单位与标尺”(在预置对话框中)Ctrl+5;
设置“参考线与网格”(在预置对话框中)Ctrl+6;
外发光效果(在“效果”对话框中)Ctrl+3;
内发光效果(在“效果”对话框中)Ctrl+4;
斜面和浮雕效果(在“效果”对话框中)Ctrl+5;
应用当前所选效果并使参数可调(在“效果”对话框中)A。

3. 图层混合模式

循环选择混合模式 Alt+－或+;
正常 Ctrl+Alt+N;
阈值(位图模式)Ctrl+Alt+L;
溶解 Ctrl+Alt+I;
背后 Ctrl+Alt+Q;
清除 Ctrl+Alt+R;
正片叠底 Ctrl+Alt+M;
屏幕 Ctrl+Alt+S;
叠加 Ctrl+Alt+O;
柔光 Ctrl+Alt+F;
强光 Ctrl+Alt+H;
颜色减淡 Ctrl+Alt+D;
颜色加深 Ctrl+Alt+B;
变暗 Ctrl+Alt+K;
变亮 Ctrl+Alt+G;
差值 Ctrl+Alt+E;
排除 Ctrl+Alt+X;
色相 Ctrl+Alt+U;
饱和度 Ctrl+Alt+T;
颜色 Ctrl+Alt+C;
光度 Ctrl+Alt+Y;
去色　海棉工具+Ctrl+Alt+J;
加色　海棉工具+Ctrl+Alt+A;
暗调　减淡/加深工具+Ctrl+Alt+W;
中间调　减淡/加深工具+Ctrl+Alt+V;
高光　减淡/加深工具+Ctrl+Alt+Z。

4. 选择功能

全部选取 Ctrl+A;
取消选择 Ctrl+D;

重新选择 Ctrl＋Shift＋D；
羽化选择 Ctrl＋Alt＋D；
反向选择 Ctrl＋Shift＋I；
路径变选区　数字键盘的 Enter；
载入选区 Ctrl＋点按图层、路径、通道面板中的缩略图；
按上次的参数再做一次上次的滤镜 Ctrl＋F；
退去上次所做滤镜的效果 Ctrl＋Shift＋F；
重复上次所做的滤镜(可调参数)Ctrl＋Alt＋F；
选择工具(在"3D 变化"滤镜中)V；
立方体工具(在"3D 变化"滤镜中)M；
球体工具(在"3D 变化"滤镜中)N；
柱体工具(在"3D 变化"滤镜中)C；
轨迹球(在"3D 变化"滤镜中)R；
全景相机工具(在"3D 变化"滤镜中)E；

5. 视图操作

显示彩色通道 Ctrl＋～；
显示单色通道 Ctrl＋数字；
显示复合通道～；
以 CMYK 方式预览(开关)Ctrl＋Y；
打开/关闭色域警告 Ctrl＋Shift＋Y；
放大视图 Ctrl＋＋；
缩小视图 Ctrl＋－；
满画布显示 Ctrl＋0；
实际像素显示 Ctrl＋Alt＋0；
向上卷动一屏 PageUp；
向下卷动一屏 PageDown；
向左卷动一屏 Ctrl＋PageUp；
向右卷动一屏 Ctrl＋PageDown；
向上卷动 10 个单位 Shift＋PageUp；
向下卷动 10 个单位 Shift＋PageDown；
向左卷动 10 个单位 Shift＋Ctrl＋PageUp；
向右卷动 10 个单位 Shift＋Ctrl＋PageDown；
将视图移到左上角 Home；
将视图移到右下角 End；
显示/隐藏选择区域 Ctrl＋H；
显示/隐藏路径 Ctrl＋Shift＋H；
显示/隐藏标尺 Ctrl＋R；
显示/隐藏参考线 Ctrl＋;；

显示/隐藏网格 Ctrl＋”；
贴紧参考线 Ctrl＋Shift＋；；
锁定参考线 Ctrl＋Alt＋；；
贴紧网格 Ctrl＋Shift＋”；
显示/隐藏“画笔”面板 F5；
显示/隐藏“颜色”面板 F6；
显示/隐藏“图层”面板 F7；
显示/隐藏“信息”面板 F8；
显示/隐藏“动作”面板 F9；
显示/隐藏所有命令面板 Tab；
显示或隐藏工具箱以外的所有调板 Shift＋Tab；
文字处理(在“文字工具”对话框中)；
左对齐或顶对齐 Ctrl＋Shift＋L；
中对齐 Ctrl＋Shift＋C；
右对齐或底对齐 Ctrl＋Shift＋R；
左/右选择 1 个字符 Shift＋←/→；
下/上选择 1 行 Shift＋↑/↓；
选择所有字符 Ctrl＋A；
选择从插入点到鼠标点按点的字符 Shift＋点按；
左/右移动 1 个字符←/→；
下/上移动 1 行↑/↓；
左/右移动 1 个字 Ctrl＋←/→；
将所选文本的文字大小减小 2 点像素 Ctrl＋Shift＋＜；
将所选文本的文字大小增大 2 点像素 Ctrl＋Shift＋＞；
将所选文本的文字大小减小 10 点像素 Ctrl＋Alt＋Shift＋＜；
将所选文本的文字大小增大 10 点像素 Ctrl＋Alt＋Shift＋＞；
将行距减小 2 点像素 Alt＋↓；
将行距增大 2 点像素 Alt＋↑；
将基线位移减小 2 点像素 Shift＋Alt＋↓；
将基线位移增加 2 点像素 Shift＋Alt＋↑；
将字距微调或字距调整减小 20/1000emsAlt＋←；
将字距微调或字距调整增加 20/1000emsAlt＋→；
将字距微调或字距调整减小 100/1000emsCtrl＋Alt＋←；
将字距微调或字距调整增加 100/1000emsCtrl＋Alt＋→；
设置“增效工具与暂存盘”(在预置对话框中)Ctrl＋7；
设置“内存与图像高速缓存”(在预置对话框中)Ctrl＋8。

6. 编辑操作

还原/重做前一步操作 Ctrl＋Z；

还原两步以上操作 Ctrl＋Alt＋Z；
重做两步以上操作 Ctrl＋Shift＋Z；
剪切选取的图像或路径 Ctrl＋X 或 F2；
拷贝选取的图像或路径 Ctrl＋C；
合并拷贝 Ctrl＋Shift＋C；
将剪贴板的内容粘到当前图形中 Ctrl＋V 或 F4；
将剪贴板的内容粘到选框中 Ctrl＋Shift＋V；
自由变换 Ctrl＋T；
应用自由变换(在自由变换模式下)Enter；
从中心或对称点开始变换 (在自由变换模式下)Alt；
限制(在自由变换模式下)Shift；
扭曲(在自由变换模式下)Ctrl；
取消变形(在自由变换模式下)Esc；
自由变换复制的像素数据 Ctrl＋Shift＋T；
再次变换复制的像素数据并建立一个副本 Ctrl＋Shift＋Alt＋T；
删除选框中的图案或选取的路径 DEL；
用背景色填充所选区域或整个图层 Ctrl＋BackSpace 或 Ctrl＋Del；
用前景色填充所选区域或整个图层 Alt＋BackSpace 或 Alt＋Del；
弹出“填充”对话框 Shift＋BackSpace；
从历史记录中填充 Alt＋Ctrl＋Backspace。

7. 图像调整

调整色阶 Ctrl＋L；
自动调整色阶 Ctrl＋Shift＋L；
打开曲线调整对话框 Ctrl＋M；
在所选通道的曲线上添加新的点(“曲线”对话框中)在图像中 Ctrl＋点按；
在复合曲线以外的所有曲线上添加新的点(“曲线”对话框中)Ctrl＋Shift＋点按；
移动所选点(“曲线”对话框中)↑/↓/←/→；
以 10 点为增幅移动所选点以 10 点为增幅(‘曲线’对话框中)Shift＋箭头；
选择多个控制点(‘曲线’对话框中)Shift＋点按；
前移控制点(‘曲线’对话框中)Ctrl＋Tab；
后移控制点(‘曲线’对话框中)Ctrl＋Shift＋Tab；
添加新的点(‘曲线’对话框中)点按网格；
删除点(‘曲线’对话框中)Ctrl＋点按点；
取消选择所选通道上的所有点(‘曲线’对话框中)Ctrl＋D；
使曲线网格更精细或更粗糙(‘曲线’对话框中)Alt＋点按网格；
选择彩色通道(‘曲线’对话框中)Ctrl＋～；
选择单色通道(‘曲线’对话框中)Ctrl＋数字；
打开“色彩平衡”对话框 Ctrl＋B；

打开“色相/饱和度”对话框 Ctrl＋U；
全图调整(在“色相/饱和度”对话框中)Ctrl＋～；
只调整红色(在“色相/饱和度”对话框中)Ctrl＋1；
只调整黄色(在“色相/饱和度”对话框中)Ctrl＋2；
只调整绿色(在“色相/饱和度”对话框中)Ctrl＋3；
只调整青色(在“色相/饱和度”对话框中)Ctrl＋4；
只调整蓝色(在“色相/饱和度”对话框中)Ctrl＋5；
只调整洋红(在“色相/饱和度”对话框中)Ctrl＋6；
去色 Ctrl＋Shift＋U；
反相 Ctrl＋I。

8. 图层操作

从对话框新建一个图层 Ctrl＋Shift＋N；
以默认选项建立一个新的图层 Ctrl＋Alt＋Shift＋N；
通过拷贝建立一个图层 Ctrl＋J；
通过剪切建立一个图层 Ctrl＋Shift＋J；
与前一图层编组 Ctrl＋G；
取消编组 Ctrl＋Shift＋G；
向下合并或合并联接图层 Ctrl＋E；
合并可见图层 Ctrl＋Shift＋E；
盖印或盖印联接图层 Ctrl＋Alt＋E；
盖印可见图层 Ctrl＋Alt＋Shift＋E；
将当前层下移一层 Ctrl＋[；
将当前层上移一层 Ctrl＋]；
将当前层移到最下面 Ctrl＋Shift＋[；
将当前层移到最上面 Ctrl＋Shift＋]；
激活下一个图层 Alt＋[；
激活上一个图层 Alt＋]；
激活底部图层 Shift＋Alt＋[；
激活顶部图层 Shift＋Alt＋]；
调整当前图层的透明度(当前工具为无数字参数的，如移动工具)0 至 9；
保留当前图层的透明区域(开关)/；
投影效果(在“效果”对话框中)Ctrl＋1；
内阴影效果(在“效果”对话框中)Ctrl＋2；
F1—帮助；
F2—剪切；
F3—拷贝；
F4—粘贴；
F5—隐藏/显示画笔面板；

F6—隐藏/显示颜色面板；

F7—隐藏/显示图层面板；

F8—隐藏/显示信息面板；

F9—隐藏/显示动作面板；

F12—恢复；

Shift＋f5—填充；

Shift＋f6—羽化；

Shift＋f7—选择→反选；

Ctrl＋h—隐藏选定区域；

Ctrl＋d—取消选定区域；

Ctrl＋w—关闭文件；

Ctrl＋Q—退出 Photoshop。

三、Photoshop 选择技巧

使用选框工具(Marquee Tools)的时候，按住 Shift 键可以划出正方形的选区(同样操作可画正圆)；按住 Alt 键将从起始点为中心勾画选区。

使用"重新选择"命令[Ctrl＋Shift＋D](Select→Reselect)来载入/恢复之前的选区。

在使用套索工具勾画选区的的时候按 Alt 键可以在套索工具和和多边形套索工具间切换。

勾画选区的时候按住空格键可以移动正在勾画的选区。按住 Shift 或 Alt 键可以增加或修剪当前选区，同时按下 Shift 和 Alt 键勾画可以选取两个选区中相交的部分。

提示：按住 Ctrl 键单击层的图标(在层面板上)可载入它的透明通道，再按住 Ctrl＋Alt＋Shift 键单击另一层为选取两个层的透明通道相交的区域。

在缩放或复制图片之间先切换到快速蒙版模式，可保留原来的选区。

四、Photoshop 工具技巧

要使用画笔工具画出直线，首先在图片上单击，然后移动鼠标到另一点上按住 Shift 再次单击图片，Photoshop 就会使用当前的绘图工具在两点间画一条直线。

任何时候按住 Ctrl 键即可切换为移动工具，按住 Ctrl＋Alt 键拖动鼠标可以复制当前层或选区内容。

按住空格键可以在任何时候切换为抓手工具[H](Hand Tool)。

缩放工具的快捷键为"Z"，此外 Ctrl＋空格键为放大工具，Alt＋空格键为缩小工具。

按 Ctrl＋"＋"键以及"－"键分别为放大和缩小图像的视图；相对应的，按以上热键的同时按住 Alt 键可以自动调整窗口以满屏显示(Ctrl＋Alt＋"＋"和 Ctrl＋Alt＋"－")。

如果想要在使用缩放工具时按图片的大小自动调整窗口，可以在缩放工具的选项中选中“调整窗口大小以满屏显示(Resize Windows to Fit)”选项。

用吸管工具选取颜色的时候按住 Alt 键即可定义当前背景色。

结合颜色取样器工具[Shift＋I](Color Sampler Tool)和信息面板(Window〉Show Info)，我们可以监视当前图片的颜色变化。变化前后的颜色值显示在信息面板上其取样点编号的旁边。通过信息面板上的弹出菜单可以定义取样点的色彩模式。要增加新取样点只需在画布上随便什么地方再点一下(用颜色取样器工具)，按住 Alt 键单击可以除去取样点。

一张图上最多只能放置四个颜色取样点。

当 Photoshop 中有对话框(例如：色阶命令、曲线命令等等)弹出时，要增加新的取样点必须按住 Shift 键再单击，按住 Alt＋Shift 单击一个取样点可以减去它。

第四部分

图片裁切和色彩处理

一、任务描述

1. 对所给的图片素材在色彩及构图方面进行分析，提出改进方案，然后完成这些图片素材的美化处理操作。

色彩调整素材：

图片裁切素材：

2. 设计制作一张校历表。

时间安排表

课时	工作安排	学生活动	备注
1	教师提示要点	与教师互动	
0.5	学生完成工作方案的制定	在教师指导下完成	
3	学生练习	在教师辅导下完成工作任务	教师视具体情况辅导
0.5	任务评议	参与评议	师生共同参与

二、任务计划

把分析结果归纳整理，填写下表。

文件名	素材图片存在问题	改进思路

根据上表的思路拟定具体的处理步骤。

色彩调整具体步骤		
序号	操作	说明

图片裁切具体步骤		
序号	操作	说明

三、任务实施

由学生根据各自的任务计划完成图片素材的优化操作和校历表的设计制作。本环节利用课内时间完成。

四、任务检验

本系列任务完成后，由师生共同对每一位学生的作业从美观效果、适用等方面进行评议，提出存在问题并给予改进建议。

项目	美化后的效果评议	进一步美化思路(若有)
色彩调整		
裁切		

校历表评议表：

设计美观评议	内容充分且合适评议

第五部分

总结和反馈

1. 每个同学总结本项目中遇到的问题和解决的办法。

遇到的问题	解决办法

2. 请学生总结之后完成下表。

图文编辑的主要内容	列出需要学习的知识和技能

项目三　制作音视频

【学习目标】

知识目标： 1. 掌握音视频制作的知识；

2. 掌握电视摄像和电视画面剪辑的基本知识。

能力目标： 1. 学会使用 premiere 软件完成网络音视频的制作和发布任务；

2. 掌握视频原创能力。

素质目标： 提升制作音视频的创意和审美素养。

第一部分

预备知识

网络视频随着整个网络环境的提升以及用户需求的涌现而被逐步普及和重视。娱乐、新闻类视频已经成为各大网站的重点内容。乐视、酷6、优酷土豆、PPS，搜狐视频，腾讯视频等等专业视频网站蓬勃发展。从传播效果上来说，视频比文字、图片更直观。它以流媒体方式展现丰富的内容，能广泛吸引用户注意力。越来越多的互联网内容提供商开始应用视频元素，也有更多的广告主开始将预算投向视频广告。在本项目中我们就一起来学习音视频的编辑和网络发布。

Adobe Premiere是目前最流行的视频剪辑软件之一，由Adobe公司推出。现在常用的有CS4、CS5、CS6、CC、CC 2014及CC 2015版本是一个功能强大的实时视频和音频编辑工具，有较好的兼容性，且可以与Adobe公司推出的其他软件相互协作。目前这款软件广泛应用于广告制作和电视节目制作中。Premiere提供了采集、剪辑、调色、美化音频、字幕添加、输出、DVD刻录的一整套流程，并和其他Adobe软件高效集成，完成在编辑、制作、工作流上遇到的所有挑战，满足创建高质量作品的要求。

Adobe Premiere主要有以下功能：

一、素材的组织与管理

在视频素材处理的前期，首要的任务就是将收集起来的素材引入达到项目窗口，以便统一管理。实现的方法是，执行菜单“File”的子菜单“New”下的“Project”命令，进行设置后，单击“OK”按钮。此时便完成了新项目窗口的创建。通过执行菜单“File”的“Import File”命令，可对所需的素材文件进行选择，然后单击“OK”按钮即可。重复执行逐个将所需素材引入后，就完成了编辑前的准备工作。

二、素材的剪辑处理

执行Window/Timeline命令，打开时间线窗口，将项目窗口中的相应素材拖到相应的轨道上。如将引入的素材相互衔接的放在同一轨道上，将达到了将素材拼接在一起的播放效果。若需对素材进行剪切，可使用剃刀图标工具在需要割断的位置单击鼠标，则素材被割断。然后选取不同的部分按Delete键予以删除即可。同样对素材也允许进行复制，形成重复的播放效果。

三、过渡效果

在两个片段的衔接部分，往往采用过渡的方式来衔接，而非直接的将两个生硬的拼接在一起。Premiere提供了多达75种之多的特殊过渡效果，通过过渡窗口可见到这些丰富多彩的过渡样式。

四、滤镜效果

Premiere 同 Photoshop 一样也支持滤镜的使用，Premiere 共提供了近 80 种的滤镜效果，可对图像进行变形、模糊、平滑、曝光、纹理化等处理功能。此外，还可以使用第三方提供的滤镜插件，如好莱坞的 FX 软件等。

滤镜的用法：在时间线窗口选择好待处理的素材，然后执行“Clip”菜单下的“Filters”命令。在弹出的滤镜对话窗口中选取所需的滤镜效果，单击“Add”按钮即可。如果双击左窗口中的滤镜，可对所选滤镜进行参数的设置和调整。

五、叠加叠印

在 Premiere 中可以把一个素材置于另一个素材之上来播放，这样一些方法的组合成为叠加叠印处理，所得到的素材称为叠加叠印素材。叠加的素材是透明的，允许将其下面的素材透射过来放映。

六、音频编辑

在出色的视频作品中，优美的音频效果是必不可少的成分。Premiere6 专门在 Audio 轨道中处理音频。音频轨道多达 99 个，几乎可以满足所有用户处理音频的需要。在将音频片段添加到 Timeline 窗口前，首先在 Clip 窗口中剪辑音频素材，这样不但可以获得较高的剪辑精度，还可以在剪辑音频素材的同时监听到剪辑后的效果。

七、创建字幕

Premiere 提供了功能强大的 Title 窗口，用户可以在 Title 窗口中轻松完成标题字幕的制作。可制作静态标题字幕和动态标题字幕，并对字幕文本进行精细的排版。选择 File/New/Title 菜单命令，可进入 Title 窗口。使用键盘上的 F9 快捷键，可以快速进入 Title 窗口。可以根据自己的爱好，随意设计标题，也可以打开里面的模板，选择各种各样的预制好的模板，把里面的文字改过来就行了。位于 Title 窗口左部的是 Title 字幕窗口的工具栏，这里面放置着一些与标题字幕的制作有关的工具。利用这些工具，我们可以加入标题文本、绘制简单的几何图形，还可以定义文本的样式。

八、作品输出

在作品制作完成后期，需借助 Premiere 的输出功能将作品合成在一起当素材编辑完成后，执行菜单“File”的子菜单“Export”的“Movie”命令可以对输出的规格进行设置。指定好文件类型后，单击“OK”按钮，即会自动编译成指定的影视文件。

第二部分

视频制作　有病没病

一、任务描述

在网络上下载素材，进行转码处理，构思一个新的主题，根据自己的创意，剪辑制作一个影视短片，并发布在网页上。故事发生在医院中，有个病人称自己具有超能力，医生觉得不可理喻，认为他是神经病，但结果却是出人意料。本任务由学生在老师的指导下完成。

时间安排表

课时	工作安排	学生活动	备注
0.5	划分小组，下发任务，解读任务		好的团队是成功的基础
1	下载素材，研究素材，确定创意	指导学生下载，分析素材，确定创意	在机房完成
0.5	计划制作的流程	解释整个制作流程	在机房完成
3	制作视频并发布	示范、指导	在机房完成
1	小组展示成果，自评、互评、教师评价	组织展示评价活动	在机房完成

二、任务实施

第一步，网上搜素下载素材。

本任务中所用的素材来源于网络，需要用“搜狐影音”客户端进行下载。没有安装“搜狐影音”客户端的先在搜狐网站上下载并安装。

打开搜狐影音客户端，在搜索栏输入“屌丝男士 4”，在下面出现的列表中选择屌丝男士第 4 季第一集。慢慢欣赏整个影片。

将鼠标光标放在画面上，窗口的右边缘会出现下载的选项。单击下载。在出现的对话框中勾选内容，按确定。如图 3-1 所示。

图 3-1

3. 在窗口菜单栏会出现下载选项，单击可以看到下载的进度和文件所在的位置。如图 3-2 所示。

图 3-2

第二步，构思影片主题、规划制作流程。

看过这个影片我们就发现，它的结构是，几个小故事穿插讲述的。在医院中关于超能力的故事，分成了两段，中间有别的片段分隔开了。我们想把这个故事从影片中抽取出来，做一个单独的影片，并通过处理，让它更加主题突出，有趣味性。

我们主要用 Premiere 软件来完成制作。由于下载的影片文件格式是搜狐特有的格式，需要先用解码器 FormatFactory，转换成通用的 avi 文件格式，然后才能用 Premier 进行剪辑。我们要完成影片剪辑，加过渡特效、视频特效，配音，制作字幕，影片输出几个环节。影片输出后再用 Dreamweaver，发布在网页上，并用主页链接到此网页。

第三步，转码。

1. 打开 FormatFactory 软件，如图 3-3 所示。

图 3-3

我们是用这个软件作为示例，转码软件很多，好多是免费的，也可以用其他的转码软件。

2. 在对话框中，单击“所有转到 AVI”，如图 3-4。

图 3-4

3. 单击添加文件。

4. 选择 C 盘 SHDdownload 文件夹打开。

5. 我们发现文件夹中并没有显示我们下载的视频文件。这时要在文件类型下拉选项中选择“All files”，这时就可以看到我们下载的视频了选中它，单击打开。

6. 勾选输出至源文件目录，然后确定。

7. 单击开始，文件就开始转码了，并在窗口中显示转码的进度，完成后(显示进度100%)，关闭转码软件。如图 3-5 至图 3-9 所示。

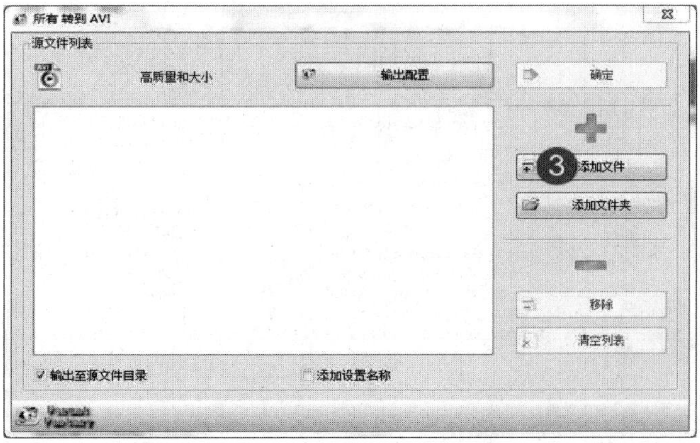

图 3-5

打开
查找范围(I):
本地磁盘（C:）
4
名称
修改日期
Perfect
2013/3/12 19:36
PerfLogs
2009/7/14 11:20
Program Files
2015/6/2 10:15
Program Files (x86)
2015/7/28 11:37
ProgramData
2015/7/28 10:31
QMDownload
2012/7/3 16:14
sdklog
2012/11/15 9:48
SHDownload
5
2015/7/28 10:47
SoDA
2012/3/26 9:10
sohucache
2015/7/28 10:47
Temp
2015/1/4 14:28
最近访问的位置
桌面
库
计算机
网络
文件名(N):
文件类型(T):
All Files (*.*)
打开(O)
取消

图 3-6

打开
查找范围(I):
SHDownload
名称
修改日期
lrc
2015/7/16 15:37
PIC
2015/7/16 15:37
preload
2015/7/28 11:22
最近访问的位置
桌面
库
计算机
网络
文件名(N):
屌丝男士第4季第1集[标清版]
文件类型(T):
All Supported Video Files
6
打开(O)
取消
All Supported Video Files
Real Media Files (*.rm;*.rmvb)
3GPP Files (*.3gp;*.3g2)
MPEG Files (*.mpg;*.mpeg)
DVR-MS Files (*.dvr-ms)
MTS Files (*.m2ts;*.mts)
Quick Time Files (*.mov;*.qt)
Digital Video Files (*.dv;*.dif)
Windows Media Files (*.wmv;*.asf;*.vfw)
TS Files (*.ts)
AVI Files (*.avi)
AMV Files (*.amv)
MKV Files (*.mkv)
MP4 Files (*.mp4)
FLV Files (*.flv)
FLI Files (*.fli)
DAT Files (*.dat)
AVS Files (*.avs)
VOB Files (*.vob)
All Files (*.*)

图 3-7

打开
查找范围(I):
SHDownload
名称
修改日期
lrc
2015/7/16 15:37
PIC
2015/7/16 15:37
preload
2015/7/28 11:22
7
屌丝男士第4季第1集[标清版].ifox
2015/7/28 10:47
屌丝男士第4季第1集[标清版]第0段.ifox.tmp
2015/7/28 10:46
屌丝男士第4季第1集[高清版].ifox
2015/7/17 11:30
屌丝男士第一集[标清版]第0段.ifox.tmp
2015/7/17 11:15
屌丝男士第一集[高清版].ifox
2015/7/17 11:20
最近访问的位置
桌面
库
计算机
网络
文件名(N):
文件类型(T):
All Files (*.*)
8
打开(O)
取消

图 3-8

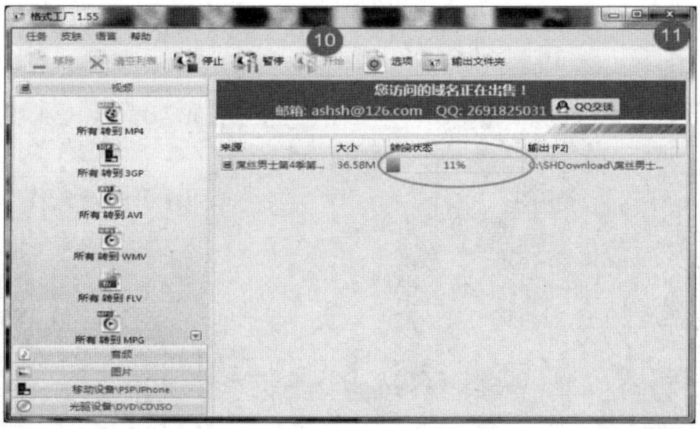

图 3-9

第四步，剪辑。

1. 运行 Premiere Pro CS6，在欢迎界面中单击新建项目按钮，在新建项目对话框中，选择项目的保存路径，对项目进行命名为“有病没病”。如图 3-10，图 3-11。

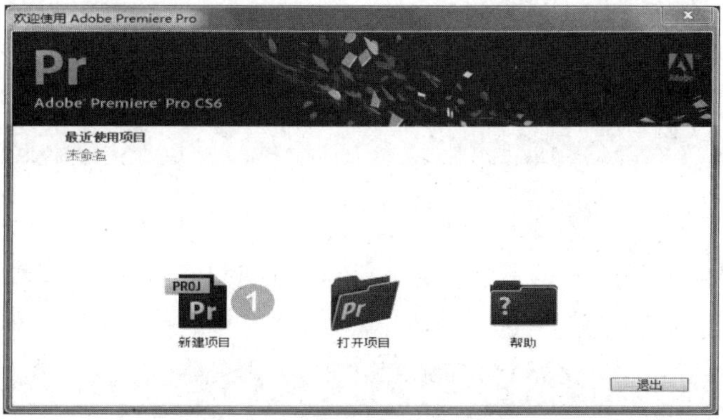

图 3-10

图 3-11

2. 弹出新建序列对话框，在序列预设选项卡下，有效预设区域中选择 DV—PAL 中的宽银幕 48kHZ 选项。单击确定按钮，如图 3-12 所示。

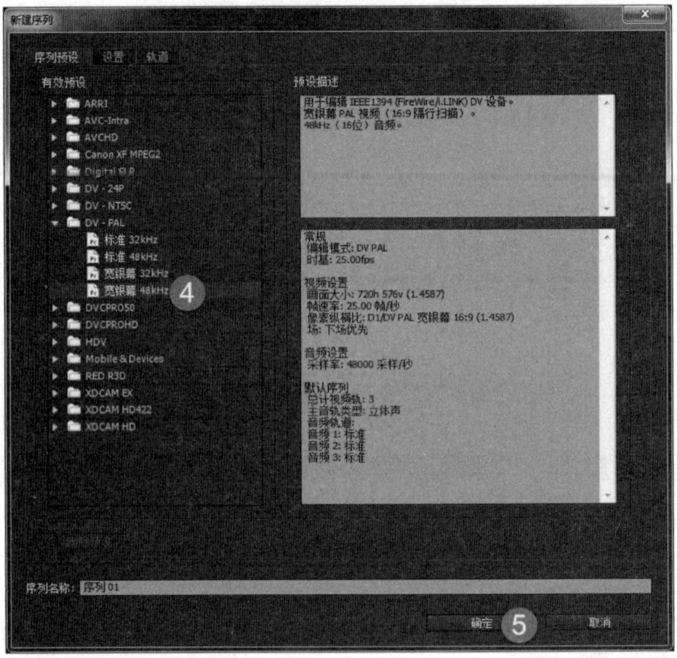

图 3-12

3. 在 Premiere 工作界面的右下角，项目窗口项目选项卡区域的空白处双击，如图 3-13所示。在弹出的对话框中选择我们转码后的文件。单击打开，如图 3-14 所示。

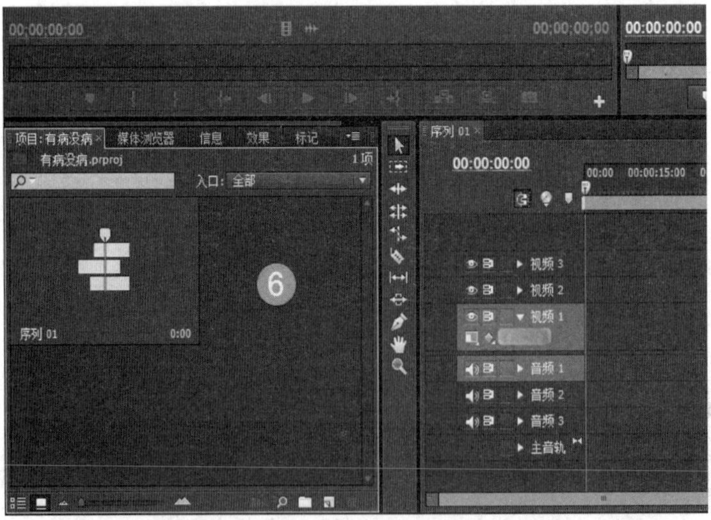

图 3-13

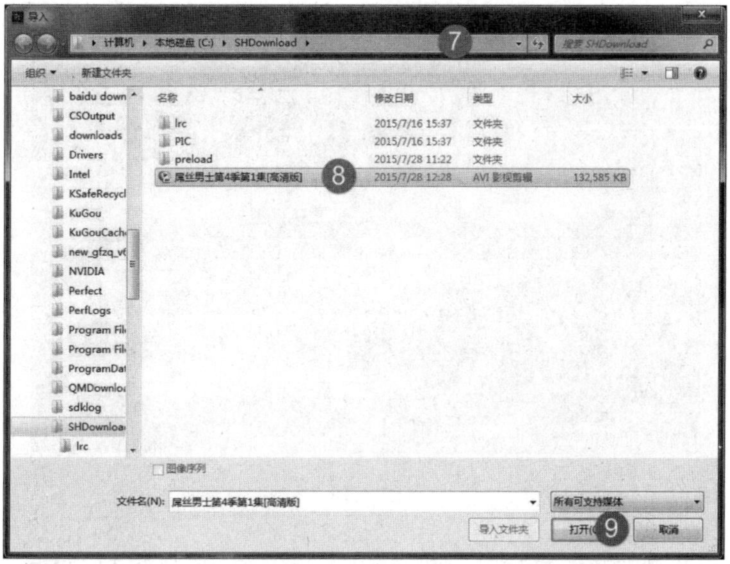

图 3-14

4. 将导入的素材拖至上方的源窗口(预览窗口)中，用播放，停止等按钮，控制播放，可预览整个素材，如图 3-15。

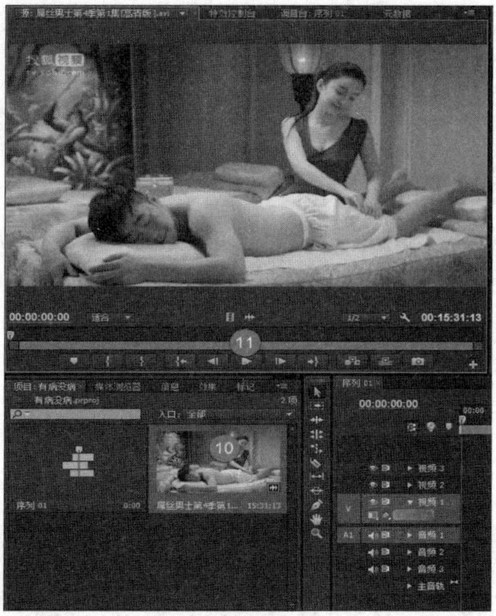

图 3-15

5. 将导入的素材拖至右边的序列窗口视频 1、音频 1，轨道中。靠最左端放置。在上方右侧的节目窗口中，用播放，停止等按钮，可预览时间线上的片段。如图 3-16 所示。用播放，逐帧前进，逐帧后退按钮，将时间线上的素材播放进度定格在 00:01:33:02 处，如图 3-17 所示。

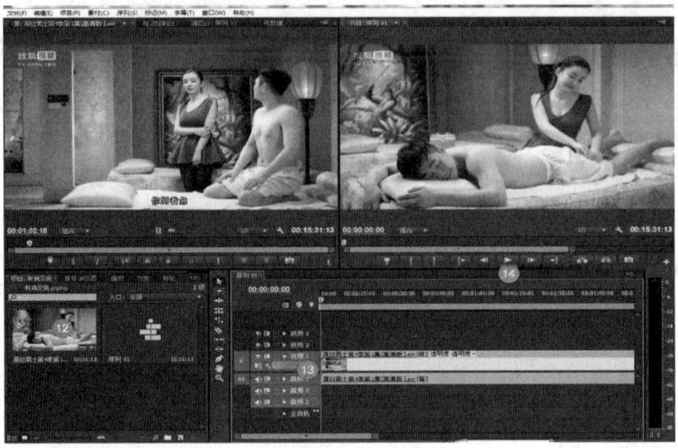

图 3-16

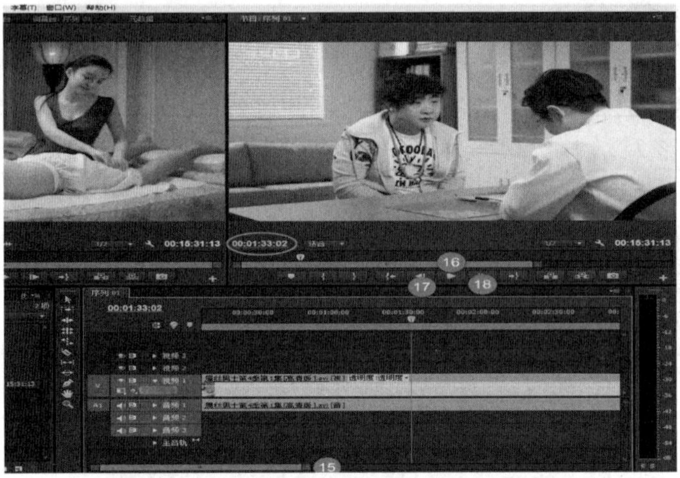

图 3-17

6. 在时间线左侧的编辑工具栏中，单击选择剃刀工具，在时间线的时间指针出单击，将素材影片在此时间点割断，如图 3-18 所示。这个时间点正是我们需要的第一个片段的开头。

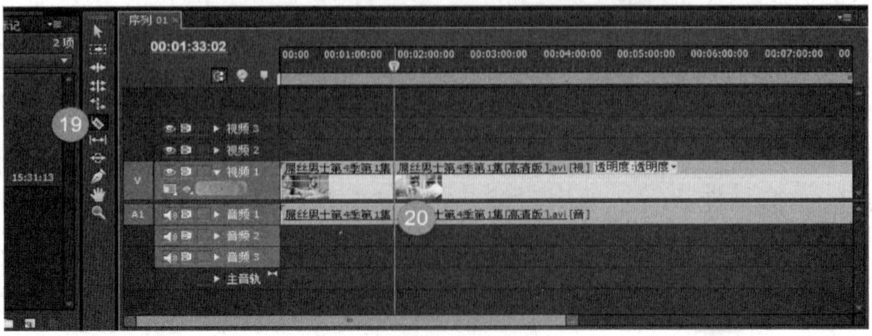

图 3-18

7. 用同样的做法，将素材在 00：02：56：15 处截断，这个时间点正是我们需要的第一个片段的结尾。用同样的做法，将素材在 00：05：03，21 处截断，这个时间点正是我们需要的第二个片段的开头，将素材在 00：06：42：02 处截断，这个时间点正是我们需要的第二个片段的结尾。如图 3-19、图 3-20、图 3-21 所示。

图 3-19

图 3-20

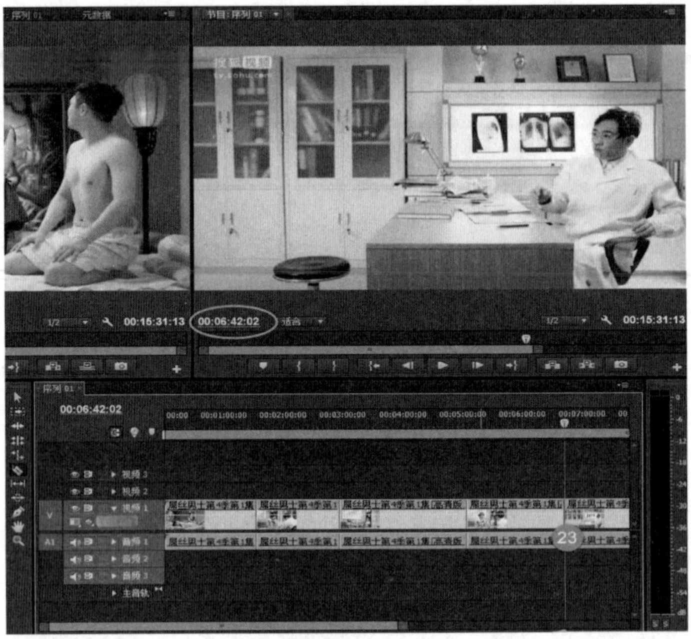

图 3-21

8. 这样就将素材分割成了 5 段，在第 1、第 3、第 5 段上，分别单击右键，在弹出的命令中选择波纹删除，如图 3-22 所示。

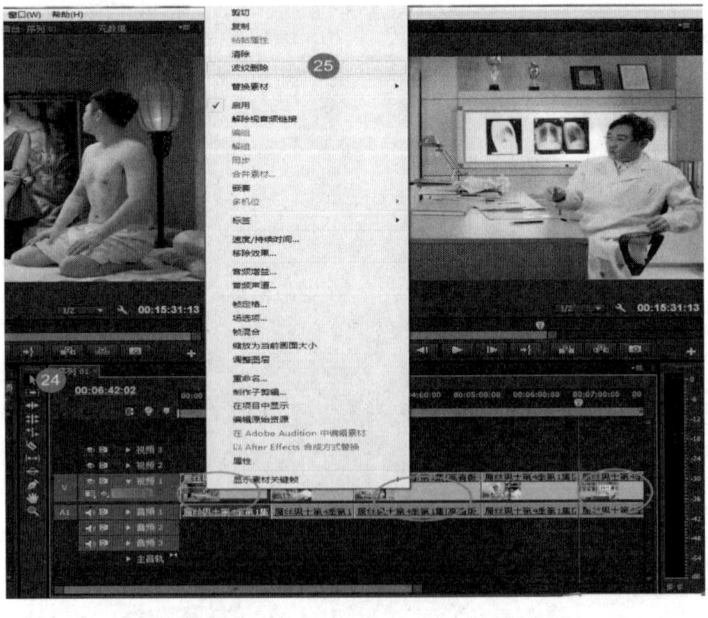

图 3-22

9. 至此按照我们的构思，剪辑出了我们需要的片段并组接成了新的影片。可以在节目窗口中播放预览。如图 3-23 所示。

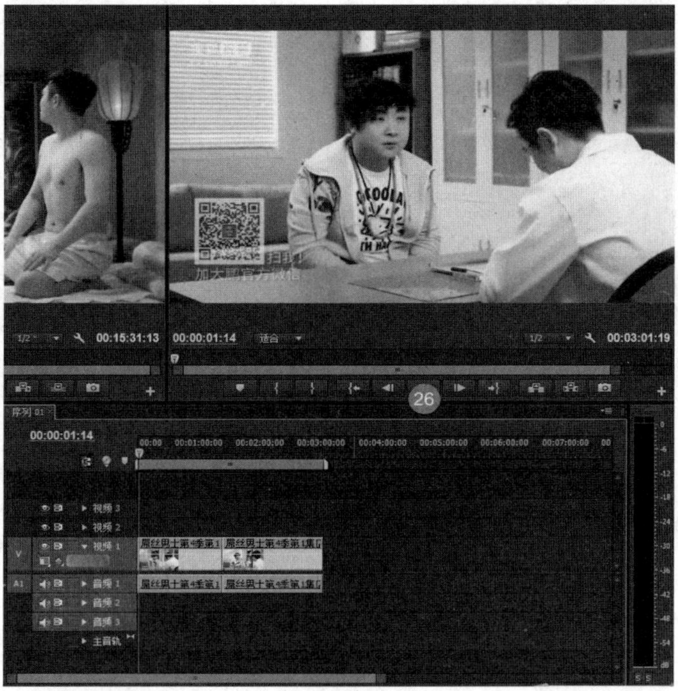

图 3-23

第五步，特效处理。

1. 新剪辑出的影片由两段情节组成，也是故事的两个高潮。这两个片段中间的镜头在空间和时间上有跨越，不能直接衔接。我们需要在这两个片段中间加一个过渡特技效果，交代这种间歇，从第一个情节承接下一个情节。时间线下部有一个滑动块，滑动它，可调整时间线上的片段可视的部分，滑动块两边的箭头，可改变滑块的长度，从而调节时间标尺的单位，使片段在时间线中放大或缩小。调整这两个工具，使得我们的影片从时间线最左端开始，铺满整个时间线。在左下部的项目窗口单击“效果”选项夹，在效果列表中选择视频切换，单击展开，再选择叠化，单击展开，选择黑场过渡，左键按住拖动到时间线中，放在视频 1 两个片段的衔接处。单击这个叠加在视频上的“黑场过渡”特效，使它处于高亮选中状态。在软件界面左上部的源窗口，单击选择特效控制台选项卡。在此可以对特效参数进行修改。在持续时间后面的数字处拖动鼠标，可以改变参数，也可以单击，直接输入需要的参数。我们将持续时间由默认的 1 秒，改为 3 秒。如图 3-24 所示。

图 3-24

2. 在效果列表中选择音频过渡，单击展开，再选择交叉渐隐，单击展开，选择恒量增益，左键按住拖动到时间线中，放在音频 1 两个片段的衔接处。单击这个叠加在视频上的“黑场过渡”特效，使它处于高亮选中状态。在软件界面左上部的源窗口，单击选择特效控制台选项卡。将持续时间由默认的 1 秒，改为 3 秒。如图 3-25 所示。

图 3-25

3. 在影片的最后部分，我们增加一个视频特效，对画面进行处理，以烘托诡异的气氛，强化主人公错愕、惊讶的心理活动。在软件界面的右上部节目预览窗口，用播放，逐帧前进，逐帧后退按钮，将时间线上的素材播放进度定格在 00：02：56：18 处。在时间线左侧的编辑工具栏中，单击选择剃刀工具，在时间线的时间指针处单击，将素材影片在此时间点割断。在效果列表中选择视频特效，单击展开，再选择图像控制，单击展开，选择颜色平衡(RGB)，左键按住拖动到时间线中，放在视频 1 最后一个片段上。单击这个叠加在视频上的颜色平衡(RGB)特效，使它处于高亮选中状态。在软件界面左上部的源窗口，单击选择特效控制台选项卡。单击颜色平衡(RGB)左侧的箭头展开，单击红色前面的动画切换按钮，参数不变，仍为 100，可以看到在后边的标尺处生成了一个关键帧。同样的单击蓝色前面的动画切换按钮。如图 3-26 所示。

图 3-26

4. 在节目预览窗口，将时间线上的素材播放进度定格在 00:03:00:01 处。在特效控制台颜色平衡(RGB)中红色项，单击增加关键帧按钮，增加关键帧，将参数设为 80。蓝色项，单击增加关键帧按钮，增加关键帧，将参数设为 120。在节目窗口预览，画面色调的渐变。如图 3-27 所示。

图 3-27

第六步，剪辑音频和配音。

1. 将项目窗口中的素材拖入源窗口，用播放，逐帧前进，逐帧后退按钮，将素材播放进度定格在 00:12:34:15 处。单击“{”点按钮，设为入点。如图 3-28 所示。

图 3-28

2. 在源窗口中，用播放，逐帧前进，逐帧后退按钮，将素材播放进度定格在 00：12：38：01 处。单击“}”点按钮，设为入点。然后鼠标拖住源窗口中的画面，放置在时间线中，连接在影片的后面。如图 3-29 所示。

图 3-29

3. 在此片段上单击鼠标右键，在弹出的快捷命令菜单中，选择解除视音频链接，如图 3-30 所示。

图 3-30

4. 再在此片段视频 1 轨道上的视频部分上，单击鼠标右键，在弹出的快捷命令菜单中，选择清除，只保留音频。如图 3-31 所示。

图 3-31

第七步，制作字幕。

1. 在 Premiere Pro CS6 菜单栏中，点开字幕下拉菜单，选择新建字幕，再选择默认滚动字幕。如图 3-32 所示。在弹出的对话框中输入文件名称“片尾警示字幕”。单击确定。如图 3-33 所示。

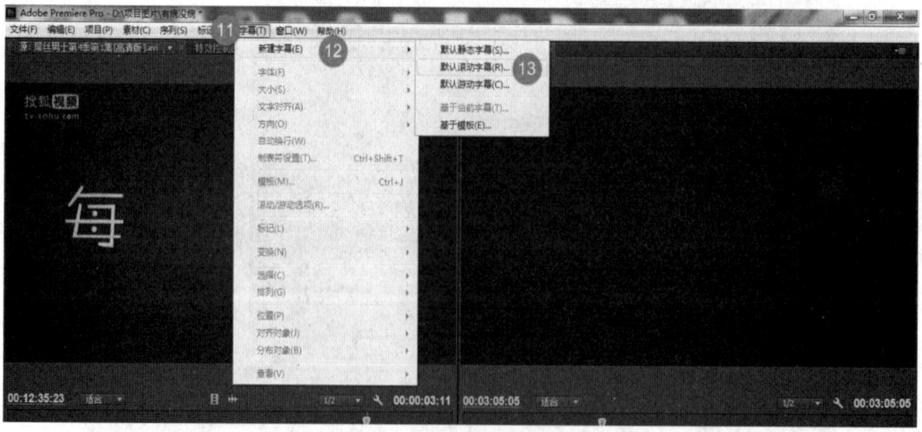

图 3-32

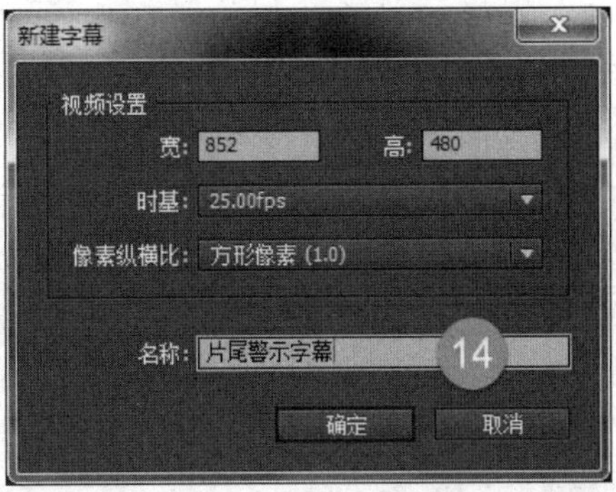

图 3-33

2. 进入字幕窗口，在字幕窗口左侧是字幕工具栏，选择“T”打字工具，在字幕设计框中单击。字幕设计框中有两层矩形框，靠内部的矩形框表示安全区域，我们要把字输入在这个框内，确保在不同的显示设备上都能显示完整的字幕，而不会溢出显示范围之外。在字幕窗口右侧是字幕属性栏，在字幕属性栏的属性选项下，设置字体为 simhei 简体黑体，字体大小为 60，行距为 60。然后输入文字“个人学习研究”，回车，在输入“练完即刻删除”。在字幕工具栏中，单击居中。在字幕工具栏中选择箭头选择工具，选中文字，调整文字在字幕设计框中合适的位置。如图 3-34 所示。

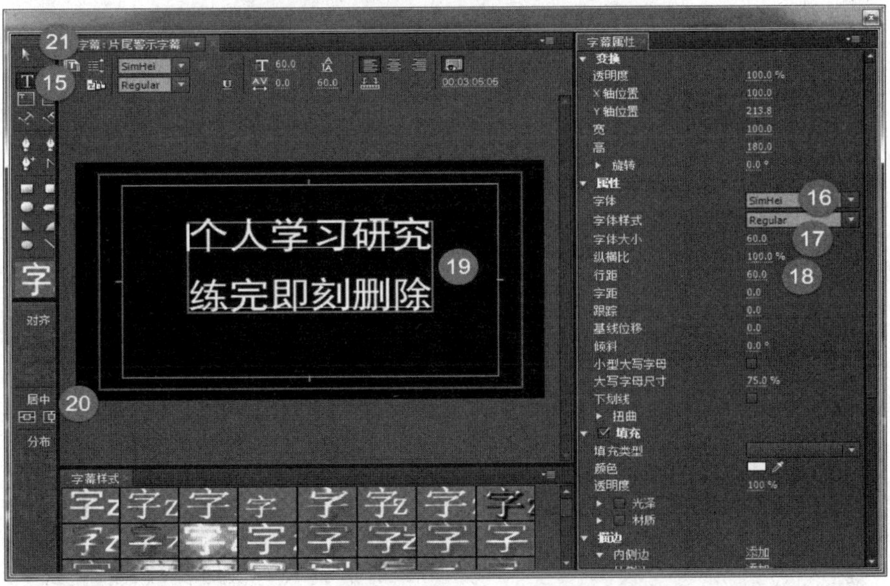

图 3-34

3. 在字幕设计栏的的右上角单击滚动/游动选项按钮，如图 3-35 所示。弹出滚动/游动选项，勾选开始于屏幕外，过卷设为 60。单击确定，如图 3-36 所示。

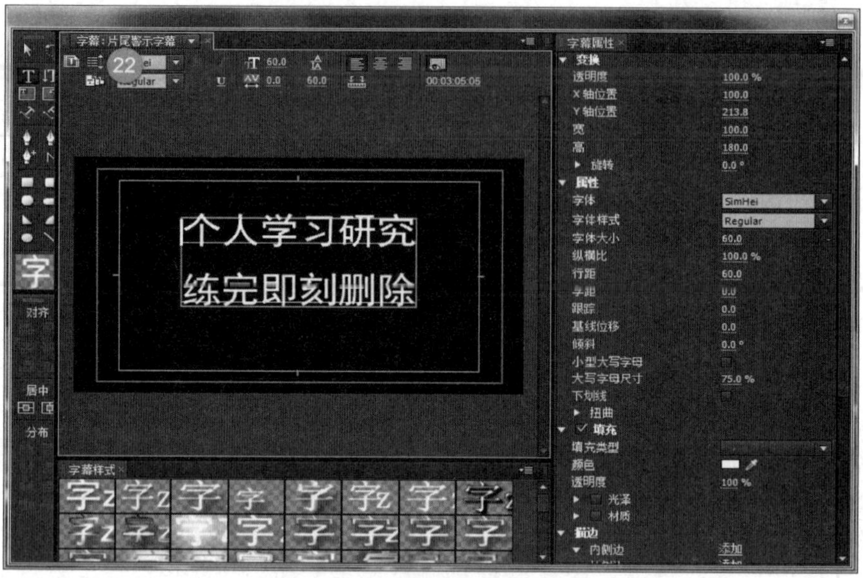

图 3-35

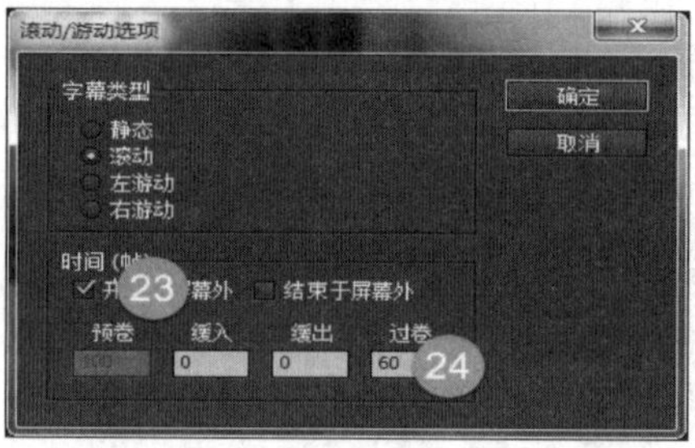

图 3-36

4. 这时，我们看到字幕“片尾警示字幕”已自动导入项目中，显示在项目窗口中了。鼠标拖住“片尾警示字幕”放置在时间线视频 1 轨道上中，紧接在影片的后面。将时间标尺拖至字幕片段后尾边缘，然后把音频 1 轨道上的音频尾端对齐时间标尺，是配音和字幕尾端对齐。如图 3-37 所示。在节目窗口播放整个影片。

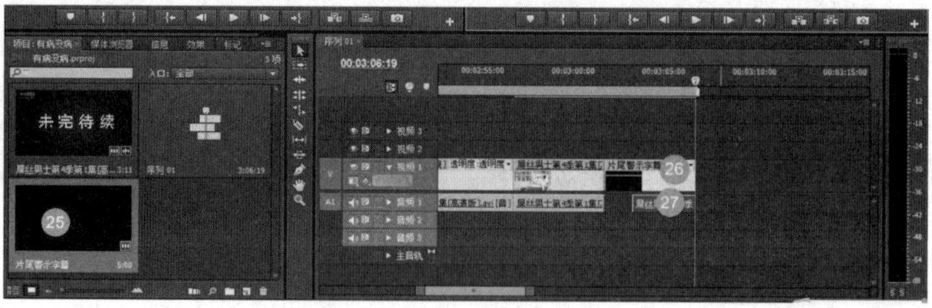

图 3-37

第八步，输出影片。

1. 单击时间线的序列 1，确保它在高亮选中状态，在 Premiere Pro CS6 菜单栏中，点开文件下拉菜单，选择导出，再选择媒体。如图 3-38 所示。

图 3-38

2. 在弹出的导出设置对话框中，输出格式设置为 FLV，输出名称输入“有病没病”，单击导出。如图 3-39 所示。导出完成后，可到目标文件夹中点开播放。

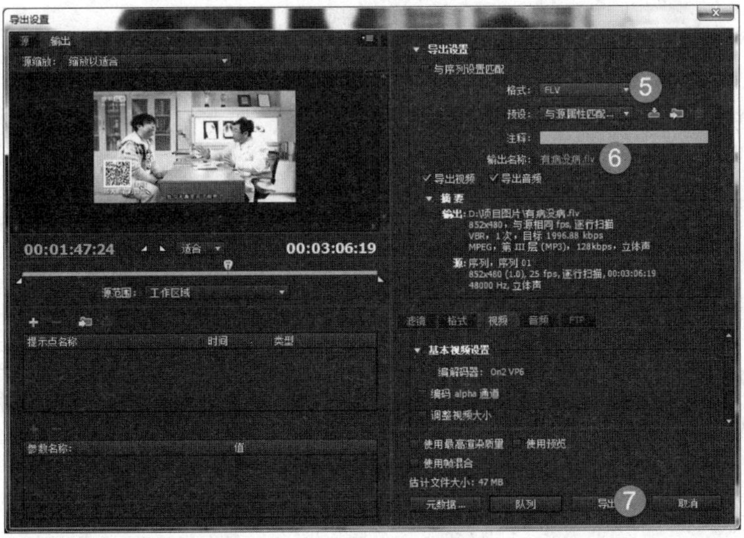

图 3-39

第九步，网页发布。

1. 启动 Adobe Dreamweaver CS6，单击菜单栏文件 | 新建，如图 3-40 所示。弹出新建文档对话框选择空白页，单击创建。如图 3-41 所示。

图 3-40

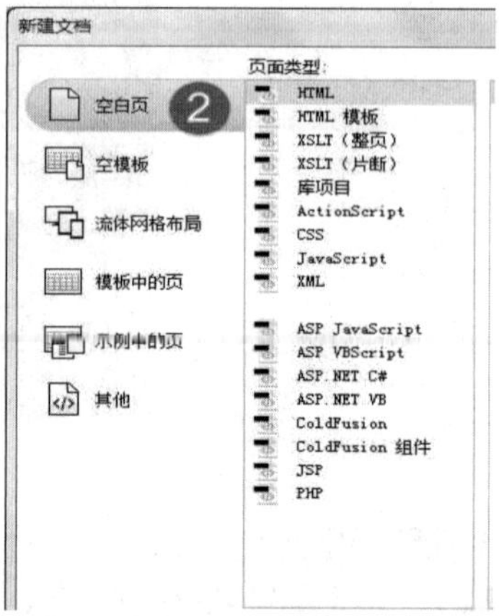

图 3-41

2. 单击菜单栏文件｜保存，如图 3-42 所示。弹出对话框中，文件名命名为“视频”，单击保存，保存文件。如图 3-43 所示。

图 3-42

图 3-43

3. 点开菜单栏插入下拉菜单选择媒体，再选择 FLV，如图 3-44 所示。

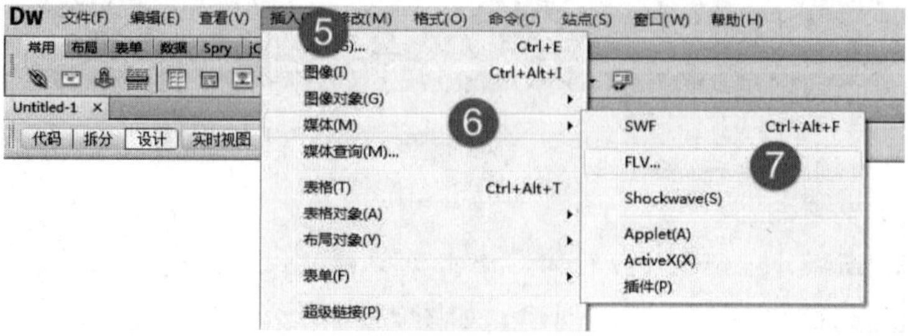

图 3-44

4. 在弹出的插入 FLV 对话框中，视频类型设置为累进式下载视频，URL 项单击浏览，找到我们生成的影片文件，外观选择 Halo Skin 3(最小宽度 280)，勾选限制高宽比，单击检测大小，然后将高度设置为 280。勾选自动播放。单击确定，如图 3-45 所示。

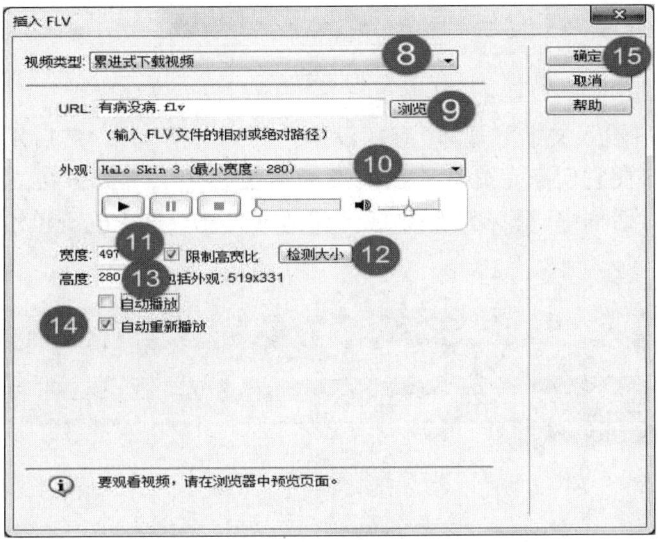

图 3-45

5. 视频就被插入到了网页中，可用下面的播放按钮播放预览。在视频下面，输入“这个视频素材来源于网络，仅仅供学生练习音视频制作之用，完成后练习者自行删除，不得传播。”如图 3-46 所示。保存文件。

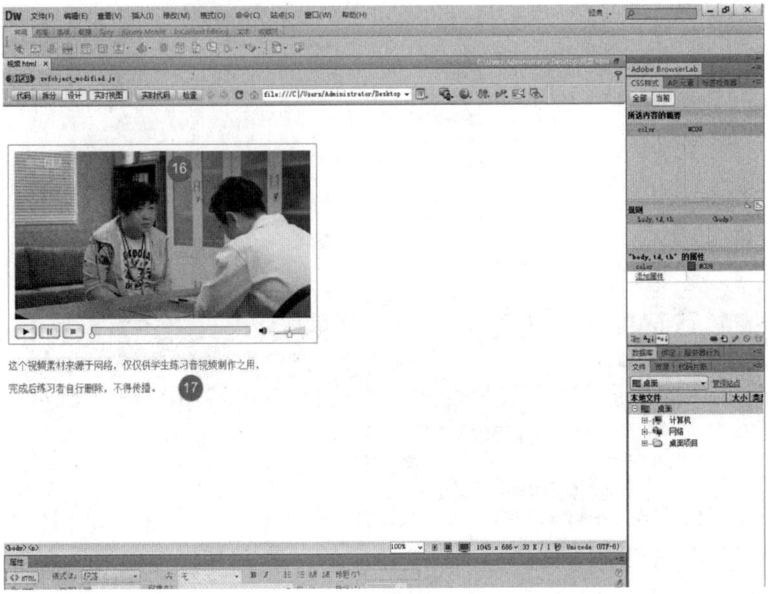

图 3-46

6. 用 1～2 的方法，新建一个名称为主页的网页。如图 3-47 所示。

图 3-47

7. 在设计窗口输入文字“(视频)有病没病—笑到你有病”。然后用鼠标在文字上拖动选中这些文字，使它们高亮显示。在底部的属性栏中，单击链接后面的文件夹，在弹出的选择文件对话框中，找到“视频.html”网页文件，选中它，单击确定。如图 3-38 所示。保存文件。

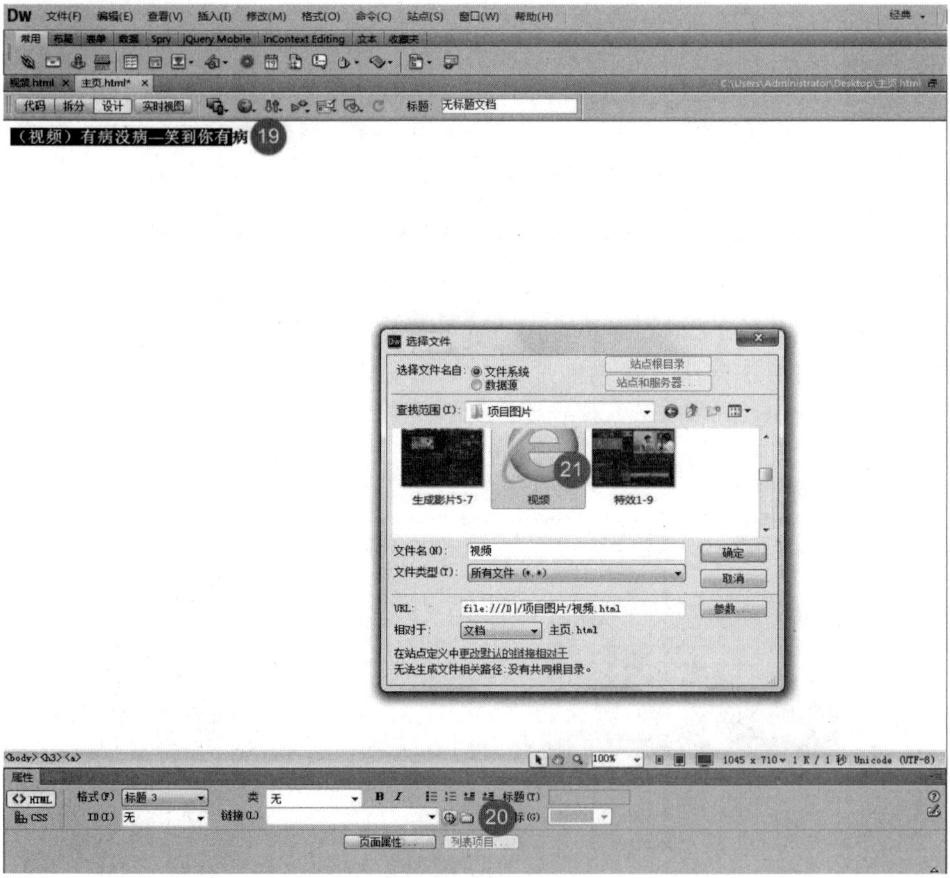

图 3-48

8. 关闭 Adobe Dreamweaver CS6。找到主页.html，文件，单击用浏览器打开，在网页的“(视频)有病没病—笑到你有病”文字上，单击打开超链接，就链接到了我们制作的视频网页上，在视频网页上播放视频。整个制作任务就完成了。好好欣赏下你的劳动成果。

三、任务检验

任务完成后，各小组展示成果，先由本小组自我总结评价，然后其他小组给予评价，老师点评，再由小组进行改进，最后由教师根据改进后的成果，征求其他小组意见，给出最后得分。

任务检验评价表

评价内容	评价标准	配分	自评	互评	教师评价	改进	改进后得分
制作过程能否完成。	制作过程能顺利完成，出错少。	50					
影片和网页完成质量	创意比较好的实现，作品效果好。	50					
总分							

第三部分
技巧和拓展

一、音视频文件格式

1. 常用的音频文件格式

(1)WAVE格式是微软公司开发的一种声音文件格式，用于保存Windows平台的音频信息资源，被Windows平台及其应用程序所支持。WAV格式的声音文件质量和CD相差无几，也是目前PC上广为流行的声音文件格式，几乎所有的音频编辑软件都“认识”WAV格式。

(2)MP3格式全称是MPEG(MPEG：MovingPictureExpertsGroup)AudioLayer—3，就是MPEG标准中的音频部分，也就是MPEG音频层。MPEG音频文件的压缩是一种有损压缩，MPEG3音频编码具有10：1～12：1的高压缩率，同时基本保持低音频部分不失真，但是牺牲了声音文件中12kHz到16kHz高音频这部分的质量来换取文件的尺寸，相同长度的音乐文件，用＊.mp3格式来储存，一般只有＊.wav文件的1/10，因而音质要次于CD格式或WAV格式的声音文件。

(3)FLAC格式，与MP3相仿，都是音频压缩编码，但FLAC是无损压缩，也就是说音频以FLAC编码压缩后不会丢失任何信息，将FLAC文件还原为WAV文件后，与压缩前的WAV文件内容相同。FLAC文件的体积同样约等于普通音频CD的一半，并且可以自由地互相转换，所以它也是音乐光盘存储在电脑上的最好选择之一，它会完整保留音频的原始资料，用户可以随时将其转回光盘，音乐质量不会有任何改变。

(4)WMA(Windows Media Audio)格式是来自于微软，音质要强于MP3格式，是以减少数据流量但保持音质的方法来达到比MP3压缩率更高的目的，WMA的压缩率一般都可以达到1：18左右。WMA还支持音频流(Stream)技术，和Windows Media Player无缝捆绑，只要安装了windows操作系统就可以直接播放WMA音乐。

2. 常用的视频文件格式

(1) AVI格式 AVI有一个专业的名字，叫做音频视频交错(Audio Video Interleaved)格式。它是由Microsoft公司开发的一种数字音频与视频文件格式。AVI格式允许视频和音频交错在一起同步播放，但AVI文件没有限定压缩标准，由此就造就了AVI的一个“永远的心痛”，即AVI文件格式不具有兼容性。不同压缩标准生成的AVI文件，就必须使用相应的解压缩算法才能将之播放出来。

(2)MOV格式(QuickTime)，QuickTime格式大家可能不怎么熟悉，因为它是Apple公司开发的一种音频、视频文件格式。QuickTime用于保存音频和视频信息，现在它被包括Apple Mac OS、Microsoft Windows 95/98/NT在内的所有主流电脑平台支持。QuickTime文件格式支持25位彩色，支持领先的集成压缩技术，提供150多种视频效果，并配有提供了200多种MIDI兼容音响和设备的声音装置。

(3)MPEG/MPG/DAT格式就是Moving Pictures Experts Group(动态图像专家组)的缩写，由国际标准化组织ISO(International Standards Organization)与IEC(International Electronic Committee)于1988年联合成立，专门致力于运动图像(MPEG视频)及其伴音编码(MPEG音频)标准化工作。MPEG是运动图像压缩算法的国际标准，现已被几乎所有的计算机平台共同支持。MPEG压缩标准是针对运动图像而设计的，其基本方法是：在单位时间内采集并保存第一帧信息，然后只存储其余帧相对第一帧发生变化的部分，从而达到压缩的目的。MPEG的平均压缩比为50∶1，最高可达200∶1，压缩效率之高由此可见一斑。同时图像和音响的质量也非常好，并且在微机上有统一的标准格式，兼容性相当好。

4)FLV格式，随着Flash MX的推出发展而来的视频格式，目前被众多新一代视频分享网站所采用，是目前增长最快、最为广泛的视频传播格式。目前各在线视频网站均采用此视频格式。如新浪播客、56、土豆、酷6、YouTube等，无一例外。它是流式视频(Streaming Video)的一种。流式视频特别适合网络传播，所谓流式视频就是采用一种“边传边播”的方法，即先从服务器上下载一部分视频文件，形成视频流缓冲区后实时播放，同时继续下载，为接下来的播放做好准备。

二、摄影摄像技术

1. 景别的选择

电视景别是指画面中选取被摄景物范围的大小及主体在画面中占有的面积的大小，是电视摄像者对事物的叙事方式和结构方式。电视景别包括：远景、全景、中景、近景、特写等。它们分别意味着画面中景物的范围和主体的大小。不同的景别，表现的是不同的视野、空间范围、视觉韵律和节奏。

(1)远景。

远景是电视景别中视距最远、表现空间范围最大的一种景别。远景可分为大远景和远景两个层次。大远景一般用来表达宏大的场面，像连绵的山峦、无垠的沙漠以及从高空俯瞰的城市等等。在大远景景别中，环境景物是画面的主体，而人物仅仅是画面构成的点缀。这类画面多是以景为主，以景抒情，以景表意，人物则成为画面中的一个构成元素。大远景大多数采用静止的画面，或缓慢的摇摄完成。相对于大远景画面，远景被摄主体(人物)在画幅中的比例有所增大，人物在画面中的比例大约为画幅高度的一半左右。这样，虽然整个画面还是以远处的景物为主，但是由于主体的视觉重要性增强，可以根据不同的构图方式和表达目的来决定画面中的主体到底是人物还是景物。远景画面更强调环境与人物之间的相关性、共存性以及人物存在于环境中的合理性。

(2)全景。

全景主要用来表现被摄对象的全貌或被摄人体的全身，同时保留一范围的环境和活动空间。

对于景物而言，全景是表现该景物全貌的画面。而对于人物来说，全景是表现人物全身形貌的画面。全景所表现的内容更加具体和突出。无论是表现景物还是人物，全景比远景更注重具体内容的展现。景更能够展示出人物的行为动作，表情相貌，也可以从某种程度上来表现人物的内心活动。

(3)中景。

中景画面一般是表现人物多半身形貌的，由于拍摄人物时候往往都要表现面部情况，所以通常意义上的中景指人物膝盖以上的部分。中景画面主要表现人物上半身的行为动作，在其他特殊情况下还可以表现不包括头部的人物形体的某一部分的动作形态。和远景以及全景画面相比，人物在画面中是不完整的，但是形象已经明显增大，神态相貌更加清晰。人物失去了整体形象，而环境空间也不如前面两种景别表现得显著，环境因素已经变成次要因素。这时候画面的重点是人物的形体动作表现，以及人物之间的交流关系。和远景、全景相比较，中景可以看到更多的画面细节，观众的注意力更加集中在主体上面，因此会产生相对于前者更多的感染力。在包含对话、动作和情绪交流的场景中，利用中景景别可以最有利最兼顾地表现人物之间、人物与周围环境之间的关系。中景的特点决定了它可以更好地表现人物的身份、动作以及动作的目的。表现多人时，可以清晰地表现人物之间的相互关系。

(4)近景。

近景是表现人物胸部以上或者景物局部面貌的画面。在表现人物的时候，近景画面中人物占据一半以上的画幅，人物的面部特征、表情神态、喜怒神情尤其是眼睛的形象，眼神的波动，成为了画面中表达的最重要内容。在电视节目中，我们通常使用近景景别来加强画面内人物和观众之间的交流感和亲近感，拉近他们之间的距离，更好地向观众传达画面内人物的内心情感和心理世界，吸引观众产生身临其境的意识。近景画面通常是我们用来表现人物面貌，表达人物情感，刻画人物心理活动，揭示人物感情世界的主要景别。

(5)特写。

特写是表现人物身体某个局部细节或者某被摄景物局部细节部分的画面。对于人物来说，特写画面除了表现人物头像或面部表情这一最基本的形式以外，还可以表现诸如手部，脚部以及身体其他部位的形象、动作，如大笑、猜拳、点蜡烛等等。特写画面范围进一步缩小，视觉感觉进一步接近，被摄对象的尺寸进一步被放大，可以表现被摄人物身体局部细节和景物局部形态的细微之处。这时候画面内只存在单一主体，景深缩小，细节显著突出，能够突出强化观众对此形象的心理认同感，进而影响到观众内心深处，使之产生共鸣与联想。

景别的实现手段有 2 种：改变拍摄距离或者镜头焦距。在其他拍摄条件不变的前提下，当被摄对象处于距离摄像机较远的位置时候，所得到的画面范围较大，而被摄对象的尺寸相对较小，细节不显著，景别较大；而当被摄对象处于距离摄像机较近的位置时候，所得到的画面范围较小，被摄对象的尺寸相对较大，景别较小。而在拍摄距离不变的条件下，我们也可以利用摄像机的变焦距镜头实现画面的景别变化。利用短焦距拍摄的画面的景物呈现的范围较大而利用长焦距拍摄的画面的景物呈现的范围较小，所以焦距越短，画面景别越大，而焦距越长，画面景别越大。

2. 拍摄角度

(1)俯仰方向的拍摄角度。

平摄。摄影(像)机与被摄对象处于同一水平线的一种拍摄角度。平摄角度所构成的画面效果，接近于人们观察事物的视觉习惯，透视感比较正常。用平摄角度拍摄人物，容易引起与观众之间的情感交流，有一种平易亲近的感觉；拍摄物体，适于表现具有明显线条结构或有规则图案的物体。

仰摄。摄影(像)机从低处向上拍摄。仰摄适于拍摄高处的景物，能够使景物显得更加高大雄伟。常用仰摄镜头来表示人们对英雄人物的歌颂或对某种对象的敬畏。仰摄的角度近似垂直，叫做大仰。一般表示人物的视点，以表现其晕眩、昏厥等精神状态。

俯摄。与仰摄相反，摄影(像)机由高处向下拍摄，给人以低头俯视的感觉。俯摄镜头视野开阔，用来表现浩大的场景。另外，用俯摄镜头表可以现反面人物的可憎渺小或展示人物的卑劣行径。

(2)水平方向的拍摄角度。

正面拍摄，镜头光轴与对象视平线(或中心点)一致，构成正面拍摄。正面拍摄的镜头画面显得端庄，构图具有对称美。用来拍摄气势宏伟的建筑物，给人以正面全貌的印象；拍摄人物，能比较真实地反映人物的正面形象。

侧面拍摄，从与对象视平线成直角的方向拍摄，叫侧面拍摄。侧拍分为左侧和右侧。侧拍的特点有利于勾勒对象的侧面轮廓。

斜面拍摄，介于正面、侧面之间的拍摄角度为斜面拍摄。斜拍能够在一个画面内同时表现对象的两个侧面，给人以鲜明的立体感。

背面拍摄，于正面方向相反，从对象的正后方拍摄，叫背面拍摄。常用于跟摄、追踪、或表现惊恐气氛等场景。

3. 构图

构图，是指在拍摄中把被摄对象及各种造型元素组织、选择、安排，以塑造视觉形象，构成画面样式的一种创作活动。

(1)构图的基本要求。

画面简洁，主体突出，立意明确，画面具有表现力和造型美感，充分合理运用运动构图。

(2)构图的形式元素。

在电视画面构图中，光线、色彩、影调、线条、形状等元素是我们构图的原材料，通过这些形式元素的综合运用完成构思的实现、立意的表达和情感的抒发。

(3)构图的结构成分。

电视画面的结构成分可以分为，主体、陪体、前景、后景、环境等。要围绕突出主体这一核心任务，进行创造性的配置，使得画面主次分明、层次清晰，优美精当。

(4)构图形式。

构图形式是各种视觉因素在画面中的布局形式。根据内在性质的不同，可以分为静态构图、动态构图、单构图、多构图、肖像构图、风景构图。根据画面构图形式的外在线性结构的区别，可以分为水平线构图、垂直线构图、斜线构图、曲线构图、黄金分割式构图、九宫格式构图、圆形构图、对称构图、非对称构图等。

4. 运动摄像的规律

运动摄像就是在一个镜头中通过移动摄像机机位，或者改变镜头光轴，或者变化镜头焦距所进行的拍摄。通过这种拍摄方式所拍到的画面，称为运动画面。如：由推、拉、摇、移、跟、升降摄像和综合运动摄像形成的推镜头、拉镜头、摇镜头、移镜头、跟镜头、升降镜头和综合运动镜头等。

(1)推摄。

推摄是摄像机向被摄主体方向推进，或者变动镜头焦距使画面框架由远而近向被摄主体不断接近的拍摄方法。用这种方式拍摄的运动画面，称为推镜头。推镜头使被摄主体由小变大，周围环境由大变小，形成视觉前移效果。推镜头用于突出主体人物，突出重点形象，突出细节，突出重要的情节因素。

(2)拉摄。

拉摄是摄像机逐渐远离被摄主体，或变动镜头焦距使画面框架由近至远与主体拉开距离的拍摄方法。用这种方法拍摄的电视画面叫拉镜头。拉镜头使被摄主体由大变小，周围环境由小变大，形成视觉后移效果。拉镜头的作用：表现主体和主体与所处环境的关系，使纵向空间上的画面形象形成对比、反衬或比喻，用作结束性和结论性的镜头等等。

(3)摇摄。

摇摄是指当摄像机机位不动，借助于三角架上的活动底盘或拍摄者自身的人体，变动摄像机光学镜头轴线的拍摄方法。用摇摄的方式拍摄的电视画面叫摇镜头。摇镜头犹如人们转动头部环顾四周或将视线由一点移向另一点的视觉效果。摇镜头用于展示空间，扩大视野，或者交待同一场景中多个主体的内在联系等。

(4)移摄。

移摄是将摄像机放置在活动物体上随之运动而进行的拍摄。用这种方式拍摄的运动画面，称为移镜头。移动镜头在表现大场面、大纵深、多景物、多层次的复杂场景时具有气势恢宏的造型效果。

(5)跟摄。

跟摄是将摄像机始终跟随运动中的被摄主体一起运动而进行的拍摄。用这种方式拍摄的运动画面，称为跟镜头。跟镜头能够连续而详尽地表现运动中的被摄主体，它既能突出主体，又能交待主体运动方向、速度、体态及其与环境的关系。

(6)升降拍摄。

升降拍摄是摄像机借助升降装置等一边升降一边拍摄的方式叫升降拍摄，用这种方法拍摄到的画面叫升降镜头。升降镜头视点的连续变化形成了多角度、多方位的多构图效果。升降镜头常用以展示事件或场面的规模、气势和氛围。

三、镜头组接的规律

1. 镜头组接的一般规律

影视节目都是由一系列的镜头按照一定的排列次序组接起来的。镜头的组接首先要符合基本规律。

(1)镜头的组接必须符合生活的逻辑、思维的逻辑。

(2)景别的变化要采用“循序渐进”的方法。

(3)镜头组接符合轴线规律，不能跳轴。组接的两个镜头摄像机的位置要在主体运动轴线的同一侧，构成画面的运动方向、放置方向一致，否则就是“跳轴”了，跳轴的画面除了特殊的需要以外是无法组接的。

(4)镜头组接要遵循“动接动”、“静接静”的规律。如果镜头中同一主体或不同主体的动作是连贯的，可以动作接动作，我们简称为“动接动”。如果两个镜头中的主体运动是不连贯的，或者它们中间有停顿时，那么这两个镜头的组接，必须在前一个画面主体做完一个完整动作停下来后，接上一个从静止到开始的运动镜头，这就是“静接静”。

(5)镜头的时间长度要合适。比如，远景中景等镜头画面包含的内容较多，观众需要看清楚这些画面上的内容，所需要的时间就相对长些，而对于近景特写等镜头画面所包含的内容较少，观众只需要短时间即可看清，镜头停留时间可短些。

(6)镜头组接时影调色彩要统一。如果把明暗或者色彩对比强烈的两个镜头组接在一起(除了特殊的需要外)，就会使人感到生硬和不连贯，影响内容通畅表达。

(7)镜头组接节奏。如果在一个宁静祥和的环境里用了快节奏的镜头转换，就会使得观众觉得突兀跳跃，心理难以接受。然而在一些节奏强烈，激荡人心的场面中，就应该考虑到种种冲击因素，使镜头的变化速率与青年观众的心理要求一致。

2. 蒙太奇

蒙太奇(Montage)起源于法国，在法语是“剪接”的意思，后来发展成一种电影中镜头组接的理论。当不同的镜头组接在一起时，往往会产生各个镜头单独存在时所不具有的含义。例如卓别林把工人群众赶进厂门的镜头，与被驱赶的羊群的镜头衔接在一起；普多夫金把春天冰河融化的镜头，与工人示威游行的镜头衔接在一起，就使原来的镜头表现出新的含义。在影视制作中按照影片的主题思想和创作构思，分别拍成许多镜头，再把这些不同的镜头有机地、艺术地组织、剪辑在一起，使之产生连贯、对比、联想、衬托悬念等联系以及快慢不同的节奏，从而有选择地组成一部反映一定的社会生活和思想感情、为观众所理解和喜爱的影片，这些构成形式与构成方式，就叫蒙太奇。蒙太奇就是影片的连接法，整部片子有结构，每一章、每一大段、每一小段也要有结构。

我们可以把蒙太奇划分为三种最基本的类型：叙事蒙太奇、表现蒙太奇、理性蒙太奇。第一种是叙事手段，后两类主要用以表意。在此基础上还可以进行第二级划分，具体如下：叙事蒙太奇(平行蒙太奇、交叉蒙太奇、倒叙蒙太奇、连续蒙太奇)、表现蒙太奇(抒情蒙太奇、心理蒙太奇、隐喻蒙太奇、对比蒙太奇)、理性蒙太奇(杂耍蒙太奇、反射蒙太奇、思想蒙太奇)。

(1)平行蒙太奇。

这种蒙太奇常以不同时空(或同时异地)发生的两条或两条以上的情节线并列表现，分头叙述而统一在一个完整的结构之中。

(2)交叉蒙太奇。

交叉蒙太奇又称交替蒙太奇，它将同一时间不同地域发生的两条或数条情节线交替剪接在一起，其中一条线索的发展往往影响另外线索，各条线索相互依存，最后汇合在一起。

(3)倒叙蒙太奇。

这是一种打乱结构的蒙太奇方式，先展现故事的或事件的当前状态，再介绍故事的始末，表现为事件概念上“过去”与“现在”的重新组合。

(4)连续蒙太奇。

沿着一条单一的情节线索，按照事件的逻辑顺序，有节奏地连续叙事。

(5)抒情蒙太奇。

它在保证叙事和描写的连贯性的同时，还能表现超越剧情之上的思想和情感。最常见，最易被观众感受到的抒情蒙太奇，往往在一段叙事场面之后，恰当地切入象征情绪情感的空镜头。

(6)心理蒙太奇。

这种蒙太奇在剪接技巧上多用交叉穿插等手法，其特点是画面和声音形象的片断性、叙述的不连贯性和节奏的跳跃性，声画形象带有剧中人强烈的主观性。常用于表现人物的梦境、回忆、闪念、幻觉、遐想、思索等精神活动。

(7)隐喻蒙太奇。

通过镜头或场面的对列进行类比，它能含蓄而形象地表达创作者的某种寓意。这种手法往往将不同事物之间某种相似的特征突现出来，以引起观众的联想，领会导演的寓意和领略事件的情绪色彩。

(8)对比蒙太奇。

类似文学中的对比描写，即通过镜头或场面之间在内容(如贫与富、苦与乐、生与死，高尚与卑下，胜利与失败等)或形式(如景别大小、色彩冷暖，声音强弱、动静等)的强烈对比，产生相互冲突的作用，以表达创作者的某种寓意或强化所表现的内容和思想。

第四部分
视听原创　电视新闻报道

一、任务描述

就学校内即将开展的一次活动或即将召开的一次会议，做一次电视新闻报道，并发布在网页上。本任务由学生小组自主学习相关知识，分工合作完成，老师负责辅导、检查、组织评比。

时间安排表

课时	工作安排	学生活动	备注
0.5	以小组为单位，接受任务，解读任务	组内讨论	小组内要有摄影、导演、出境记者等角色
1.5	任务计划	组内讨论，分工，学习相关知识和技能，制定周全的采访计划	查阅资料、拜访老师和管理人员
2	现场拍摄和采访	小组成员按照各自分工完成	务必调度到位、不能错过关键镜头
3	视频剪辑、配音、合成、网页制作	上机操作，协作完成	在机房完成
1	小组展示成果，自评、互评、教师评价	组织展示评价活动	

二、任务计划

1. 通过了解情况，学校内近期开展的活动或召开的会议由哪些？

____

你们小组准备报道哪一项？

____

2. 这次电视新闻报道按照顺序要做哪几项工作？________________

3. 通过咨询老师或设备管理员，以及查阅资料，了解：你们学校有数码摄像机吗？________________。如果有，是什么品牌？________________；是属于家用级、行业级还是广播级？________________。常用的摄像机品牌还有哪些？________________。摄像机的开关机操作是________________。尝试操作一下。摄像机拍摄前要做哪些设置？________________；练习一下。录制视频的操作流程是________________。录制一段视频。播放视频的操作流程是________________；播放刚才录制的视频。你的摄像机的存储介质是什么？________。拍摄的视频怎样采集到计算机中？步骤是________；将刚才录制的视频采集到计算机中。视频文件的文件格式是________；是Premiere兼容的文件格式吗？________，如果不是，怎样处理？________。如果没有摄像机，那么可用手机来完成，你的手机拍摄的视频怎样导入到计算机中？步骤是________；视频文件的文件格式是________；是Premiere兼容的文件格式吗？________，如果不是，怎样处理？________。

4. 通过咨询老师或设备管理员，以及查阅资料，了解：你们学校有数码录音笔吗？________。如果有，录音笔的开关机操作是________。检查电量和存储空间的操作是________。一般录音的操作是________。一键录音的操作是________。录音时间设置的操作是________。录制一段声音，采集到计算机中。音频文件的文件格式是________；是Premiere兼容的文件格式吗？________，如果不是，怎样处理？________。

5. 通过咨询老师或设备管理员了解：你们学校有专业的录音系统吗？________。如果有，它主要有哪些设备构成？________。熟悉它的使用方法。并搞清楚录制的声音是怎样采集到计算机中的？________。音频文件的文件格式是________；是Premiere兼容的文件格式吗？________，如果不是，怎样处理？________。如果没有专业录音系统，可以利用计算机的声卡，外接麦克风，使用Windows操作系统自带的录音机进行录制声音，操作步骤是________。

6. 写作此次报道的文字稿(配音稿)：________________________________。

7. 拟写采访提纲：________________________________。

8. 此次报道需要拍摄哪些镜头？填写在下面分镜头稿本中。

镜号	镜头内容	景别	拍摄方式	时间	解说词	备注

9. 确定摄像、导演、采访、场务、联络、剪辑、配音等工作的分工。

三、任务实施

1. 检查和准备摄像机、录音机(笔)等器材，参数需要预设的先设置好，电池、脚架等配套器材不要遗漏。

2. 到达拍摄现场，找好机位，根据现场光线调好摄像机的白平衡，熟悉现场情况，避开影响拍摄的不利因素。检查负责各个方面工作的人员是否到位。采访记者熟记采访提纲，确定采访时机，与被采访人事先联络沟通。

3. 现场实施拍摄。有些镜头的实时性很强，注意不要错过拍摄的时机。现场有机会的话可以回看，有遗漏或效果不好的，及时补拍，或拍摄替代镜头。要比原来计划的多拍一下镜头，已被后期选择使用。对计划外突然出现的精彩镜头，也及时拍摄下来。确定需要的镜头都已拍摄完毕，才可离开现场前。

4. 将拍摄的视频、录制的音频采集到计算机中，对这些素材进行回放、检查、有条理地存储在计算机中。

5. 将素材导入到 Premiere 中，与 Premiere 不兼容的音视频文件要先用转码软件进行转码。根据新闻稿，进行剪辑。可以先粗剪再细剪。画面编辑后，可进行初审看，结构是否合理，段落层次是否清楚，与解说词(新闻稿)能否配合、同步，有无错误并修改。

6. 用录音系统或者 Windows 录音机录制解说词，录音时注意与画面的配合。将解说词、音乐、现场同期音，编辑在不同的音轨上。

7. 制作和添加字幕。

8. 审片。

9. 输出影片。

10. 发布在网页上。

四、任务检验

任务完成后，各小组展示成果，先由本小组自我总结评价，然后其他小组给予评价，老师点评，再由小组进行改进，最后由教师根据改进后的成果，征求其他小组意见，给出最后得分。

任务检验评价表

评价内容	评价标准	配分	自评	互评	教师评价	改进	改进后得分
准备工作及前期策划	是否掌握了数码摄像机、录音笔的使用。是否学会了音视频采集，和用 Windows 录音机进行操作。电视新闻稿的撰写质量。分镜头稿本的完成情况	40					
前期拍摄	是否顺利完成了拍摄、有无遗漏。所拍摄镜头的质量	30					
后期制作	叙述结构是否合理、画面剪接是否合理，画面美观度，配音与画面是否协调同步。发布在网页上的效果	30					
总分							

第五部分

总结和反馈

1. 请一个学习小组总结本项目中遇到的问题和解决的办法。

遇到的问题	解决办法

2. 请学生总结之后填写下表。

Windows 录音机进行录音的步骤	视听原创的工作流程	Premiere 的主要功能

项目四　设计动画

【学习目标】

知识目标： 了解 Flash 动画帧、时间轴、层、库、元件的基本知识；

领会 Flash 动画的基本原理；

领会 Flash 工具的使用技巧。

能力目标： 掌握 Flash 动画设计能力；

掌握制作自动切换 Flash 动画效果的方法；

掌握制作循环滚动 Flash 动画效果的方法。

素质目标： 具备 Flash 动画素材选择和加工的职业素养；

具备 Flash 动画效果分析的职业素养。

第一部分

预备知识

动画源于图像，是多幅图像沿着时间坐标轴的重新排列。

一、Flash 时间轴的概念

时间轴是 Flash 软件工作时制作动画最重要的区域，它主要包括了层编辑区、帧编辑区和时间线三部分。Flash 的一个图层就相当于一张由影格连起来的透明胶片，可在每一张胶片的影格(帧)上绘制图形，将它们放在一起来观看，从而得到动画效果。

二、Flash 帧的分类

Flash 中帧可分为三种类型：

1. 关键帧：用来描述动画中关键画面的帧，每个关键帧的画面都可以不同于前一个。它在时间轴上显示为实心黑点。

2. 空白关键帧：空白关键帧的内容是空的，可以在此帧上创建新的内容。它在时间轴上显示为空心圆点。

3. 普通帧：介于两个关键帧之间，延续上一个关键帧的内容，又称延长帧。它在时间轴上显示为灰色且无其他标记。

帧的操作：在时间轴上单击右键，弹出快捷菜单。可以进行“插入帧”、“插入关键帧”、“插入空白关键帧”、“删除帧”、“清除帧”、“复制帧”、“剪切帧”等操作。

三、Flash 层的操作

Flash 中的图层概念跟 Photoshop 中的图层概念类似。在图层上单击右键，在弹出的快捷菜单中选择“插入图层”，可以在当前图层之上增加一个图层，选择“删除图层”可以删除一个图层，“选择”属性可以更改图层名称，用鼠标双击图层名称，可以修改图层名称。另外，隐藏图层和锁定图层的操作跟 PS 中操作的效果相同。

四、库的概念

库是用来存储和组织元件以及导入的文件，包括位图图形、声音文件和视频剪辑。通过库面板，可以调用库中的资源，也可以对库上的资源进行查看、新建、删除、编辑等操作。

五、元件的概念

元件是动画中可以反复提取使用的一个小部件，它可以是图形、按钮和一个小动画，它独立于时间轴动画进行播放，元件共有三种类型：按钮元件、影片剪辑、图形元件。

六、逐帧动画

传统的动画制作方法，在时间轴上逐帧绘制内容称为逐帧动画。

逐帧动画的四种制作方式：

1. 导入序列图像：可以导入 GIF 序列图像、SWF 动画文件或者利用第三方软件产生的动画序列；

2. 导入静态图像：用 JPG、PNG 等格式的静态图片连续导入 Flash 时间轴中，就可建立一段逐帧动画；

3. 文字逐帧动画：用文字作帧中的内容，实现文字跳跃、旋转等特效；

4. 矢量逐帧动画：用鼠标在场景中画出每一帧的内容。

七、Flash 工具箱

选择工具、部分选择工具、任意变形工具、填充变形工具、直线工具、套索工具、钢笔工具、文字工具、椭圆工具、矩形工具、铅笔工具、刷子工具、墨水瓶工具、颜料桶工具、吸管工具、橡皮擦工具。

八、属性的设置

1. 大小和坐标设置。

选中舞台中的实例后，会在舞台下方出现实例的属性。可以设置实例的大小(宽度和高度)，实例的坐标 X 值和 Y 值的参数。

2. 颜色设置。

选中舞台中的实例后，会在舞台下方出现实例的属性。可以对实例的颜色、亮度、Alpha(透明度)、色调等参数进行设置。

第二部分

制作 Flash 动画

一、任务描述

运用 adobe flash 软件制作用于网页的图片自动切换动画和图片循环滚动动画。

时间安排表

课时	工作安排	学生活动	备注
0.5	教师示范制作自动切换动画	示范	在机房完成
0.5	教师示范制作循环滚动动画	示范	在机房完成
0.5	以学生为主体制定工作方案	指导	
3	学生完成制作图片自动切换动画和图片循环滚动动画。	巡回辅导	教师视具体情况辅导
0.5	任务评议	组织评议	师生共同参与

二、任务实施

(一)图片自动切换

第一步：

1. 新建 Flash 文档，如图 4-1 所示。
2. 文件→导入→导入到库，如图 4-2 所示，导入 5 张图片。

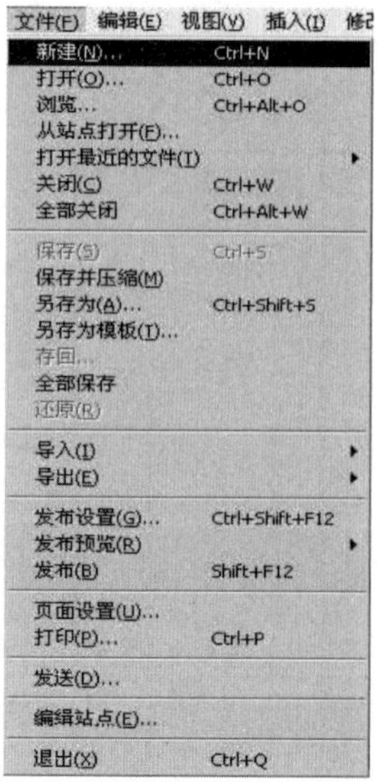

图 4-1

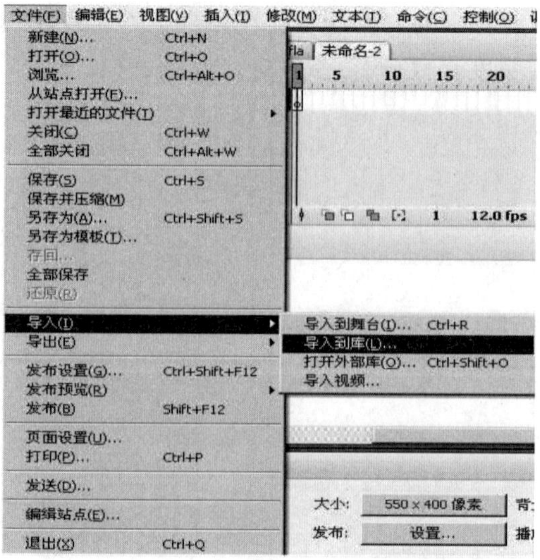

图 4-2

3. 在图层一的第一帧，从库里拉入一张图片到舞台，调整到适当大小(本例中大小统一调整为宽为 500，高自动等比例缩放)。如图 4-3 所示。

单击右键→转换为元件，在弹出的对话框中选影片剪辑。如图 4-4 所示。名称为 pic1；

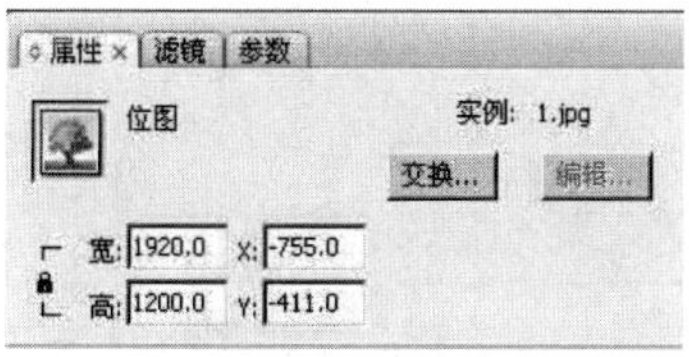

图 4-3

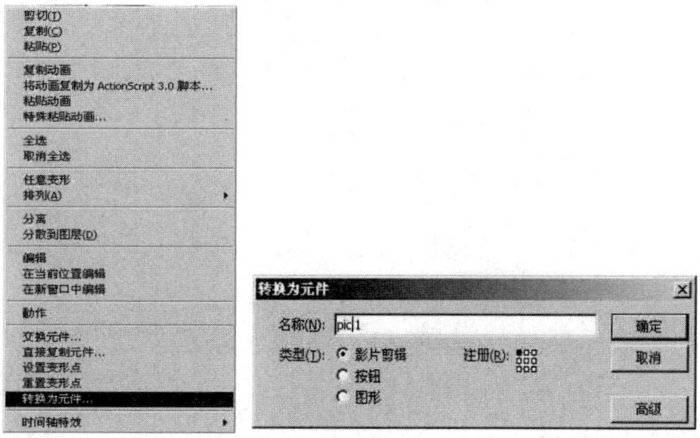

图 4-4

在图层一第三十帧插入空白关键帧，从库里拉入第二张图片到舞台，调整到适当大小，右键转换为元件——元件类型选影片剪辑，名称为 pic2；

在图层一第六十帧插入空白关键帧，从库里拉入第三张图片到舞台，调整到适当大小，右键转换为元件——元件类型选影片剪辑，名称为 pic3；

在图层一第九十帧插入空白关键帧，从库里拉入第四张图片到舞台，调整到适当大小，右键转换为元件——元件类型选影片剪辑，名称为 pic4；

在图层一第一百二十帧插入空白关键帧，从库里拉入第五张图片到舞台，调整到适当大小，右键转换为元件——元件类型选影片剪辑，名称为 pic5；

在图层一第一百五十帧插入帧。

第二步：

4. 新建图层(图层二)。

5. 用矩形工具，在舞台画一个矩形(图片序号背景那个矩形)。如图 4-5 所示。

图 4-5

选中矩形右键，转换为元件——元件类型选影片剪辑，名称为 n1。如图 4-6 所示。

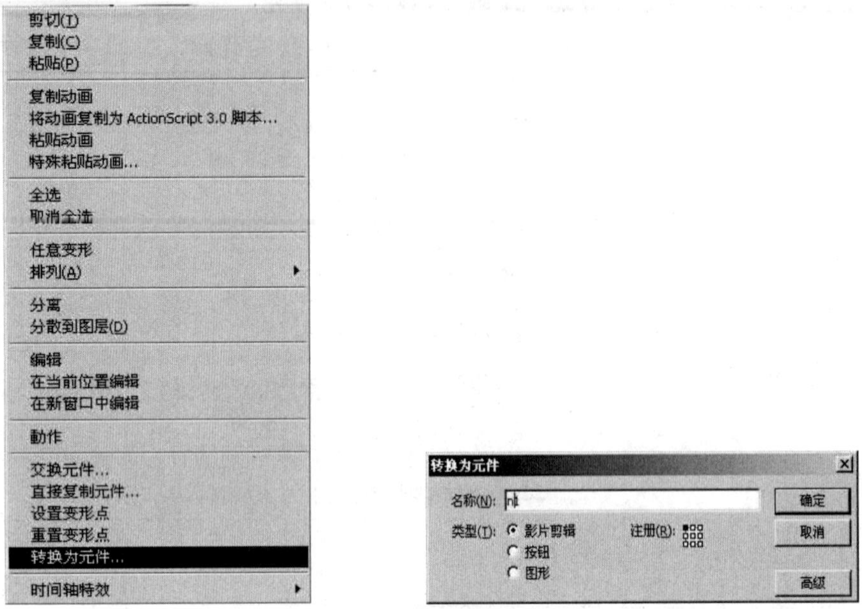

图 4-6

影片剪辑实例名也为 n1。

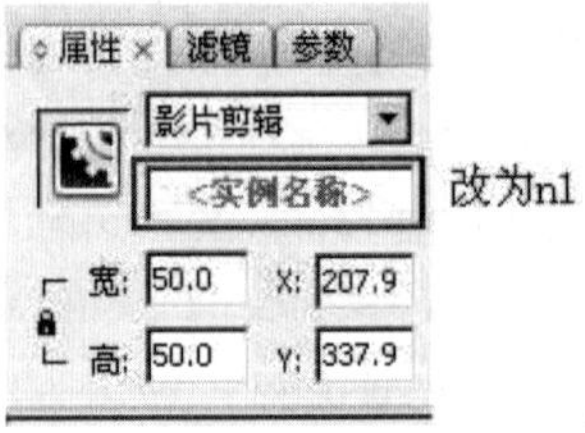

图 4-7

复制图形在舞台同样绘制出 n2、n3、n4、n5 四个影片剪辑元件，并把它们按照顺序排好。

6. 单击第一帧，添加帧标签为 pic1。

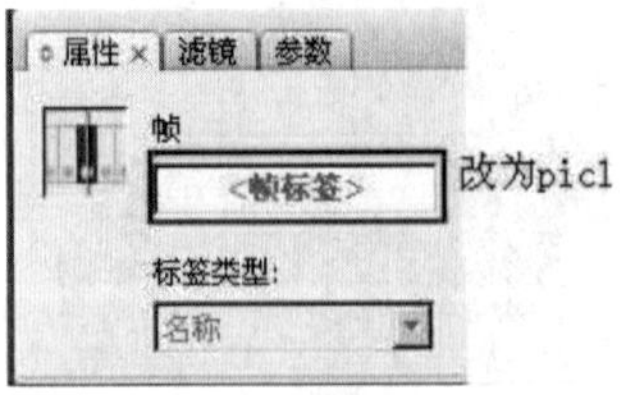

图 4-8

在第三十帧插入关键帧，添加帧标签为 pic2。

在第六十帧插入关键帧，添加帧标签为 pic3。

在第九十帧插入关键帧，添加帧标签为 pic4。

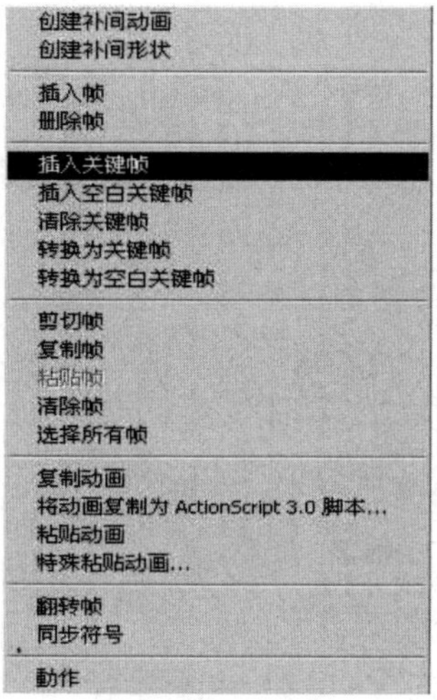

图 4-9

在第一百二十帧插入关键帧，添加帧标签为 pic5。

在第一百五十帧插入帧。

7. 在第一帧，单击 n1，设置属性颜色选择色调为红色。

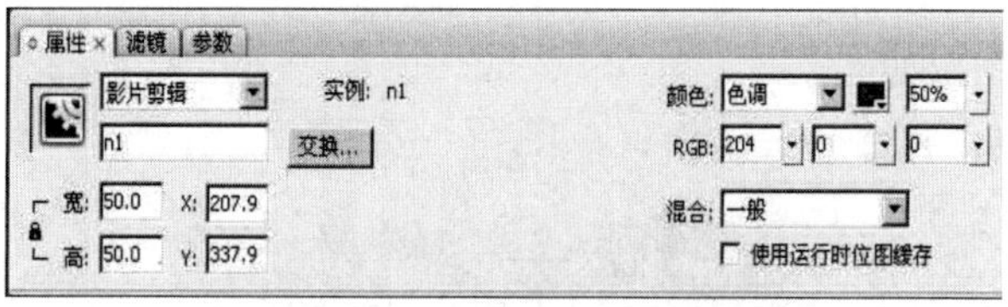

图 4-10

在第三十帧，单击 n2，设置属性颜色选择色调为红色。

在第六十帧，单击 n3，设置属性颜色选择色调为红色。

在第九十帧，单击 n4，设置属性颜色选择色调为红色。

在第一百二十帧，单击 n5，设置属性颜色选择色调为红色。

第三步：

8. 新建图层(图层三)。

9. 在第一帧，对应图层二的五个矩形框上方分别输入 1、2、3、4、5。

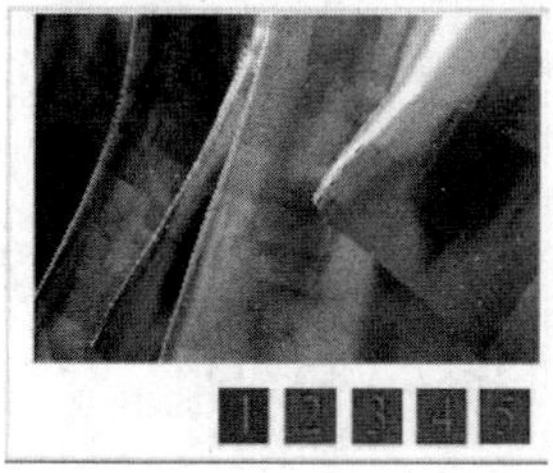

图 4-11

10. 在第一百五十帧右击插入帧。

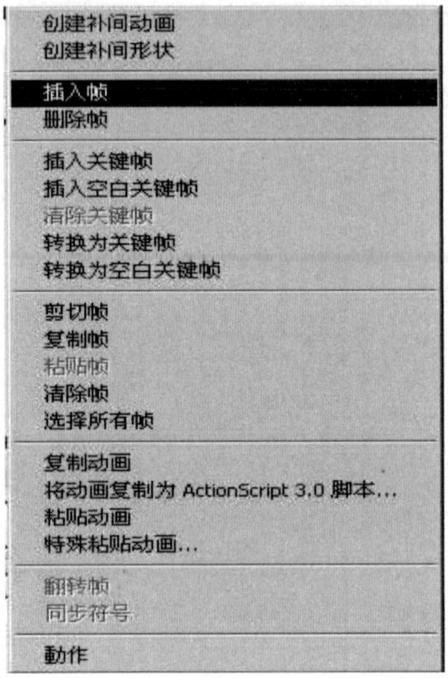

图 4-12

第四步：

11. 新建图层(图层四)。

12. 单击第一帧，右键——动作。

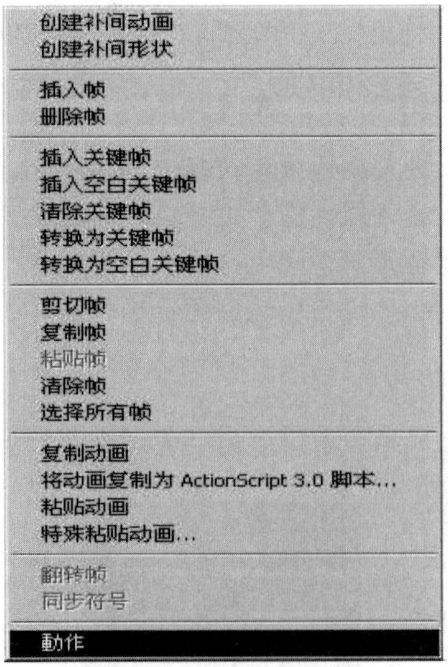

图 4-13

在动作面板中输入如下代码：

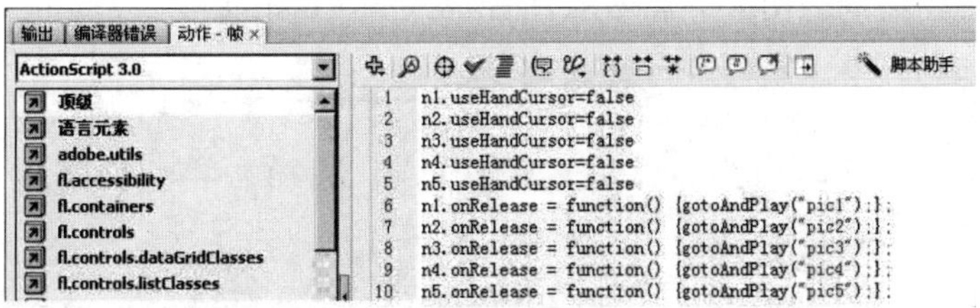

图 4-14

```
n1.useHandCursor=false
n2.useHandCursor=false
n3.useHandCursor=false
n4.useHandCursor=false
n5.useHandCursor=false
n1.onRelease=function(){gotoAndPlay("pic1");};
n2.onRelease=function(){gotoAndPlay("pic2");};
n3.onRelease=function(){gotoAndPlay("pic3");};
n4.onRelease=function(){gotoAndPlay("pic4");};
n5.onRelease=function(){gotoAndPlay("pic5");};
```

12. 在第一百五十帧插入帧。

最终结果：

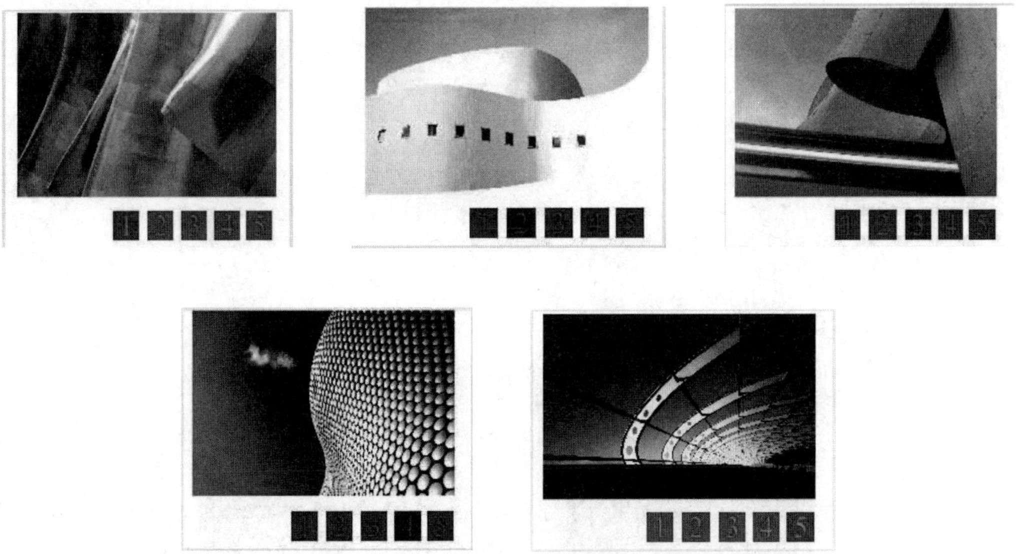

图 4-15

(二)图片循环滚动

1. 首先准备要滚动的图片，将 5 张图片导入到 Flash 库中。

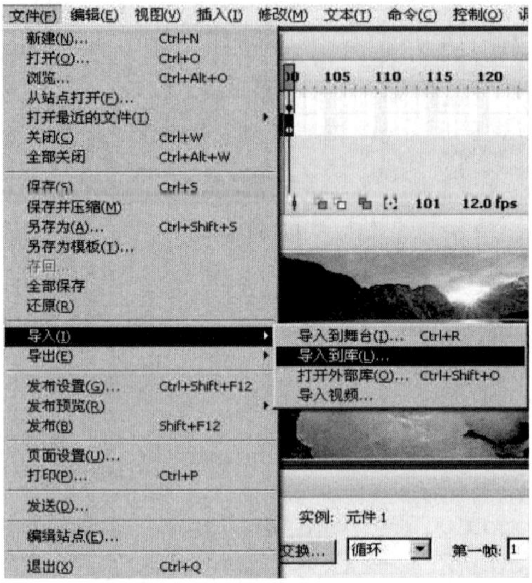

图 4-16

分别在库中右击它们，选择属性。

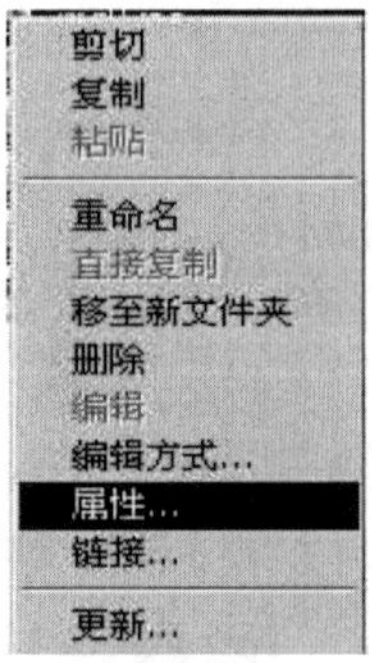

图 4-17

将“使用导入的 JPEG 数据”前的钩去掉。

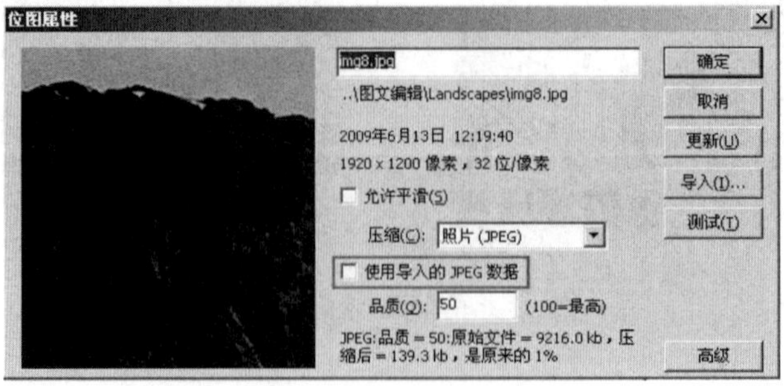

图 4-18

单击修改菜单，选择级联菜单中的“文档”，将文档大小设置为 1200 * 500。

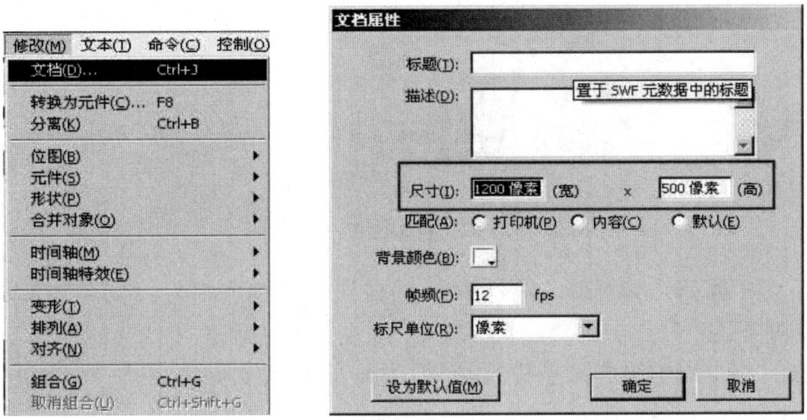

图 4-19

单击插入→新建元件，新建一图形元件，将库的图片拖到舞台上，等比例缩放为高为 500。

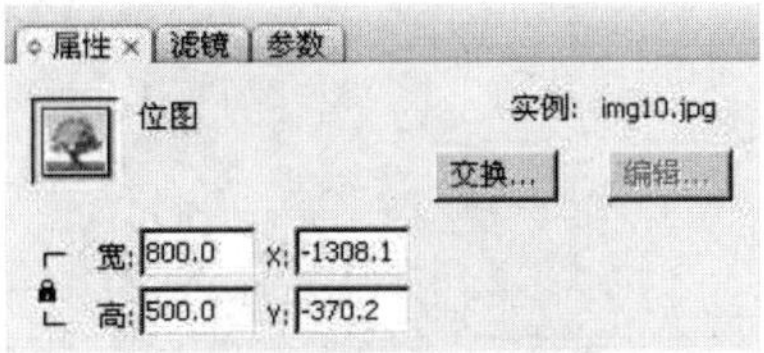

图 4-20

首尾相接拼好。

图 4-21

2. 回到主场景。

图 4-22

将图片元件拖到舞台上，打开对齐面板，选择相对舞台，左对齐，垂直居中对齐。

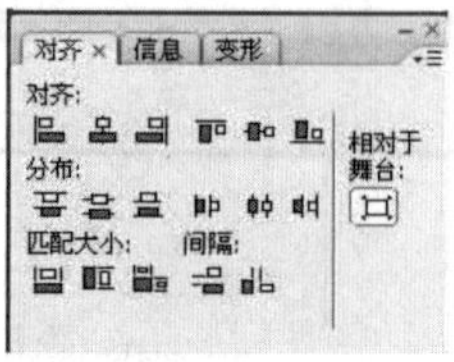

图 4-23

3. 在第 101 帧插入关键帧，将图片水平移到左面舞台之外，使图片元件的右边与舞台的左边对齐。

4. 右击，在弹出的级联菜单中选择“创建补间动画”。

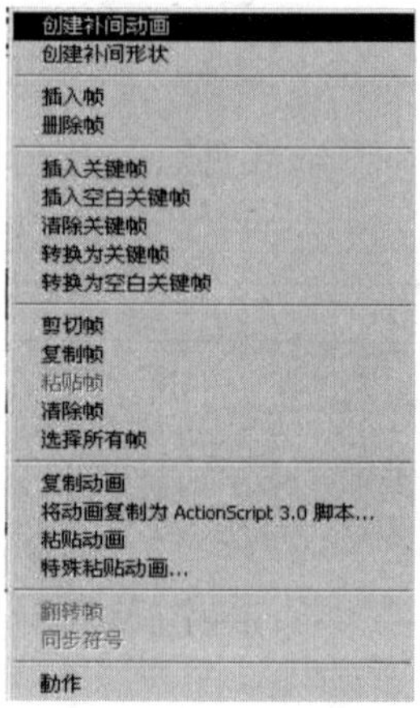

图 4-24

选择第一帧，在图片元件上点右键→复制，然后将图层上锁。

5. 新插入一层，图层 2，在第 1 帧，点编辑→粘贴到当前位置。在第 101 帧右击，选择“插入关键帧”。

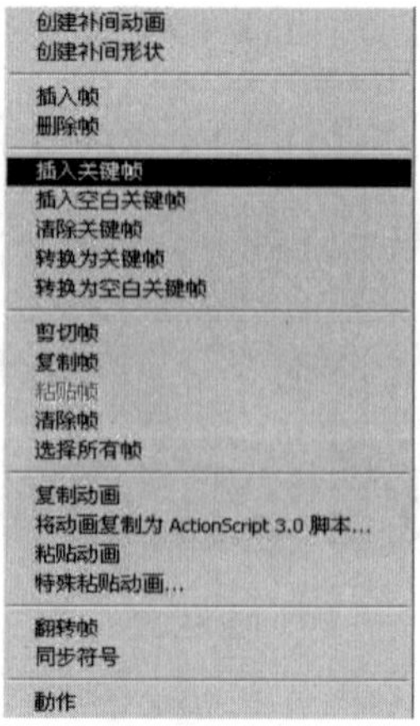

图 4-25

6. 回到图层 2 的第 1 帧，将图片水平右移，使它与第 1 层的图片对接。

图 4-26

创建补间动画。

7. 按住 Shift 键，同时选中图层 1 和图层 2 的第 100 帧，单击右键→插入关键帧。

8. 按住 Shift 键，同时选中图层 1 和图层 2 的第 101 帧，点右键→删除帧。

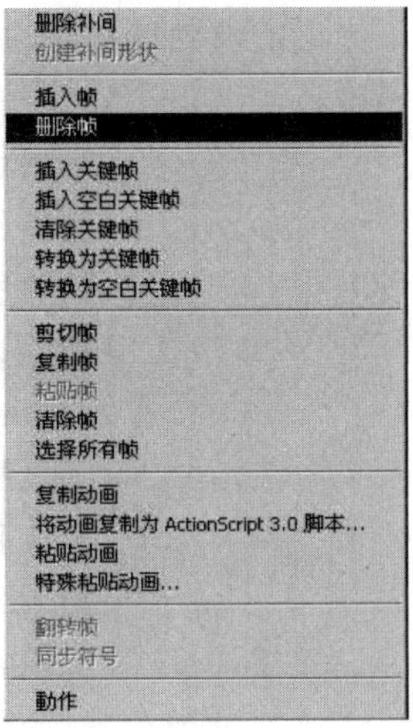

图 4-27

将两层的第 101 帧删除。

三、任务检验

选取学生的制作结果进行展示，全体同学从素材选择、显示节奏、文档大小设置等方面予以评议。

第三部分

技巧和拓展

一、素材的预处理

在Flash中使用图片做动画效果时，经常要求在同一动画中所用的图片都是统一大小的。如果素材的大小不一致，可以用Photoshop的Action功能预先将图片转变成统一的大小。具体方法可参阅本书项目二的相关内容。

二、快捷键的知识

在使用Flash软件的过程中，如果能够熟练应用快捷键，将可以使工作效率得以显著提高。以下是Flash软件的快捷键。

新建(N)... Ctrl+N
打开(O)... Ctrl+O
在Bridge中浏览 Ctrl+Alt+O
关闭(C)Ctrl+W
全部关闭 Ctrl+Alt+W
退出(X)Ctrl+Q
编辑(E)
复制(C)Ctrl+C
全选(L)Ctrl+A
查找(N)... Ctrl+F
再次查找(A)F3
转到行(G)... Ctrl+G
首选参数(F)... Ctrl+U
快捷键(K)...
视图(V)
隐藏字符(C)Ctrl+Shift+8
自动换行(W)Ctrl+Shift+W
隐藏面板(P)F4
调试(D)
继续(C)Alt+F5
结束调试会话(E)Alt+F12
跳入(I)Alt+F6
跳过(V)Alt+F7
跳出(O)Alt+F8
切换断点(B)Ctrl+B
删除所有断点(A)Ctrl+Shift+B
开始远程调试会话(R)
窗口(W)
工具栏(O)
主工具栏(M)
控制器(O)
编辑栏(E)
时间轴 Ctrl+Alt+T
工具 Ctrl+F2
属性(V)Ctrl+F3
库(L)Ctrl+L，F11
公用库(B)
项目 Shift+F8
Toolkit for CreateJSShift+F9
动作(A)F9
代码片断
行为 Shift+F3
编译器错误 Alt+F2
调试面板(D)
ActionScript 2.0 调试器 Shift+F4
影片浏览器(M)Alt+F3

输出(U)F2
对齐(G)Ctrl+K
颜色(Z)Alt+Shift+F9
信息(I)Ctrl+I
样本(W)Ctrl+F9
变形(T)Ctrl+T
组件(X)Ctrl+F7
组件检查器(R)Shift+F7
辅助功能(A)Alt+Shift+F11
历史记录(H)Ctrl+F10
场景(S)Shift+F2
字符串(T)Ctrl+F11
Web 服务(W)Ctrl+Shift+F10
Toolkit for CreateJS
工作区(S)
隐藏面板(H)F4
Flash 帮助(H)F1
新建(N)... Ctrl+N
打开(O)... Ctrl+O
在 Bridge 中浏览 Ctrl+Alt+O
关闭(C)Ctrl+W
全部关闭 Ctrl+Alt+W
保存(S)Ctrl+S
另存为(A)... Ctrl+Shift+S
另存为模板(T)...
存回...
全部保存
还原(H)
导入(I)
导入到舞台(I)... Ctrl+R
导入到库(L)...
打开外部库(O)... Ctrl+Shift+O
导出图像(E)...
导出所选内容(E)...
导出影片(M)... Ctrl+Alt+Shift+S
发布设置(G)... Ctrl+Shift+F12
发布预览(R)
默认(D)-(HTML)F12，Ctrl+F12
发布(B)Alt+Shift+F12
打印(P)... Ctrl+P
退出(X)Ctrl+Q
撤消(U)更改选择 Ctrl+Z
重做(R)Ctrl+Y
剪切(T)Ctrl+X
复制(C)Ctrl+C
粘贴到中心位置(J)Ctrl+V
粘贴到当前位置(P)Ctrl+Shift+V
选择性粘贴(O)...
清除(Q)Backspace，Clear，Delete
直接复制(D)Ctrl+D
全选(L)Ctrl+A
取消全选(V)Ctrl+Shift+A
查找和替换(F)Ctrl+F
查找下一个(N)F3
删除帧(R)Shift+F5
剪切帧(T)Ctrl+Alt+X
复制帧(C)Ctrl+Alt+C
粘贴帧(P)Ctrl+Alt+V
清除帧(L)Alt+Backspace
选择所有帧(S)Ctrl+Alt+A
剪切图层(U)
拷贝图层(Y)
粘贴图层(A)
复制图层(E)
复制动画(X)
将动画复制为 ActionScript 3.0 脚本(O)...
粘贴动画(A)
选择性粘贴动画...
编辑元件(E)Ctrl+E
编辑所选项目(I)
在当前位置编辑(E)
全部编辑(A)
首选参数(S)... Ctrl+U
自定义工具面板(Z)...
字体映射(G)...
快捷键(K)...

视图(V)
转到(G)
第一个(F)Home
前一个(P)Page Up
下一个(N)Page Down
最后一个(L)End
放大(I)Ctrl+=
缩小(O)Ctrl+-
缩放比率(M)
符合窗口大小(W)
显示帧(F)Ctrl+2
显示全部(A)Ctrl+3
轮廓(U)Ctrl+Alt+Shift+O
高速显示(S)Ctrl+Alt+Shift+F
消除锯齿(N)Ctrl+Alt+Shift+A
消除文字锯齿(T)Ctrl+Alt+Shift+T
粘贴板 Ctrl+Shift+W
标尺(R)Ctrl+Alt+Shift+R
显示网格(D)Ctrl+′
编辑网格(E)... Ctrl+Alt+G
辅助线(E)
显示辅助线(U)Ctrl+;
锁定辅助线(K)Ctrl+Alt+;
编辑辅助线 ... Ctrl+Alt+Shift+G
贴紧至网格(R)Ctrl+Shift+′
贴紧至辅助线(G)Ctrl+Shift+;
贴紧至像素(P)
贴紧至对象(O)Ctrl+Shift+/
编辑贴紧方式(E)... Ctrl+/
隐藏边缘(H)Ctrl+H
显示形状提示(A)Ctrl+Alt+H
新建元件(N)... Ctrl+F8
转换为元件(C)... F8
转换为位图(B)
分离(K)Ctrl+B
高级平滑(S)... Ctrl+Alt+Shift+M
高级伸直(T)... Ctrl+Alt+Shift+N
优化(O)... Ctrl+Alt+Shift+C
将线条转换为填充(C)
扩展填充(E)...
柔化填充边缘(F)...
添加形状提示(A)Ctrl+Shift+H
删除所有提示(M)
合并对象(O)
分散到图层(D)Ctrl+Shift+D
清除关键帧(A)Shift+F6
转换为空白关键帧(B)F7
缩放和旋转(C)... Ctrl+Alt+S
顺时针旋转 90 度(0)Ctrl+Shift+9
逆时针旋转 90 度(9)Ctrl+Shift+7
取消变形(T)Ctrl+Shift+Z
移至顶层(F)Ctrl+Shift+上箭头
上移一层(R)Ctrl+上箭头
下移一层(E)Ctrl+下箭头
移至底层(B)Ctrl+Shift+下箭头
锁定(L)Ctrl+Alt+L
解除全部锁定(U)Ctrl+Alt+Shift+L
左对齐(L)Ctrl+Alt+1
水平居中(C)Ctrl+Alt+2
右对齐(R)Ctrl+Alt+3
顶对齐(T)Ctrl+Alt+4
垂直居中(V)Ctrl+Alt+5
底对齐(B)Ctrl+Alt+6
按宽度均匀分布(D)Ctrl+Alt+7
按高度均匀分布(H)Ctrl+Alt+9
为相同宽度(M)Ctrl+Alt+Shift+7
设为相同高度(S)Ctrl+Alt+Shift+9
与舞台对齐(G)Ctrl+Alt+8
组合(G)Ctrl+G
取消组合(U)Ctrl+Shift+G
辅助功能(A)Alt+Shift+F11
历史记录(H)Ctrl+F10
场景(S)Shift+F2
字符串(T)Ctrl+F11
调试(D)Ctrl+Shift+Enter
结束调试会话(E)Alt+F12

ActionScript 2.0 调试器 Shift+F4　　导出脚本...Ctrl+Shift+P
影片浏览器(M)Alt+F3

三、绘图工具操作技巧

1. 线条一旦相交即要切断

当所有绘制的线条穿过其他线条或图形时，这个新绘制的图形会像刀一样把其他图形切割成不同的部分。同时，线条本身也会被其他线条和图形分成若干部分。

2. 图形一旦重叠就会将下面的图形擦除

在同一层绘制图形时，如果图形颜色不同且之间有重叠部分，重叠部分将具有一个特性，即后绘制的图形使前一个图形被遮住部分消失，不再属于先绘制的那个图形。

3. 相同颜色的图形重叠则图形将合并

如果绘制相同颜色的图形，当图形间有重叠时，两图形将会合成为一个图形。在操作中，利用这一特性，可选取所有具有相同颜色且互相连接的图形制作出特殊的图形来。绘制图形时最好去除其外边界，假设矩形有黑色的边线，且矩形与椭圆的颜色相同，这时两个图形将无法合成，因为黑色的边线阻断两个图形颜色之间的联系。在Flash中许多特殊形状的图形都是通过这种特性来完成的。需要说明的是在Flash中，连线是独立于内部图形的对象，可以进行单独操作。

四、文本工具操作技巧

利用“绘图工具栏”中的“文本工具”，在“文本属性”面板中设置属性，可以制作出具有特殊的文本效果。

1. 要编辑单个文字需要将文字打散

当在文档中录入文本之后，所录入的文本将是一个整体。如果要分别对文本进行编辑，就需要将文本打散。如果只按一次Ctrl+b键，文本将只被打散为单个文字，如果按两次Ctrl+b键，才能将文字打散为位图。

在未打散前，用“选择工具”移动文本时，文本将作为一个整体移动；在打散一次后，用“选择工具”移动文本，文本只能以逐个字母进行移动，当然选定一个字母，也可以对其进行字体、字号等的编辑和处理，当选择了两次打散之后，则文本的每一个像素都是一个编辑单位，利用“绘图工具栏”中的“部分选取工具”可以对其进行许多特殊效果的处理等操作。

2. 文本只有在打散后才能设置填充效果

在制作文本效果图的时候，需要使用“图形填充工具”对文本进行填充，但如果没有打散，填充效果将不会有任何改变。在这样的情况下，需要将文本打散，打散后即可进行填充。

五、选择工具操作技巧

1. 选择工具使用的技巧

方法一：用鼠标单击要选取的对象

当单击三角形内部或轮廓线时，分别将这两个对象选中。当对象被其他对象或线条分割时，只能选其中一部分。

方法二：在对象上双击鼠标

当双击的是轮廓线内部的填充区域时，该区域及其轮廓线均会被选中，而当双击的是轮廓线时，只有轮廓线被选中，但当轮廓线与其他同色的线条相连时，这些线条也会被选中。

方法三：用鼠标拖出一个矩形来，所套住的区域即被选中区域如使用“选择工具”中的“对齐对象”，在移动或修改对象时，当用鼠标拖动一个对象时，鼠标下方会出现一个小圆圈，即捕捉参考点。它可以在绘图时对齐图形，网格等。

2. 部分内容的选择

单击套索工具进入套索选取状态。相对于选择工具只能选择矩形框内的对象时，套索工具在这方面功能更强些。属性面板中上面的两个按钮为魔术棒工具，主要用来对位图进行操作，其中右边的按钮用于对魔术参数进行设置。有两个参数，一个是阈值用来定义在选取范围内的相邻像素色值的接近程度，数值越高，选取范围越宽。下面的按钮为多边形套索工具，可绘制出边为直线的多边形选择区域，绘制时在顶点单击鼠标，在结束时双击鼠标即可。

六、元件和实例操作技巧

利用“绘制工具栏”中的各种工具与主菜单中的“修改”命令结合，来实现对象的编辑，制作出具有特殊效果的作品。

1. 迅速查看对象信息

创建 Flash 应用程序时，特别是在处理同一元件的多个实例时，识别舞台上元件的特定实例是很困难的。“属性”面板和“信息”面板会显示选定实例的元件名称，并有一个图标指明其类型。

此外，还可以查看下列信息：

(1)在“属性”面板和“信息”中，可以查看实例的行为和设置，在“属性”面板中查看实例行为和设置的内容为；

对于所有实例类型，均可以查看色彩效果设置、位置和大小；

对于图形，可以查看循环模式和包含该图形的第一帧；

对于按钮，可以查看实例名称和跟踪选项；

对于影片剪辑，可以查看实例名称；

对于位置，“属性”面板显示元件注册点或元件左上角的 x 和 y 坐标，具体取决于在“信息”面板上选择的选项。

在“信息“面板上可获取的信息主要有：

在“信息”面板上，可以查看实例的大小和位置；

实例注册点的位置；

实例的红色、绿色、蓝色和 Alpha 值；

指帧的位置；

“信息”面板还显示元件注册点或元件左上角的 x 和 y 坐标，具体视所选的选项而定。

(2)在影片浏览器中获取信息

在影片浏览器中，可以查看当前文档的内容，包括实例和元件。此外，在“动作”面板中还可以查看分配给按钮或影片剪辑的所有动作。

(3)获取舞台上有关实例的信息的操作过程为：

在舞台上选择该实例；

在主菜单中选择“窗口”→“属性”命令，可调出“属性”面板来显示对象属性；

在主菜单中选择“窗口”→“设计面板”→“信息”命令，可以显示对象的相关信息；

在菜单中选择“窗口”→“其他面板”→“影片浏览器”命令，可显示对象在影片浏览器中的信息；

在主菜单中选择“窗口”→“开发面板”→“动作”命令，可以显示对象的动作方面的信息。

(4)选定元件的定义

要在影片浏览器中查看选定元件定义的方法为：

单击影片浏览器顶部的“显示按钮、影片剪辑和图形”按钮；

右击鼠标，从出现的快捷菜单中选择“显示元件实例”和“转到元件定义”；或从影片浏览器右上角的弹出菜单中选择这些选项。

(5)跳到场景

右击鼠标，从出现的快捷菜单中选择“显示影片元件”和“转到元件定义”；或从影片浏览器右上角的弹出菜单中选择这些选项。

2. 分离实例的操作

要断开实例与元件之间的链接，并把实例放入未组合形状和线条的集合中，可以“分离”该实例，这对于充分地改变实例而不影响任何其他实例非常有用。如果在分离实例之后修改该源元件，并不会用所作的更改来更新该实例。分离一个实例的操作为：

(1)在编辑区选择需要分离的实例；

(2)选择“修改”→“分离”命令；

(3)这样就会把实例分离成它的几个组件图形元素；

(4)在实例分离后，可以使用绘制和涂色工具来根据需要修改这些元素。

3. 解决库资源之间的冲突

3.1 如果将一个库资源复制到已经含有同名的不同资源的文档中，可以选择是否用新项替换现有项目。这种选择对所有导入或复制库资源的方法都有效，包括以下技巧：

(1)从源文档中复制和粘贴资源；

(2)从源文档或源文档库中拖出资源；

(3)导入资源；

(4)从源文档添加共享库资源；

(5)使用组件面板中的组件。

3.2　要解决库资源之间的命名冲突，可进行的操作为：

(1)单击“不要替换现有项目”以保留目标文档中的现有资源；

(2)单击“替换现有项目”，来用同名的新项目替换现有资源及其实例。

如果选择“替换现有项目”则 Flash 会使用同名的新项目替换现有项目。如果取消导入或复制操作，就会对所有项目取消该操作。只有相同的库项目类型才能互相替换。在这种情况下，新项目的名称后面会附加“copy”字样，然后再添加到库中。

七、减小 Flash 文件大小

1. 避免过多的矢量点。大量的矢量会增加文件大小和减慢动画的渲染。可以通过选择 Modify/Curves/Optimize 减少对象中的矢量数量。

2. 保持动画中的字体数目最小。Flash 动画比静态 Web 页面宽大一些，因为它们是运动的，字体不必一次出现在一页上。然而，太多的字体增加了文件大小，有时甚至很可怕。要增加文本的多样性，可以用不同的颜色和大小，还有字体的字距和倾斜。尽量选择使用动态文本，而不要使用静态文本，这样可以直接使用字体库文件，从而可以大大节省资源字节数的占用。

3. 避免使用位图图像，位图比矢量图形包含的细节多，但是增加了文件大小。如要使用位图，应在导入之前进行编辑，如裁剪与缩小操作。或者如果显示质量要求不高，可以将位图转化为矢量图。最好也不要在位图上方进行 Alpha 补帧动画，形状补间以及遮罩等操作，虽然这些操作效果不错，但是会严重损耗系统资源。

4. 尽量使用元件，元件在不同的教程中表述不同，有的教程中又称为符号。有一些 Flash 教程演示了元件如何不用占据很多空间却能表现大多数 Flash 元素。当你反复使用相同的元件时，影片是不会明显增大的。不增加文件大小，只用一个元件，一个小雨滴就可能变成一场暴风雨。

5. 通过使动作之间接近，可以增加渲染速度，当新帧与旧帧有差别时文件大小就会有一定的增加。所以如果动作和运动物体只出现在屏幕的一小部分，动画会刷新得更快。

6. 把每个元素放在自己的层，尤其是象动画背景这样的大的对象这可以使动画重绘得更快。因为它使用了很多逐帧动画，动画在文件尺寸和重画率上的要求较高。所以要注意背景保持在一个静态序列层上，所有的运动很紧密的组织在一起。如果动画设计者习惯于做动画背景，那么重画率和文件大小会令人无法忍受。那么在背景组织上要有一定的技巧，以免影响动画的动态效果。

第四部分

制作循环滚动动画

一、任务描述

由学生自主收集两个系列的图片，每个系列表现一个主题，运用 Flash 软件将这两个系列的图片制作成自动切换的图片动画和循环滚动的动画各一个。

时间安排表

课时	工作安排	学生活动	备注
1	教师提示要点	与教师互动	
0.5	学生完成工作方案的制定	在教师指导下完成	
3	学生练习	在教师辅导下完成工作任务	教师视具体情况辅导
0.5	任务评议	参与评议	师生共同参与

二、任务计划

图片收集在课余时间完成，实际制作前先完成操作步骤列表。

自动切换		
序号	操作	说明

续表

循环滚动		
序号	操作	说明

完成表格填写后实施 Flash 实际动画效果的制作。

三、任务检验

选取学生演示各自所完成的动画效果，全体同学从所选用的动画素材是否反映明确的主题、动画过程流畅，进程时间安排合理等方面进行评议。

评议表

类型	评议项目	得分
自动切换	主题明确	
	设计美观	
	进度合适	
循环滚动	主题明确	
	流畅	
	进程合适	

第五部分

总结和反馈

每个同学总结两种动画形式的制作情况。

遇到的问题	解决办法

项目五　制作网页及发布内容

【学习目标】

知识目标： 了解网页的结构和建设流程，领会网页相关的基本概念。

能力目标： 掌握网页制作的基本技术，学会简单网站架设的方法。

素质目标： 掌握制作、修改网页版面的技能。

第一部分

预备知识

一、网络、网站、网页的概念

当今社会中，在工作、生活、学习、娱乐各方面，我们经常会使用网络，访问网站，浏览网页。然而网络、网站、网页的概念是什么，很多人却并不清楚。以下我们来了解一些网络中的基本概念。

1. 什么是网络？

WWW 是英文 Word Wide Web(万维网)的缩写，日常中我们称呼的网络就是万维网。网络由全世界各地计算机网络相互链接组成。

2. 什么是网页？

包含 HTML 标签的，存储各种信息、能通过浏览器软件浏览的文件称为网页(Web)，网页是构成网站的基本元素。众多的网页构成网站(Web Site)。

查看网页的软件程序称为 Web 浏览器。常见的浏览器有 Internet Explorer、Fire Fox、Chrome、Safari 等等。看看下图，能认出几个浏览器图标。

	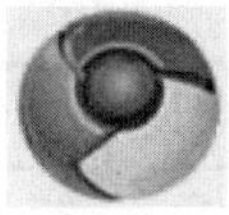		
①	②	③	④

图 5-1

①微软的 Internet Explorer(IE)是操作系统 Windows 自带的因特网浏览器。它发布于 1995 年，如今已经更新到版本 11(Internet Explorer 11)。习惯简称 IE 浏览器。

图 5-2

②Chrome 是免费的开源 Web 浏览器，它由安卓之父 Google（谷歌）公司开发。该浏览器于 2008 年 9 月发布。

③Firefox（火狐浏览器）是由 Mozilla 发展而来的新式浏览器。它发布于 2004 年。

④Safari 是由苹果公司开发的浏览器，适用于 Mac 和 Windows 系统。该浏览器于 2003 年 6 月发布。

3. 浏览器如何获取网页？

浏览器通过 HTTP 请求从服务器上获取网页的数据，然后在浏览器中显示。

4. 浏览器如何显示页面？

网页通过 HTML 语言来描述如何在浏览器中显示。

HTML 指的是超文本标记语言（Hyper Text Markup Language），是用来描述网页的一种语言。

HTML 不是一种编程语言，而是一种标记语言（markup language），标记语言是一套标记标签（markup tag），HTML 使用标记标签来描述网页。

譬如，在 HTML 中段落的标签为：〈p〉

在网页中，段落这样表示：〈p〉我是段落〈/p〉

注：回顾项目一中的内容

二、HTML 基础

在接下来的内容中，我们将学习使用 HTML。自网络诞生以来，HTML 推出了很多版本，见下表。

版本	发布时间
HTML	1991
HTML 2.0	1995
HTML 3.2	1997
HTML 4.01	1999
XHTML 1.0	2000
HTML5	2012

我们可以知道 HTML5 是最新的 HTML 标准，目前 HTML5 仍处于完善之中。大部分现代浏览器已经具备了对 HTML5 支持。

在项目一，我们已经初步接触了 HTML 的使用，下面通过一个小练习，来回顾项目一的知识。

第一步，打开 Dreamweaver 新建 HTML5 页面，如图 5-3 所示。

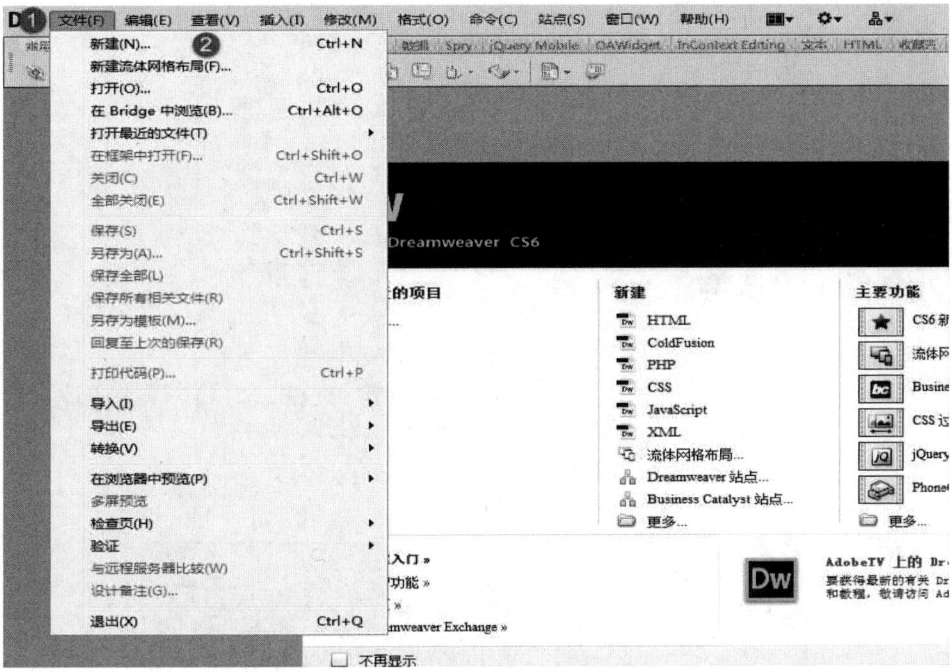

图 5-3

弹出新建文档菜单中操作步骤图，如图 5-4 所示。

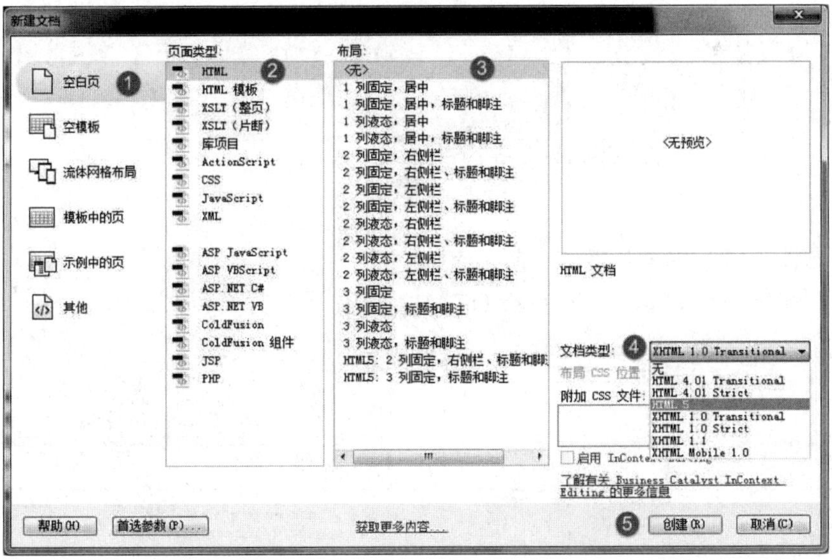

图 5-4

第二步，保存网页，建立站点。

新建页面后，第一步我们要保存页面(Ctrl＋S)，弹出保存窗口，如图 5-5、图 5-6 所示。

图 5-5

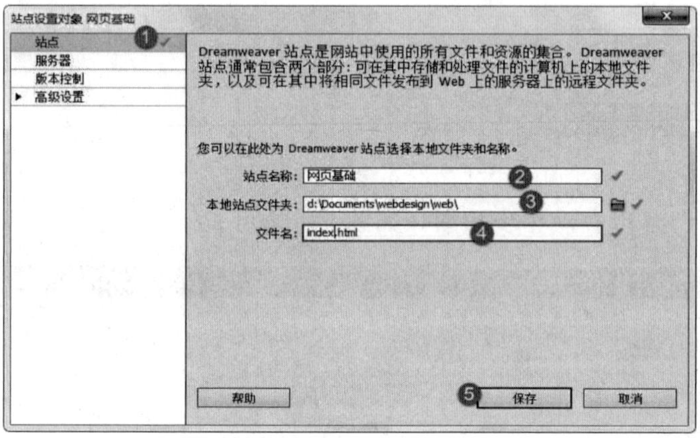

图 5-6

按步骤操作后，得到如图 5-7 所示页面。

在代码视图中输入如图 5-8 所示 HTML 代码。

图 5-7

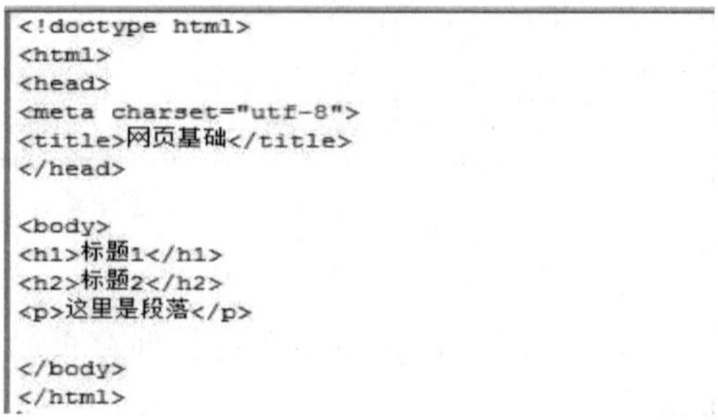

```
<!doctype html>
<html>
<head>
<meta charset="utf-8">
<title>网页基础</title>
</head>

<body>
<h1>标题1</h1>
<h2>标题2</h2>
<p>这里是段落</p>

</body>
</html>
```

图 5-8

第三步，选择浏览器预览页面效果。

注意：预览 HTML5 页面需要使用现代浏览器(Chrome、FireFox、IE9＋等)。步骤如下：

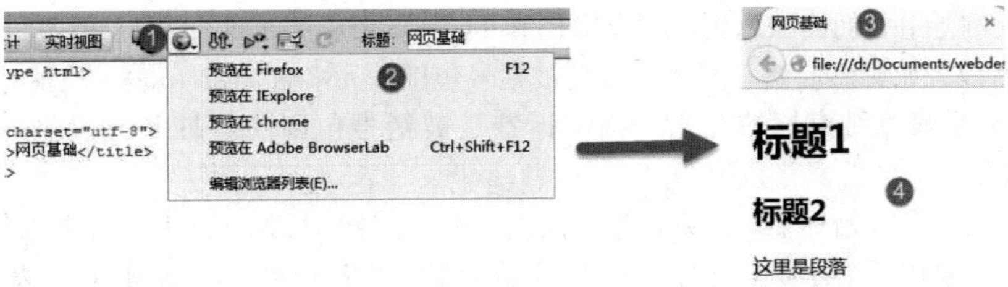

图 5-9

①选择地球仪标志；

②选择预览的浏览器软件；

③网页的标题“网页基础”；

④网页的内容。

例子解释如图 5-10。

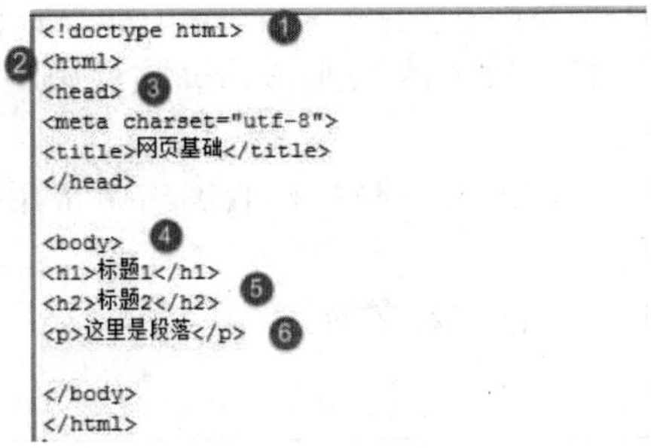

图 5-10

①文档声明，告诉浏览器这是个 HTML 文件；

②〈html〉与〈/html〉之间的文本描述网页；

③〈head〉与〈/head〉之间是头标记，主要用来包含顶部的一些描述性文字，例如：

〈meata charset＝”utf-8”〉表示网页使用 utf-8 编码

〈title〉网页基础〈/title〉表示网页的标题是“网页基础”；

④〈body〉与〈/body〉之间的文本是可见的页面内容；

⑤〈h1〉与〈/h1〉之间的文本被显示为标题一，

〈h2〉与〈/h2〉之间的文本被显示为标题二；

标题标签总共有六个，从〈h1〉～〈h6〉

⑥〈p〉与〈/p〉之间的文本被显示为段落。

三、HTML 标签的使用

1. HTML 元素语法

从以上例子中我们能注意到，网页文档和 HTML 元素是通过 HTML 标签进行标记的。HTML 元素以开始标签起始，开始标签是被括号包围的元素名，如〈p〉表示段落开始。

HTML 元素以结束标签终止，结束标签是被括号包围的斜杠和元素名，如〈/p〉表示段落结束。

元素的内容是开始标签与结束标签之间的内容。某些 HTML 元素具有空内容，没有结束标签，空元素在开始标签中进行关闭(以开始标签的结束而结束)，比如〈br/〉表示换行。

2. HTML 标签的嵌套

大多数 HTML 元素可以嵌套(可以包含其他 HTML 元素)。HTML 文档由嵌套 HTML 元素构成。如我们之前的例子中，〈p〉〈/p〉标签包含在〈body〉〈/body〉标签中。

提示：使用小写标签。

3. HTML 属性

大多数 HTML 标签可以拥有属性。属性提供了有关 HTML 元素的更多的信息。属性总是以名称/值对的形式出现，比如：name＝"value"。属性总是在 HTML 元素的开始标签中规定。例：〈a href＝http://www. sina. com. cn〉超链接〈/a〉

〈a〉标签定义了一个超级链接，链接的地址在 href 属性中制定。

4. 常用的 HTML 标签

HTML 的标签内容很多，我们列举一些在排版编辑中常用的标签，更多的可以参考 HTML 手册。

标题：是通过〈h1〉—〈h6〉标签进行定义的。

段落：是通过〈p〉标题定义的。

加粗：〈b〉

强调：〈strong〉

上标：〈sup〉

下标：〈sub〉

新建一个页面文件，输入图 5-11 所示代码，并查看效果如图 5-12 所示。

```
<!doctype html>
<html>
<head>
<meta charset="utf-8">
<title>无标题文档</title>
</head>

<body>
<h1>标题1</h1>
<h2>标题2</h2>
<h3>标题3</h3>
<h4>标题4</h4>
<h5>标题5</h5>
<h6>标题6</h6>
<p>请仅仅把标题标签用于标题文本。不要仅仅为了产生粗体文本而使用它们。请使用其它标签或 css 代替。</p>
<b>加粗文本</b> <br/>
<strong>强调文本</strong> <br/>
文本内容<sup>上标文本</sup> <br/>
文本内容<sub>小标文本</sub>
</body>
</html>
```

图 5-11

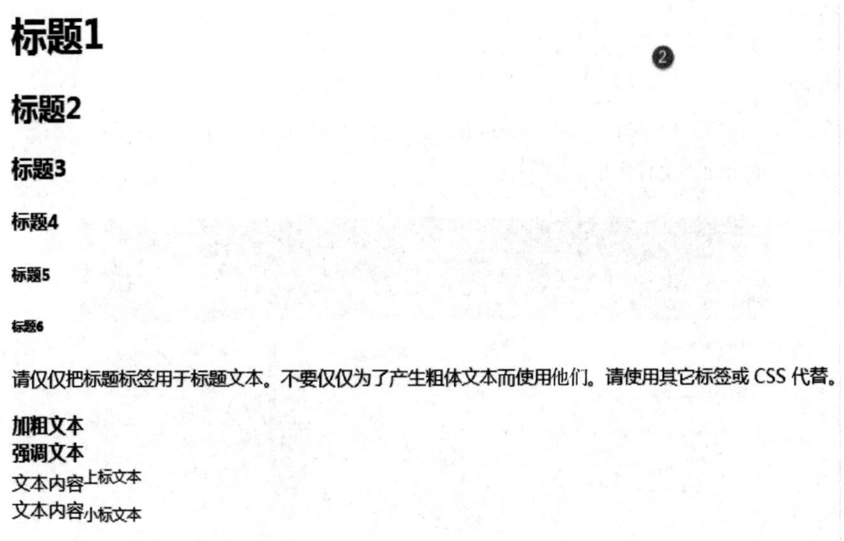

图 5-12

四、补充知识点

1. 设置新建文件的文档类型默认为 HTML5

之前的例子中，我们需要手动选取文档类型为 HTML5，通过设置，我们可以将文档类型默认为 HTML5。

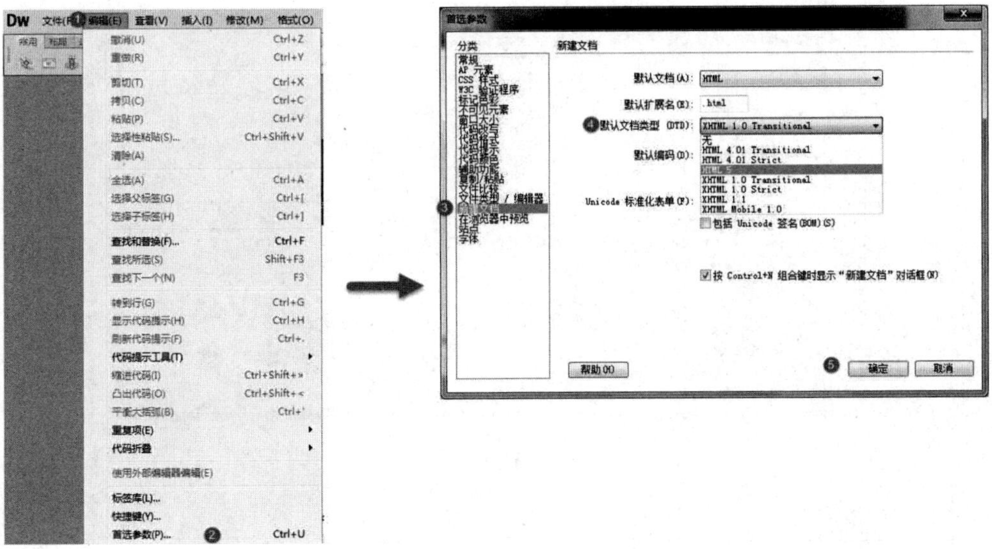

图 5-13

①“编辑”菜单；

②首选参数；

③新建文档；

④修改“默认文档类型”为“HTML5”；

⑤单击确定。

设置之后，新建 HTML5 文档就可以直接单击欢迎界面的新建 HTML，或者 Ctrl＋N 之后单击“创建”。如图 5-14 所示。

图 5-14

2. 文件的后缀名 .htm 还是 .html 文件后缀

保存 HTML 文件时，既可以使用 .htm 也可以使用 .html 文件后缀。我们在实例中使用 .htm。这只是长久以来形成的习惯而已，因为过去的很多软件只允许三个字母的文件后缀。

第二部分

使用 HTML 发布新闻稿　HTML5 崛起之路

一、任务描述

使用 HTML 标签，完成新闻稿件的网页排版，注意标签的语法、嵌套。本任务由学生在老师的指导下完成。

时间安排表

课时	工作安排	教师活动	备注
0.5	小组为单位，下发任务，解读任务		
0.5	任务计划	讲解知识点	
2	制作网页	讲解示范，巡回辅导	机房完成
1	小组展示成果，自评互评，老师评价	组织展示评价活动	

二、任务实施

第一步，新建网页文件并保存。

第二步，复制文稿，在网页设计视图粘贴。

注：粘贴在设计视图能保留文本的段落格式。

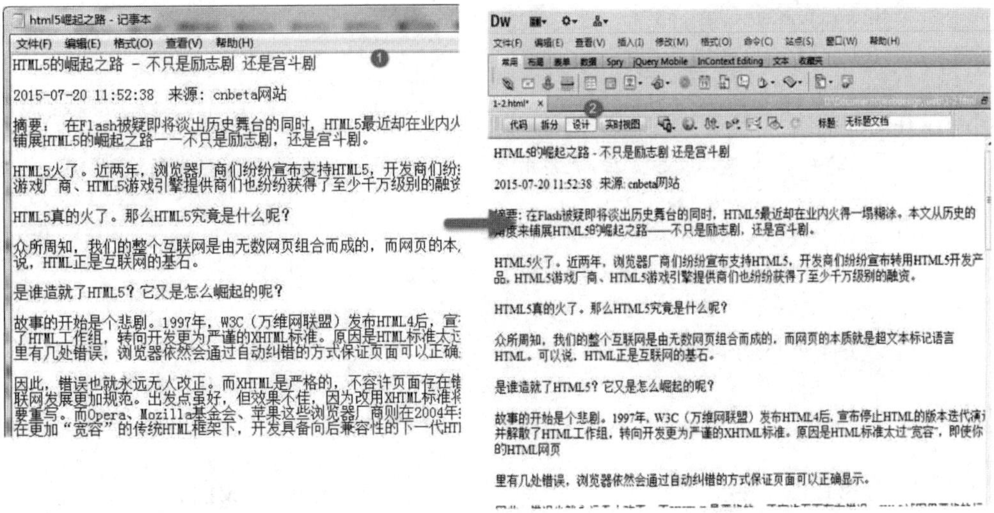

图 5-15

第三步，切换到“代码”视图，修改标题，然后按照内容修改代码。

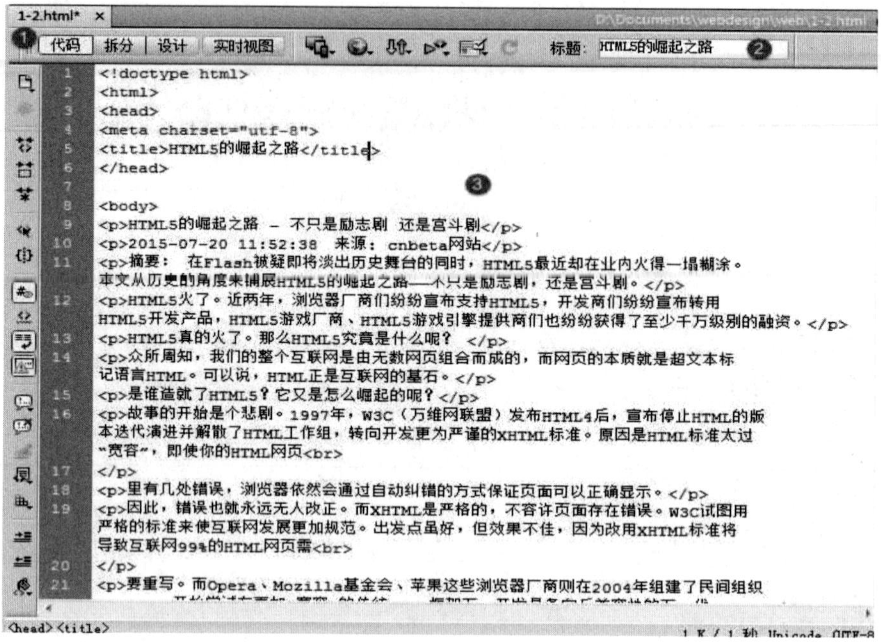

图 5-16

按照代码内容修改：

注意：〈！— —〉之间的内容是注释，不需要输入

〈！doctype html〉

〈html〉

〈head〉

〈meta charset＝"utf－8"〉

〈title〉HTML5 的崛起之路〈/title〉

〈/head〉

〈body〉

〈！—添加 div 标签，div 称为层，通常用来做网页布局的容器。class 为类属性—〉

〈div class＝"news－text"〉

〈！—修改段落为 h1，即标题 1—〉

〈h1〉HTML5 的崛起之路－不只是励志剧还是宫斗剧〈/h1〉

〈p〉2015－07－20 11:52:38 来源：cnbeta 网站〈/p〉

〈！—添加 b 标签，加粗“摘要”两个字—〉

〈p〉〈b〉摘要：〈/b〉在 Flash 被疑即将淡出历史舞台的同时，HTML5 最近却在业内火得一塌糊涂。本文从历史的角度来铺展 HTML5 的崛起之路——不只是励志剧，还是宫斗剧。〈/p〉

〈p〉HTML5 火了。近两年，浏览器厂商们纷纷宣布支持 HTML5，开发商们纷纷宣布转用 HTML5 开发产品，HTML5 游戏厂商、HTML5 游戏引擎提供商们也纷纷获得了至少千万级别的融资。〉〈/p〉

〈！—为需要强调的文本，添加 strong 标签—〉

〈p〉〈strong〉HTML5 真的火了。那么 HTML5 究竟是什么呢？〈/strong〉〈/p〉

〈p〉众所周知，我们的整个互联网是由无数网页组合而成的，而网页的本质就是超

文本标记语言 HTML。可以说，HTML 正是互联网的基石。〈/p〉

〈p〉〈strong〉是谁造就了 HTML5？它又是怎么崛起的呢？〈/strong〉〈/p〉

〈p〉故事的开始是个悲剧。1997 年，W3C（万维网联盟）发布 HTML4 后，宣布停止 HTML 的版本迭代演进并解散了 HTML 工作组，转向开发更为严谨的 XHTML 标准。原因是 HTML 标准太过“宽容”，即使你的 HTML 网页里有几处错误，浏览器依然会通过自动纠错的方式保证页面可以正确显示。〈/p〉

〈p〉因此，错误也就永远无人改正。而 XHTML 是严格的，不容许页面存在错误。W3C 试图用严格的标准来使互联网发展更加规范。出发点虽好，但效果不佳，因为改用 XHTML 标准将导致互联网 99%的 HTML 网页需要重写。而 Opera、Mozilla 基金会、苹果这些浏览器厂商则在 2004 年组建了民间组织 WHATWG，开始尝试在更加“宽容”的传统 HTML 框架下，开发具备向后兼容性的下一代 HTML。〈/p〉

〈p〉〈strong〉就在 W3C 还在争论是 XHTML2 还是 HTML5 的时候，互联网格局已经发生了变化。〈/strong〉〈/p〉

〈p〉2005 年前后，随着宽带的普及和电脑性能的提升，人们不再满足于仅用互联网来看新闻和发邮件。〈/p〉

〈p〉〈strong〉于是，消耗更高带宽的娱乐形式，流视频和网页游戏诞生了。此时的 HTML 错过了这次机会，这块新需求被浏览器插件满足了，那就是 Flash。〈/strong〉〈/p〉

〈p〉Adobe 收购 Macromedia 后通过 Flash 攫取了大量的财富，这让 Google、苹果等作为 W3C 主席单位的各浏览器厂商很是不甘。〈/p〉

〈p〉2006 年 10 月，WHATWG 在 HTML 上取得突破性进展。于是为了尽快夺回 Adobe 抢占的市场，W3C 决定停止 XHTML 的工作，转而与 WHATWG 合作，共同推进开发不需插件就能在移动端播放多媒体的下一代 HTML。〈/p〉

〈p〉2008 年，第一个 HTML5 草案诞生。同年，IE、Chrome、FireFox、Safari 几大浏览器巨头开始相继支持 HTML5。〈/p〉

〈p〉〈strong〉到了 2010 年，乔布斯乔帮主公开封杀 Flash，力挺 HTML5，彻底遏制了 Flash 的发展。〈/strong〉〈/p〉

〈p〉移动互联网时代的到来，使得 HTML5 的优势更加凸显。〈/p〉

〈p〉2011 年，由于移动浏览器对 HTML5 的普遍支持，和 iOS 对 Flash 的强势拒绝，使得 Adobe 不得不宣布停止为移动设备开发 Flash 播放器。这一年的 HTML5 风头正劲，据统计全球前 100 的网站已有 34%在使用 HTML5。迪士尼也在这一年斥巨资收购了一家 HTML5 游戏引擎开发商，意图打造 HTML5 游戏来避开苹果 App Store 的控制和 30%的分成。前途已经一片光明 HTML5，没想到竟要经历一场巨大的风暴。〈/p〉

〈p〉很多大公司都在推动着 HTML5 的发展，其中以 Facebook 的扎克伯格最为疯狂。作为技术极客的他誓要利用 HTML5 的 Web APP 来打破 iOS 和 Android 的垄断。〈/p〉

〈p〉〈strong〉Facebook 加入 W3C 后，牵头成立了 MobileWeb 工作组。这个小组的目标是让由 HTML5 开发的 Web APP 能够达到原生 APP 的体验。〈/strong〉〈/p〉

〈p〉与此同时 Facebook 用 HTML5 开发了自己的 Web APP，希望这样可以让自己不会受到苹果和 Android 的控制。但其结果却是该 Web APP 的用户体验极差，与 Twitter 等竞争对手的原生 APP 相比差距巨大。〈/p〉

〈p〉2012 年，扎克伯格宣布 Facebook 应用放弃 HTML5 部分，改为纯原生方式开发。一句“押注 HTML5 是 Facebook 最大失误”彻底将 HTML5 打入了冷宫。〈/p〉

〈p〉同年，HTML5 的标准制定者 W3C 和 WHATWG 也表示无法继续合作了。前者希望制定一个死的标准，颁布之后再不修改；后者希望标准能够跟随市场及技术的发展而动态调整。前者拉到了微软撑腰，后者则有苹果和 Google 支持。另外，原本一直是 HTML5

```
坚定后盾的苹果也不再允许纯 Web APP 套壳登录 App Store。</p>
        <p><strong>在灭掉 Flash 时 HTML5 为冲锋枪，但移动端干掉 Flash 后，苹果却是要维护自身封闭生态系统的巨大利益的。因此细看之下 HTML5 的崛起之路其实不只是励志剧，还是宫斗剧。</strong></p>
        <p>在经历了上述两次巨震之后，HTML5 着实沉默了一段时间。奚落者有之，嘲笑者有之，仿佛 HTML5 已死。但在此期间，HTML5 依然显现了强大的生命力。它所带来的诸多优势始终吸引着开发者们继续探索。</p>
        <p><strong>终于，在 2014 年 10 月底，W3C 宣布 HTML5 历时 8 年终于定稿。<br>
    那么在这场变革中，我们又该如何看待呢？</strong></p>
        <p>HTML5 作为一套新的标准，代表着移动互联网的趋势和未来。几乎所有人都能预见到它巨大的潜力。但它在各个领域具体是以怎样的形态落地，如何改变人们的生活或是改变行业的业态，人们很难预测。这需要我们不断地探索和思考。</p>
        <p>HTML5 的天花板有多高，正是由我们每一个从业者决定的。</p>
        <p>HTML5 崛起之路的后半程，就靠我们来完成了。</p>
      </div>
    </body>
    </html>
```

第四步，复制素材文件夹到网站目录，然后在摘要结束位置插入图片。

```
<p><b>摘要：</b> 在Flash被疑即将淡出历史舞台的同时，HTML5最近却在业内火得一塌糊涂。本文从历史的角度来铺展HTML5的崛起之路——不只是励志剧，还是宫斗剧。</p>
<p><img src="1-2.jpg"/></p>
<p>HTML5火了。近两年，浏览器厂商们纷纷宣布支持HTML5，开发商们纷纷宣布转用HTML5开发产品，HTML5游戏厂商、HTML5游戏引擎提供商们也纷纷获得了至少千万级别的融资。</p>
```

<img src="1－2. jpg"/>：

img 是图片标签，src 属性标记图片的位置和名称；是单标签，使用/>在末尾关闭。预览效果如图 5-17 所示。

图 5-17

第五步，在 head 部分添加 CSS，如图 5-18 所示。

```
<head> ❶
<meta charset="utf-8">
<title>HTML5的崛起之路</title>
<style type="text/css">
<!--设置div 层的宽度为800像素，并且居中-->
.news-text{
    width:800px;
    margin:auto;}
<!--设置标题显示下边框：实线 1像素宽   颜色为#CCCCCC-->
h1{
    border-bottom:solid 1px #CCCCCC;}

<!--设置段落首行缩进两个字长-->
p{
    text-index:2em;}

</style>
</head>
```
❷

图 5-18

层叠样式表(Cascading Style Sheets，CSS)，用来进行网页风格设计的。比如，设置段落字体颜色是蓝色，段落背景是红色，这就是一种样式。通过设立样式表，可以统一地控制 HTML 中各标签的显示属性。CSS 规则由两个主要的部分构成：选择器，以及一条或多条声明，如图 5-19 所示。

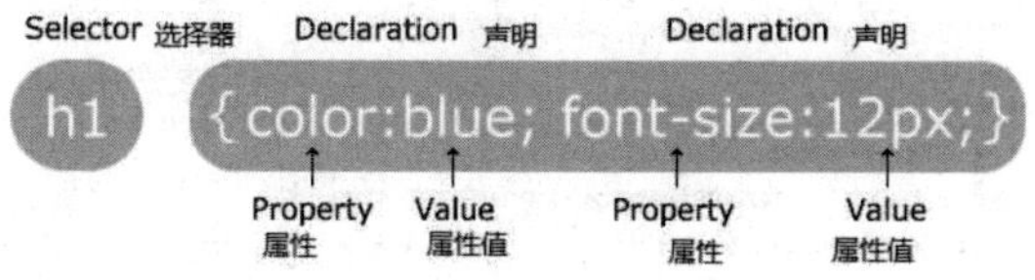

图 5-19

选择器的语法：

HTML 元素直接写，譬如上图中的 h1，表示标题 1。

以 id 属性来设置 id 选择器，CSS 中 id 选择器以"#"来定义。

class 选择器用于描述一组元素的样式，class 可以在多个元素中使用。class 选择器在 HTML 中以 class 属性表示，在 CSS 中，类选择器以一个点“.”号显示，如“.news-text”。

第六步，为 h1 下的 p 标签添加 style 属性，来修改版面效果：

设置时间、来源段落为灰色；设置图片居中。如图 5-20 所示。

```
<body>
<!--添加div标签，div称为层，通常用来做网页布局的容器-->
<div class="news-text">
  <!--修改段落为h1，即标题1-->
  <h1>HTML5的崛起之路 - 不只是励志剧 还是宫斗剧</h1>

  <p style="color:#CCC">2015-07-20 11:52:38 来源: cnbeta网站</p>
```

图 5-20

添加属性是网络编辑修改版面常用的方法。style 属性可以设置 CSS 参数。如上图，设置 color 颜色属性为#CCC。

接着我们为 img 图片所在的 p 段落，添加“文本对齐：居中”的属性，使图片居中。

如图 5-21 所示。

```
<p style="text-align:center"><img src="1-2.jpg"/></p>
```

图 5-21

第五步，在浏览器中预览效果，如图 5-22 所示。

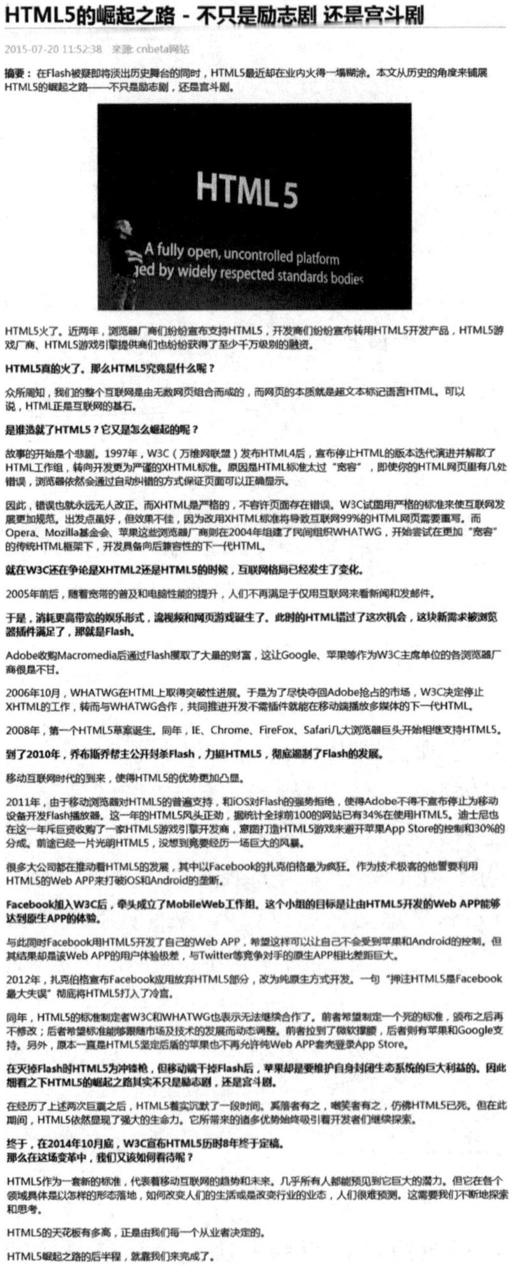

HTML5的崛起之路 - 不只是励志剧 还是宫斗剧

2015-07-20 11:52:38 来源: cnbeta网站

摘要：在Flash被疑即将淡出历史舞台的同时，HTML5最近却在业内火得一塌糊涂。本文从历史的角度来铺展HTML5的崛起之路——不只是励志剧，还是宫斗剧。

HTML5火了。近两年，浏览器厂商们纷纷宣布支持HTML5，开发商们纷纷宣布转用HTML5开发产品，HTML5游戏厂商、HTML5游戏引擎提供商们也纷纷获得了至少千万级别的融资。

HTML5真的火了。那么HTML5究竟是什么呢？

众所周知，我们的整个互联网是由无数网页组合而成的，而网页的本质就是超文本标记语言HTML。可以说，HTML正是互联网的基石。

是谁造就了HTML5？它又是怎么崛起的呢？

故事的开始是个悲剧。1997年，W3C（万维网联盟）发布HTML4后，宣布停止HTML的版本迭代演进并解散了HTML工作组，转向开发更为严谨的XHTML标准。原因是HTML标准太过“宽容”，即使你的HTML网页里有几处错误，浏览器依然会通过自动纠错的方式保证页面可以正确显示。

因此，错误也就永远无人改正。而XHTML是严格的，不容许页面存在错误。W3C试图用严格的标准来使互联网发展更加规范。出发点虽好，但效果不佳，因为改用XHTML标准将导致互联网99%的HTML网页需要重写。而Opera、Mozilla基金会、苹果这些浏览器厂商则在2004年组建了民间组织WHATWG，开始尝试在更加“宽容”的传统HTML框架下，开发具备向后兼容性的下一代HTML。

就在W3C还在争论是XHTML2还是HTML5的时候，互联网格局已经发生了变化。

2005年前后，随着宽带的普及和电脑性能的提升，人们不再满足于仅用互联网来看新闻和发邮件。

于是，消耗更高带宽的娱乐形式，流视频和网页游戏诞生了。此时的HTML错过了这次机会，这块新需求被浏览器插件满足了，那就是Flash。

Adobe收购Macromedia后通过Flash攫取了大量的财富，这让Google、苹果等作为W3C主席单位的各浏览器厂商很是不甘。

2006年10月，WHATWG在HTML上取得突破性进展。于是为了尽快夺回Adobe抢占的市场，W3C决定停止XHTML的工作，转而与WHATWG合作，共同推进开发不需插件就能在移动端播放多媒体的下一代HTML。

2008年，第一个HTML5草案诞生。同年，IE、Chrome、FireFox、Safari几大浏览器巨头开始相继支持HTML5。

到了2010年，乔布斯乔帮主公开封杀Flash，力挺HTML5，彻底遏制了Flash的发展。

移动互联网时代的到来，使得HTML5的优势更加凸显。

2011年，由于移动浏览器对HTML5的普遍支持，和iOS对Flash的强势拒绝，使得Adobe不得不宣布停止为移动设备开发Flash播放器。这一年的HTML5风头正劲，据统计全球前100的网站已有34%在使用HTML5。迪士尼也在这一年斥巨资收购了一家HTML5游戏引擎开发商，意图打造HTML5游戏来避开苹果App Store的控制和30%的分成。前途已经一片光明HTML5，没想到竟要经历一场巨大的风暴。

很多大公司都在推动着HTML5的发展，其中以Facebook的扎克伯格最为疯狂。作为技术极客的他誓要利用HTML5的Web APP来打破iOS和Android的垄断。

Facebook加入W3C后，牵头成立了MobileWeb工作组。这个小组的目标是让由HTML5开发的Web APP能够达到原生APP的体验。

与此同时Facebook用HTML5开发了自己的Web APP，希望这样可以让自己不会受到苹果和Android的控制。但其结果却是该Web APP的用户体验极差，与Twitter等竞争对手的原生APP相比差距巨大。

2012年，扎克伯格宣布Facebook应用放弃HTML5部分，改为纯原生方式开发。一句“押注HTML5是Facebook最大失误”彻底将HTML5打入了冷宫。

同年，HTML5的标准制定者W3C和WHATWG也表示无法继续合作了。前者希望制定一个死的标准，颁布之后再不修改；后者希望标准能够跟随市场及技术的发展而动态调整。前者拉到了微软撑腰，后者则有苹果和Google支持。另外，原本一直是HTML5坚定后盾的苹果也不再允许纯Web APP套壳登录App Store。

在灭掉Flash时HTML5为冲锋枪，但移动端干掉Flash后，苹果却是要维护自身封闭生态系统的巨大利益的。因此细看之下HTML5的崛起之路其实不只是励志剧，还是宫斗剧。

在经历了上述两次巨震之后，HTML5着实沉默了一段时间。奚落者有之，嘲笑者有之，仿佛HTML5已死。但在此期间，HTML5依然显现了强大的生命力。它所带来的诸多优势始终吸引着开发者们继续探索。

终于，在2014年10月底，W3C宣布HTML5历时8年终于定稿。
那么在这场变革中，我们又该如何看待呢？

HTML5作为一套新的标准，代表着移动互联网的趋势和未来。几乎所有人都能预见到它巨大的潜力。但它在各个领域具体是以怎样的形态落地，如何改变人们的生活或是改变行业的业态，人们很难预测。这需要我们不断地探索和思考。

HTML5的天花板有多高，正是由我们每一个从业者决定的。

HTML5崛起之路的后半程，就靠我们来完成了。

图 5-22

本次练习中，列出了网络编辑在实际操作过程中最常遇到的一些操作，涉及的概念和代码较多。但由于 HTML 和 CSS 内容太丰富，更多内容可以查询 HTML5 手册和 CSS3 手册。

三、任务检验

任务完成后，各小组展示成果，先由本小组自我总结评价，然后其他小组给予评价，老师点评，再由小组进行改进，最后由教师根据改进后的成果，征求其他小组意见，给出最后得分。评价时可对照推荐结果样式(参见预览效果图)。

任务检验评价表

评价内容	评价标准	配分	自评	互评	教师评价	改进	改进后得分
网页能否实现	结果正确，制作过程出错少。	20					
正确修改标题	h1 标签	10					
正确添加标签	b 标签 strong 标签	20					
正确添加属性	style 属性、text－align 属性	20					
网页排版美观度	CSS 正确添加	30					
总分							

第三部分

搭建新闻发布系统

一、静态网站与动态网站

网站基本上分为两种，动态和静态两种。

纯粹由 html 页面构成的网站，被称为静态网站。

动态网站(Dynamic Website)是相对静态网站而言，并不是指具有动画功能的网站，而是指使用了数据库，网站内容可以动态变更的网站。网页一般是以 asp，jsp，php，aspx 等结束，而静态网页一般是 htm、html 结尾。

目前大多数网站采用的都是动态网站技术，可以实现动态会员登录、发布信息的功能，而静态网站一般只提供信息浏览的功能。

之前我们的网页练习，主要是静态的页面，而在实际的网络编辑操作过程中，新闻发布系统一般是一个动态网站。我们使用的网站编辑系统一般是使用动态网站的后台来添加发布文章。接下来，我们将尝试在本地搭建服务器与内容管理系统(CMS)。

CMS：CMS 是 Content Management System 的缩写，意为“内容管理系统”，它具有许多基于模板的优秀设计，可以加快网站开发的速度和减少开发的成本。CMS 的功能并不只限于文本处理，它也可以处理图片、Flash 动画、声像流、图像甚至电子邮件档案。简单的说，CMS 是一套提供内容管理(文章、图片、音频、视频等)功能的网站程序。

二、架设本地服务器

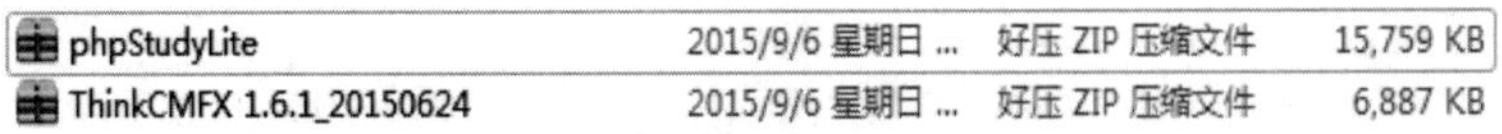

图 5-23

phpStudy 程序，集成最新的 PHP 调试环境，一次性安装，无须配置即可使用，是非常方便、好用的本地服务器搭建程序，主要包括网页服务器 Apache 和数据库服务器 MySQL。

phpStudyLite 是 phpStudy 的新手版本，简单解压即可使用。

①下载地址：phpstudy. php. cn；

②ThinkCMF 是一款开源的中文内容管理系统，下载地址：www. thinkcmf. com。

名词解释：

PHP，是英文超文本预处理语言 Hypertext Preprocessor 的缩写。PHP 是一种 HTML 内嵌式的语言，是一种在服务器端执行的嵌入 HTML 文档的脚本语言。PHP

和数据库链接，可以产生动态网站程序。

Apache 是流行的 Web 服务器软件。它可以运行在几乎所有广泛使用的计算机平台上，由于其跨平台和安全性被广泛使用。

MySQL 是一个开放源码的关联式数据库管理系统。原开发者为瑞典的 MySQL AB 公司，该公司在 2008 年被升阳微系统(Sun Microsystems)收购。甲骨文公司(Oracle)2009 年收购升阳微系统公司，MySQL 成为 Oracle 旗下产品。MySQL 被广泛地应用在 Internet 上的中小型网站中。由于其体积小、速度快、总体拥有成本低，尤其是开放源码这一特点，许多中小型网站为了降低网站总体拥有成本而选择了 MySQL 作为网站数据库。MySQL 所使用的 SQL 语言是用于访问数据库的最常用标准化语言。

接下来我们尝试安装 phpStudyLite，过程非常简单。

第一步，双击压缩文件“phpStudyLite”，在弹出窗口双击“phpStydyLite. exe”。

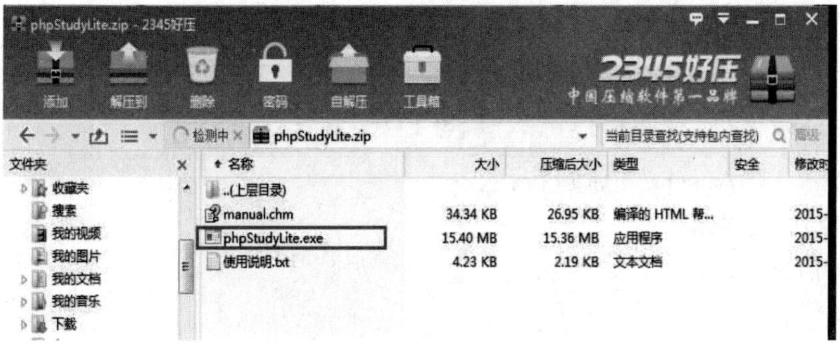

图 5-24

第二步，选择解压的文件夹，即是 phpStudy 的安装目录。

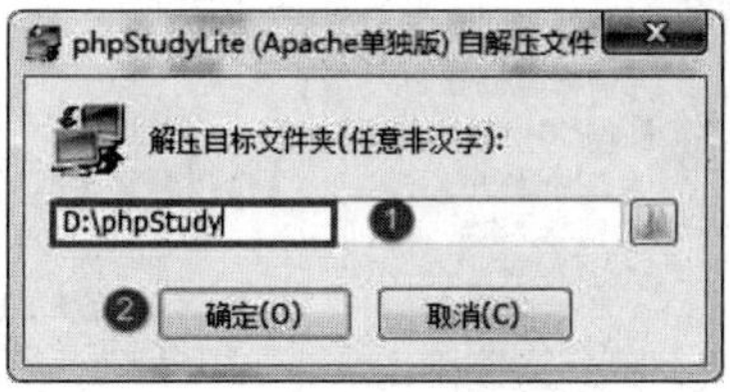

图 5-25

等待解压安装后，在出现的对话框中单击“是”。

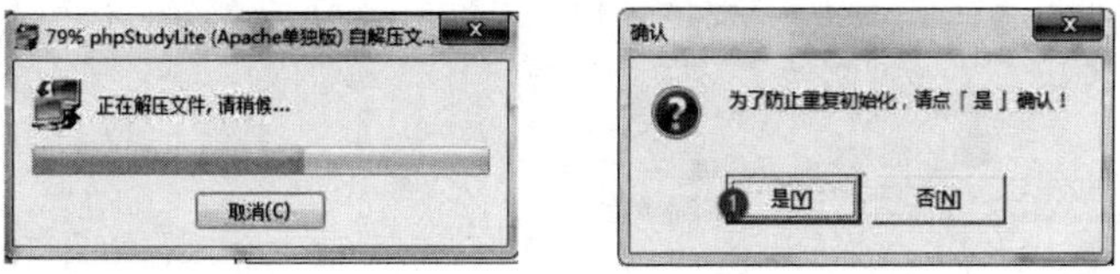

①单击“是”

图 5-26

完成后，出现程序运行界面如图 5-27 所示。

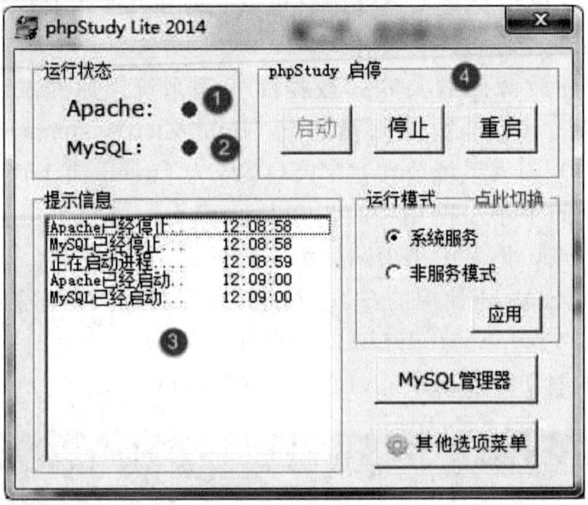

图 5-27

绿灯表示：①Apache 正常运行；

②MySQL 正常运行；

③提示信息窗口；

④启动停止窗口。

第三步，查看服务器程序运行状态。

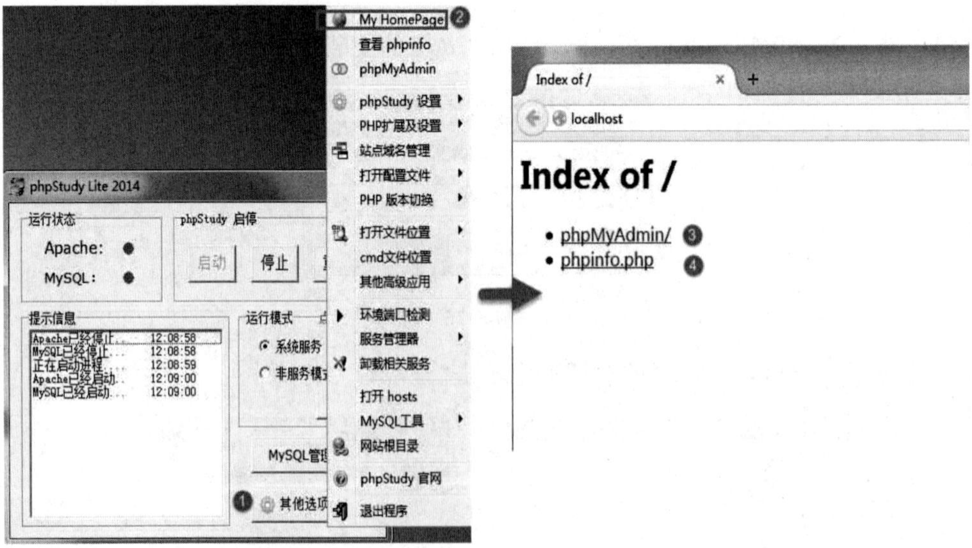

图 5-28

①单击“其他选项”按键；

②单击“MyHomePage”；

③“phpMyAdmin”可以登录管理 MySQL；

④“phpinfo. php”可以查看器 PHP 服务信息。

至此，PHP 本地服务器环境安装完成。

三、安装网站

第一步，打开网站根目录。

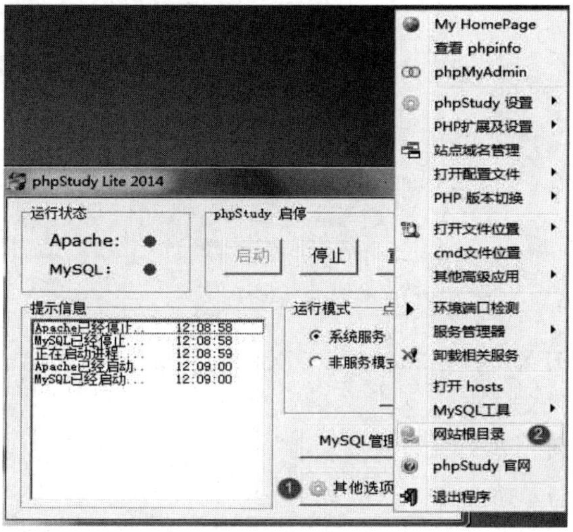

图 5-29

第二步，创建新闻发布系统的站点文件夹。

在文件夹中创建一个文件夹，命名为“news”。

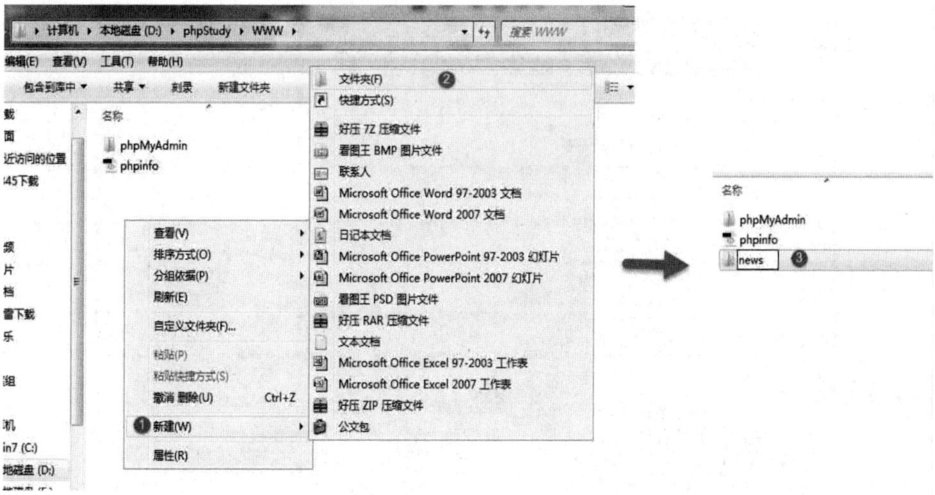

图 5-30

解压缩网站程序到 news 文件夹。

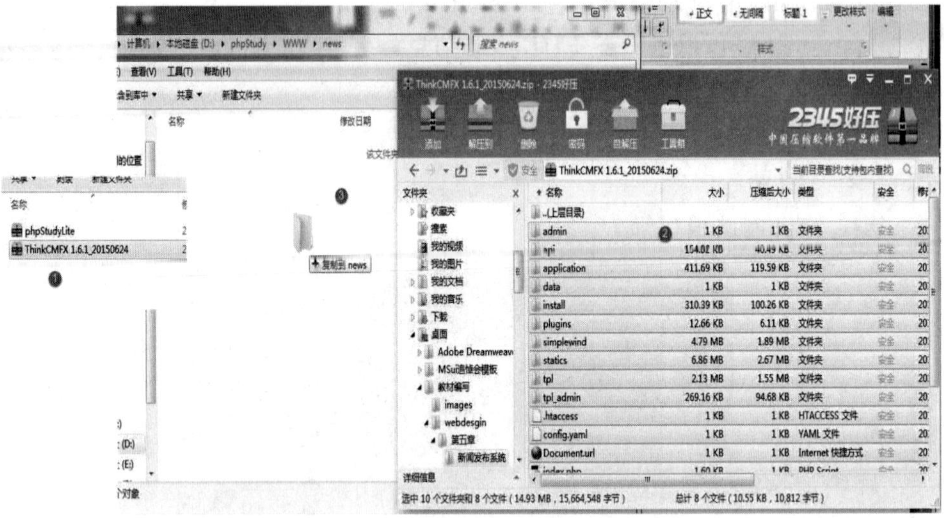

图 5-31

①双击“ThinkCMFX1.6.1_20150624”压缩文件；

②选中所有文件和文件夹；

③鼠标单击拖放到“news”文件夹。

第三步，安装网站系统。

打开浏览器，访问“127.0.0.1/news/install”将看到下面的界面：

注：在安装网站程序前，确保服务器已经正常运行，参看图 5-27。

图 5-32

接收协议后会出现环境监测界面，确保你所看到的所有的勾都是绿色的，然后单击下一步。

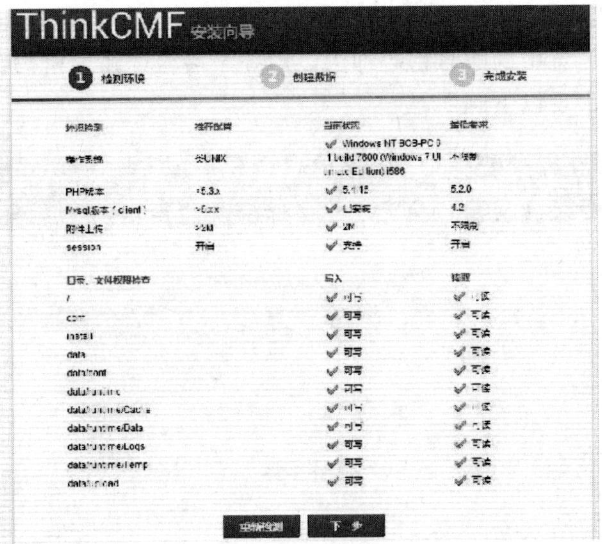

图 5-33

根据提示输入相应信息。

图 5-34

①数据库信息：一般不修改，数据库密码为 root；
②网站配置：可以填写自己的网站配置信息；
③创始人信息：填写管理员的相关信息，E-mail 请填写自己的邮箱。
其中，创始人信息中的账号密码即为以后登录后台的账号密码。
安装完成后，出现以下画面。

图 5-35

第四步，访问网站系统。
在浏览器输入“127.0.0.1/news”，出现以下画面。

图 5-36

至此，新闻发布系统安装完成。

四、使用新闻发布系统，发布新闻稿件

第一步，登录后台。
打开浏览器，访问“127.0.0.1/news/admin”将看到下面的界面。

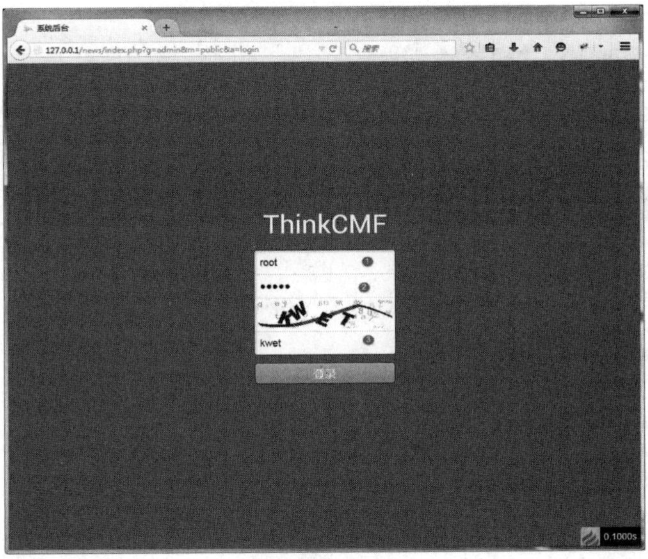

图 5-37

①用户名：admin；

②密码：admin；

③输入验证码。

登录后进入后台首页，如图 5-38 所示。

图 5-38

第二步，添加一个“新闻中心栏目”。

先添加一个“新闻中心”的文章分类。

图 5-39

完成后，多出一个文章分类，ID 为 3。

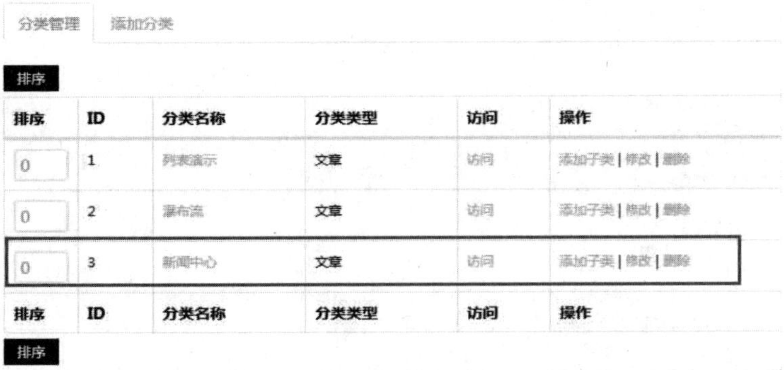

图 5-40

接着，添加一个新闻中心的首页导航。

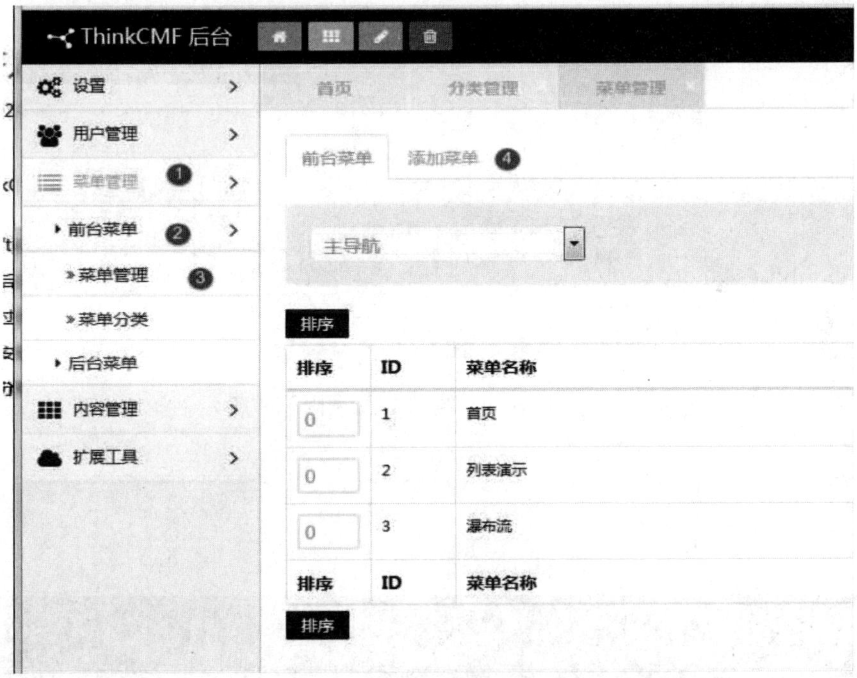

图 5-41

完成后，进入“添加菜单”页面，见图 5-42 所示。

图 5-42

刷新首页，会发现多一个“新闻中心”栏目，如图 5-43 所示。

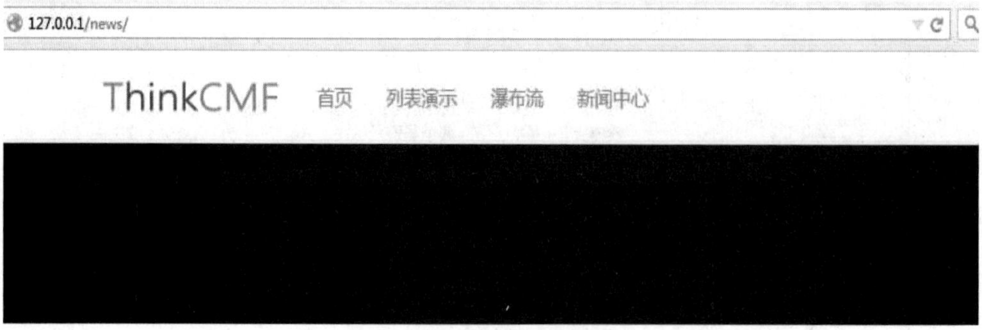

图 5-43

第三步，发布新闻稿件“HTML5 崛起之路”。

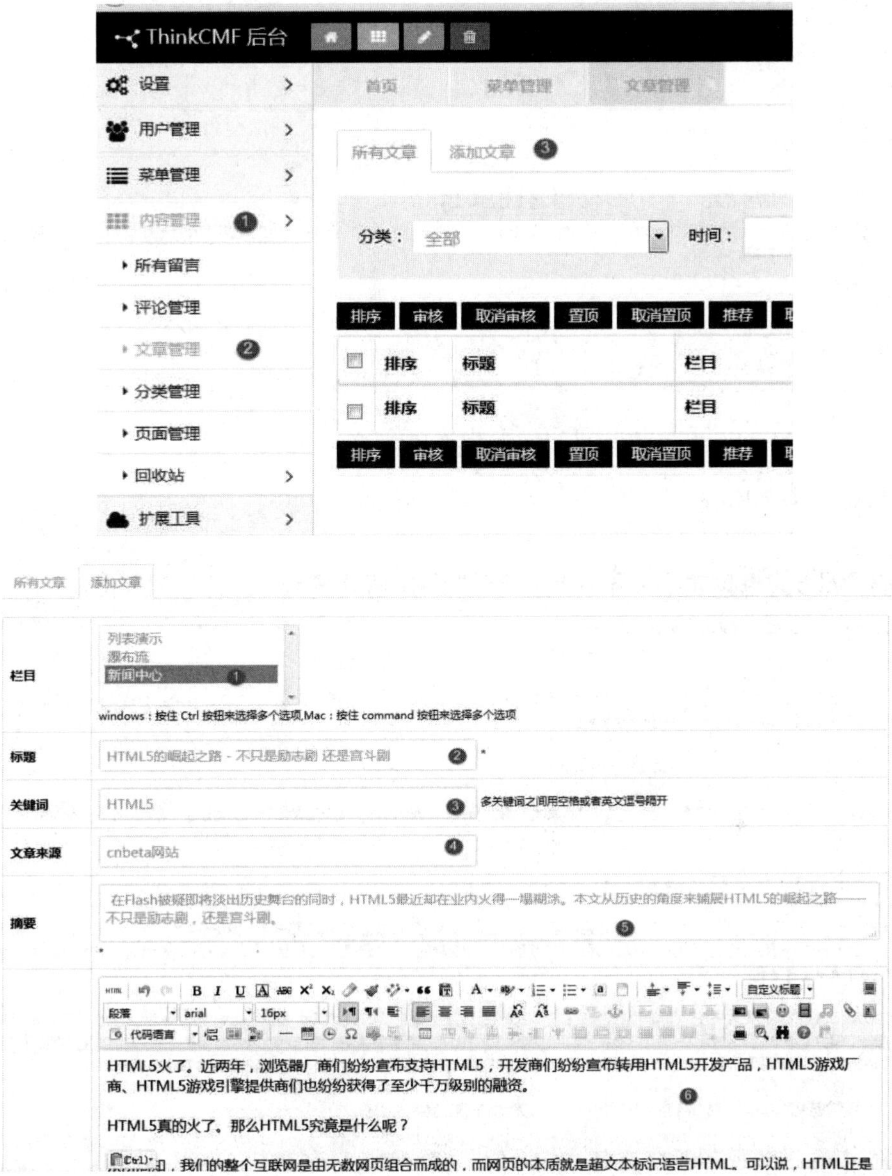

图 5-44

完成后单击提交，在浏览器中访问网站“新闻中心”栏目，可以看见新闻已经发布，如图 5-45 所示。

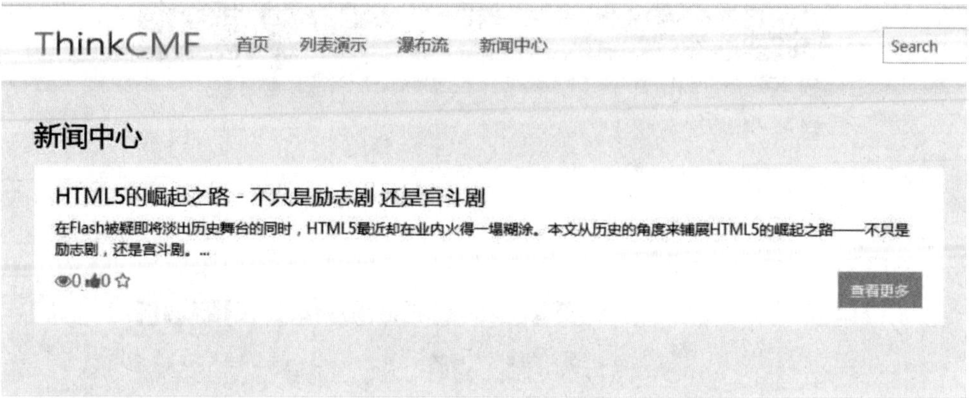

图 5-45

单击可以浏览内容。

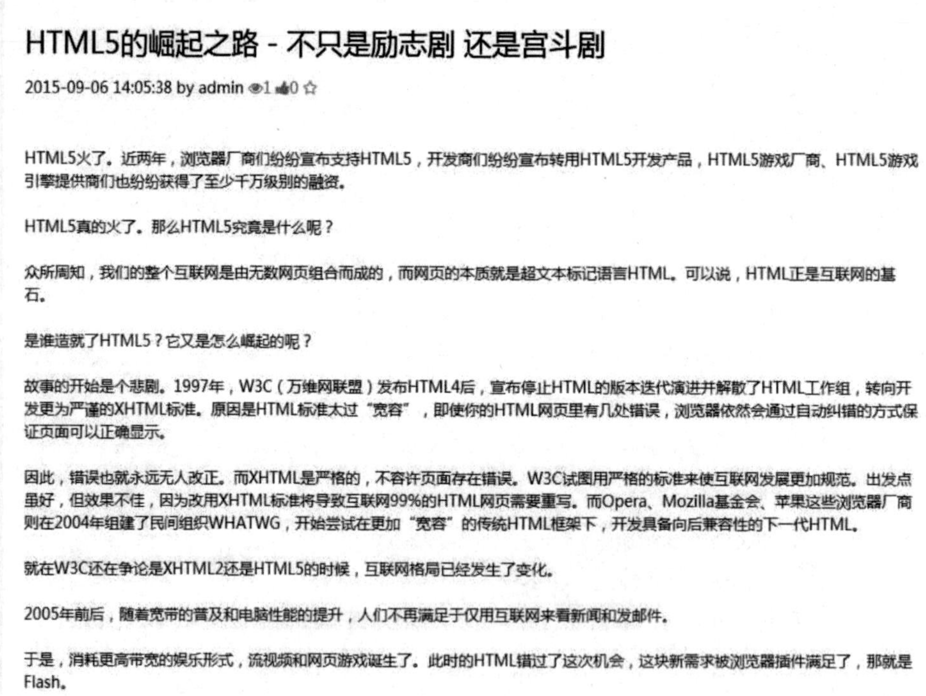

HTML5的崛起之路 - 不只是励志剧 还是宫斗剧

2015-09-06 14:05:38 by admin 1 0

HTML5火了。近两年，浏览器厂商们纷纷宣布支持HTML5，开发商们纷纷宣布转用HTML5开发产品，HTML5游戏厂商、HTML5游戏引擎提供商们也纷纷获得了至少千万级别的融资。

HTML5真的火了。那么HTML5究竟是什么呢？

众所周知，我们的整个互联网是由无数网页组合而成的，而网页的本质就是超文本标记语言HTML。可以说，HTML正是互联网的基石。

是谁造就了HTML5？它又是怎么崛起的呢？

故事的开始是个悲剧。1997年，W3C（万维网联盟）发布HTML4后，宣布停止HTML的版本迭代演进并解散了HTML工作组，转向开发更为严谨的XHTML标准。原因是HTML标准太过“宽容”，即使你的HTML网页里有几处错误，浏览器依然会通过自动纠错的方式保证页面可以正确显示。

因此，错误也就永远无人改正。而XHTML是严格的，不容许页面存在错误。W3C试图用严格的标准来使互联网发展更加规范。出发点虽好，但效果不佳，因为改用XHTML标准将导致互联网99%的HTML网页需要重写。而Opera、Mozilla基金会、苹果这些浏览器厂商则在2004年组建了民间组织WHATWG，开始尝试在更加“宽容”的传统HTML框架下，开发具备向后兼容性的下一代HTML。

就在W3C还在争论是XHTML2还是HTML5的时候，互联网格局已经发生了变化。

2005年前后，随着宽带的普及和电脑性能的提升，人们不再满足于仅用互联网来看新闻和发邮件。

于是，消耗更高带宽的娱乐形式，流视频和网页游戏诞生了。此时的HTML错过了这次机会，这块新需求被浏览器插件满足了，那就是Flash。

图 5-46

第四部分

发布新闻稿件

时间安排表

课时	工作安排	教师活动	备注
0.5	小组为单位，下发任务，解读任务	组内讨论	
0.5	任务计划	讲解任务、知识点	
1	编辑加工文稿	讲解示例，检查文稿	
2	使用新闻系统发布稿件	讲解示范，巡回辅导机房完成	
2	小组展示成果，自评互评，老师评价	组织展示评价活动，详解 html＋css 在发布系统中的使用	

一、任务描述

通过网络，搜索一篇关于网络编辑的技术性文章，使用新闻发布系统发布在新栏目“科技前沿”，并使用内容编辑器，对新闻稿件进行排版加工。

二、任务计划

结合之前学习的知识，我们可以通过以下几个步骤来完成任务目标：

1. 添加“科技前沿”栏目。
2. 在文章管理中添加文章。
3. 使用内容编辑器对文章进行加工排版。
4. 使用浏览器预览效果。
5. 通过文章管理，进一步修改新闻。
6. 重复步骤 4、5，流程结束。

由小组讨论每一步的具体做法，整理出一份任务实施的计划书。

____

____

____

自行阅读以下的学习材料，尝试学习材料中介绍的各种操作，归纳要点，讨论学习材料对完成任务有哪些帮助？

____

____

____

在后面完成任务时可回头再查阅知识点和操作方法。

◈学习资料：

1. 使用内容编辑器修改文稿

如何修改已发布的新闻稿：

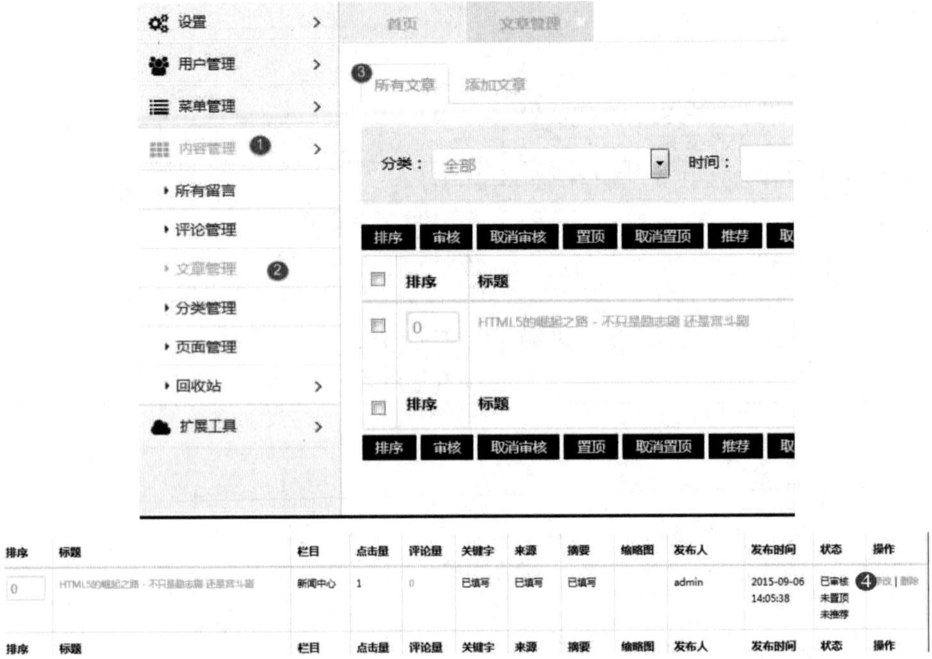

①内容管理 ②文章管理 ③所有文章 ④修改

单击"修改"后进入文章编辑界面，见下图：

①栏目 ②标题 ③关键词 ④文章来源 ⑤摘要 ⑥内容编辑器
⑦缩略图 ⑧评论管理 ⑨状态管理

对比之前的效果，我们使用内容编辑器来对文章进行修改和排版。

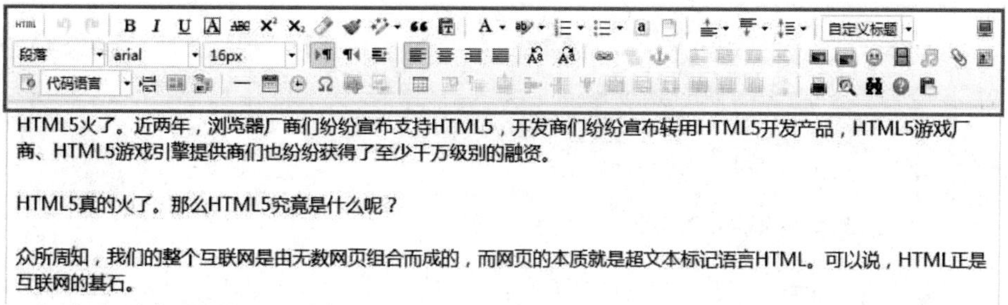

在内容编辑器的工具栏，包含很多和Word类似的排版功能，这里我们介绍几个独有的功能：

(1)自动排版。

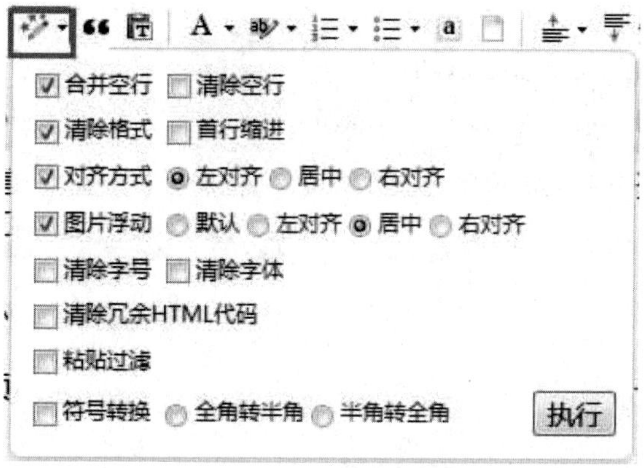

设置好参数后，单击执行，能够自动进行排版。

(2)百度地图，在菜单栏的最右侧。

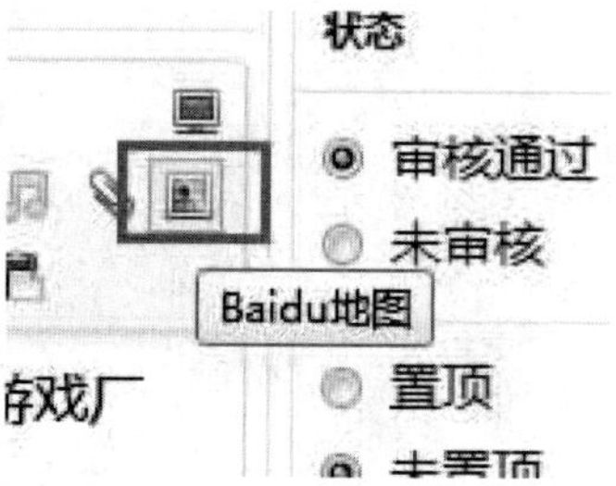

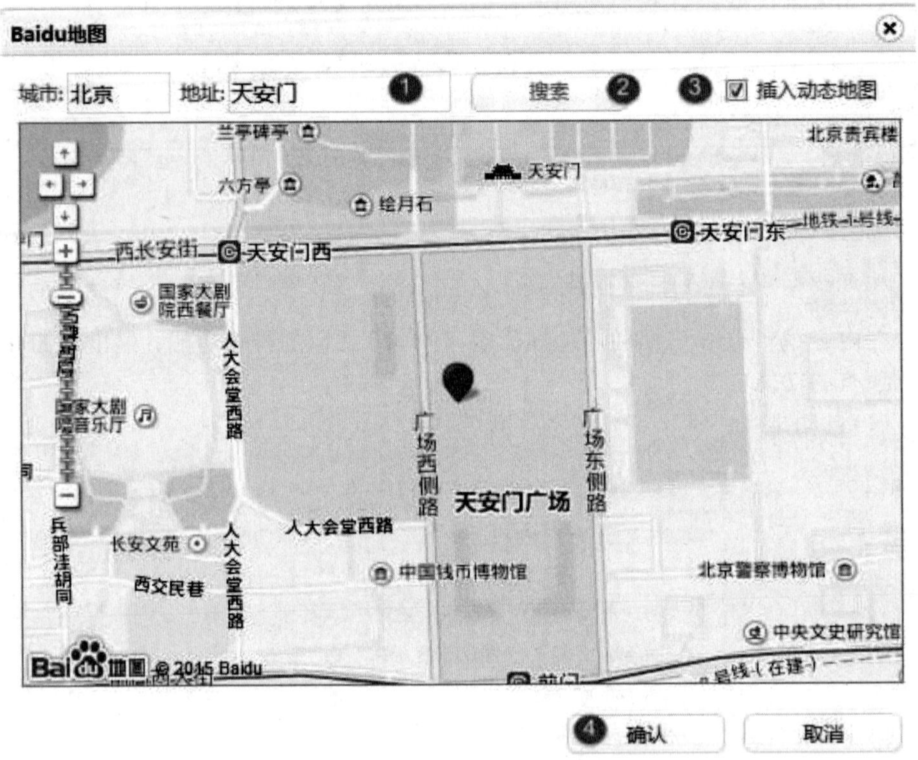

①输入地址　②搜索　③勾选“插入动态地图”　④确认

提交文章后，可在网页中浏览效果。

(3)代码语言。

使用代码语言来给文章中的代码设置不同的格式，使其区分于普通文本。

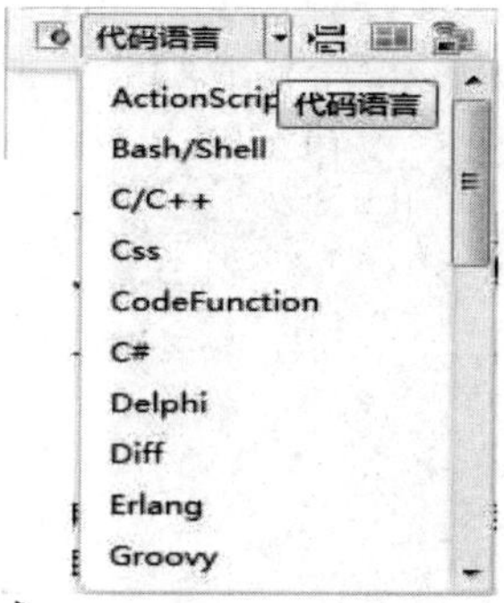

如，设置文本为CSS格式：

```
h1{color:#ccc;line-height:2rem;}
```

(4)插入图片。

光标放置适当位置，然后单击图片或者多图上传。

在弹出窗口中选择图片，确定。

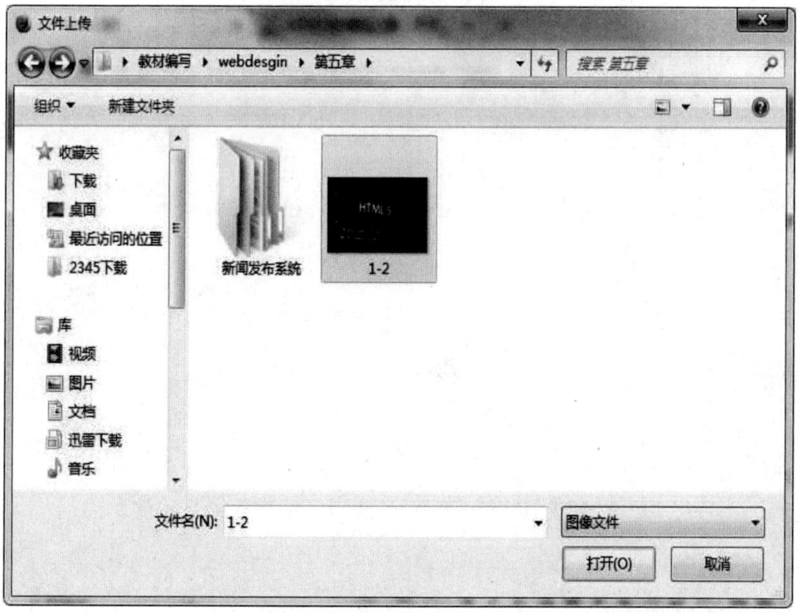

效果如图：

注：使用内容编辑器，按照之前效果，为“HTML5 崛起之路”新闻稿件排版。

2. HTML 在内容编辑器中的使用

内容编辑器支持 HTML 源代码视图。

在编辑排版稿件过程中，有时候内容编辑器工具无法达到目标效果、或者效果不理想，此时我们可以使用 HTML 源代码视图。

使用工具栏才添加一个超链接。单击超链接工具，见下图：

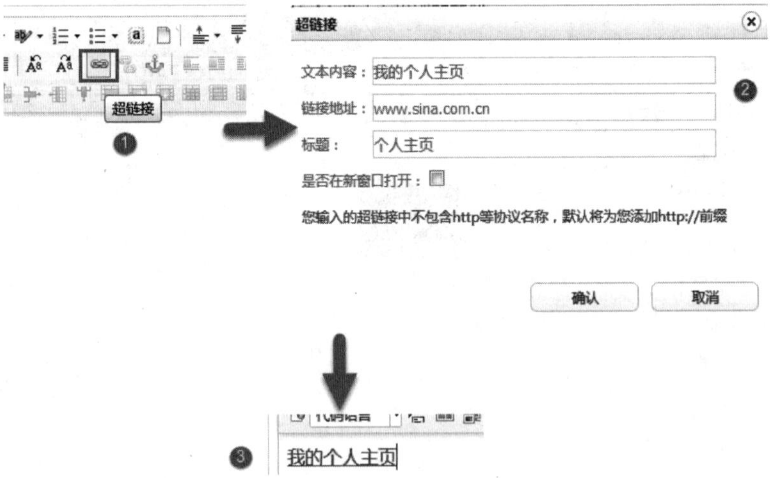

①“超链接”工具 ②“超链接”窗口 ③编辑器显示效果

提交文章后，在网站我们可以看到超链接，单击会打开。（注意：要单击“提交”）

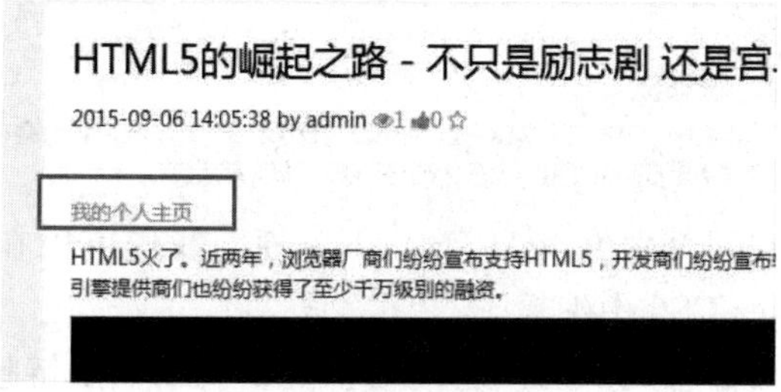

单击会打开新浪。

现在我们要修改超链接，成为手机链接号码，当用户使用手机访问时，可以直接单击链接拨号，此时我们使用 HTML 源代码视图。

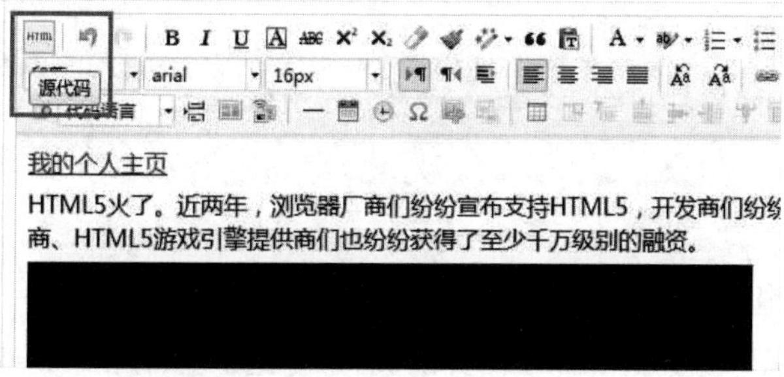

单击切换视图后，如下图所示：

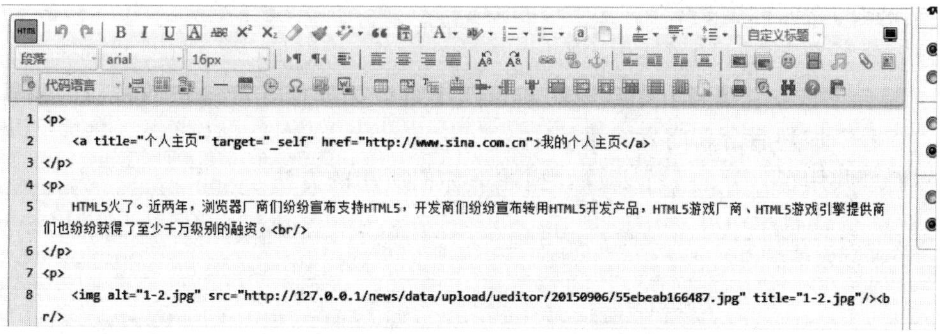

工具栏变成灰色，此时我们编辑的是 HTML 代码

按照下图代码，修改〈a〉〈/a〉标签

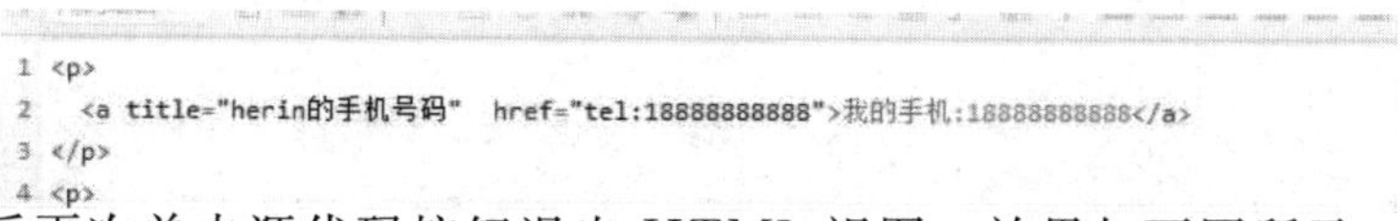

完成后再次单击源代码按钮退出 HTML 视图，效果如下图所示：

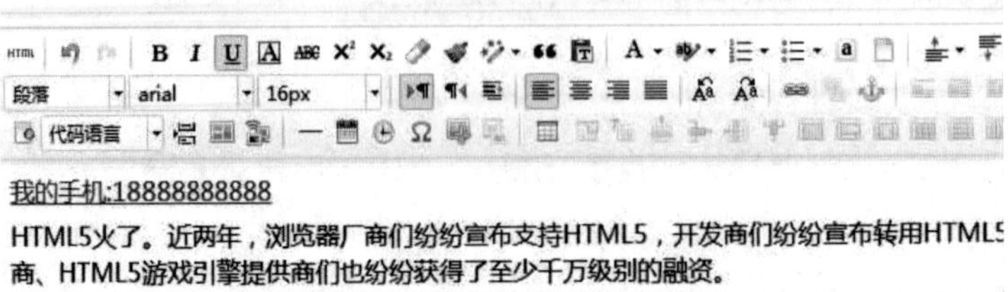

注：如果在网页中编辑 HTML 不方便，我们可以在源代码视图中拷贝代码去 DreamWeaver CS6 中编辑。

提交文章后，当手机用户访问新闻时，可以直接点触链接，拨打手机号码。

三、任务实施

1. 根据任务描述，搜索一篇科技类的新闻，最好包含图片、音频、视频、动画等多种媒体内容，版面格式丰富。

你搜索的新闻标题是____________________________________

包含除了文字之外的媒体内容有______________________________

2. 结合项目一、项目五中学习的知识，小组讨论如何才能最快的将新闻稿件保存下来，然后添加到后台新闻发布系统中。

你们总共用了______个步骤，描述下你们所用的方法__________________

____

____

____。

3. 尝试使用 style 属性美化版面，譬如为文章第一个段落标签添加以下代码，看看效果：

〈p style="background-color:#CCC;border:solid 1px #000;"〉第一段内容〈/p〉

讨论下 style 属性的参数定义了什么样式。

四、任务检验

任务完成后，各小组展示成果，先由本小组自我总结评价，然后其他小组给予评价，老师点评，再由小组进行改进，最后由教师根据改进后的成果，征求其他小组意见，给出最后得分。评价时可对照推荐结果样式(对比网络新闻原稿)。

任务检验评价表

评价内容	评价标准	配分	自评	互评	教师评价	改进	改进后得分
稿件采集	内容符合主题，稿件内容信息可靠	20					
稿件质量	标题突出，内容简练，有创意，符合原稿提供的事实	20					
网页能否实现	结果正确，制作过程出错少	40					
网页排版美观度	对照示例比较优劣	20					
总分							

第五部分

总结和反馈

1. 请一个学习小组总结本项目中遇到的问题和解决的办法。

遇到的问题	解决办法

2. 请学生总结之后完成下表。

HTML 的主要内容	列出你今后需要学习的知识和技能

项目六　获取和筛选网络信息

【学习目标】

知识目标：1. 了解网络信息获取的路径以及方法，并能够认识到网络信息获取的重要性；

2. 领会网络信息获取与筛选的步骤以及关键性信息获取的渠道问题；

3. 理解网络信息获取与筛选的价值和标准，并能够按照信息筛选的原则完成信息筛选。

能力目标：1. 掌握网络信息获取与筛选的基本方法，并可以运用相关的方法进行信息筛选与获取；

2. 掌握网络信息获取与筛选的技巧与原则，最终可以高效的完成信息选取任务；

3. 学会网络信息获取的基本路径，并能够实际性的分辨网络的各种信息问题。

素质目标：1. 能够运用所学的网络信息筛选标准完成信息的筛选任务，并达到信息获取的目的；

2. 在理解网络信息获取与筛选的路径基础上，最终形成对网络信息的取舍观。

第一部分
预备知识

如今在网络信息大数据的时代下，通过网络可以获取到大量的网络信息，对于专业化的编辑来说，怎样高效、快速、又准又稳的获得并筛选网络信息成为了关键的议题。这自然需要编辑掌握一定行之有效的获取并筛选网络信息的方法，了解信息选取的价值标准以及基本原则之后，对信息轻松的获取并筛选。

一、网络信息采集

（一）网络信息资源

1. 网络信息资源含义

网络信息资源是指通过计算机网络可以利用的各种信息资源的总和。具体的说是指所有以电子数据形式把文字、图像、声音、动画等多种形式的信息存储在光、磁等非纸介质的载体中，并通过网络通信、计算机或终端等方式再现出来的资源。

2. 网络信息资源的特点

（1）存储形式数字化，传播效果便捷、迅速

网络信息资源由纸质媒介向电子媒介的转变，使信息的存储、传递、查询更加方便，而且所存储的信息密度高、容量大，可以无损耗地被重复使用。以数字化形式存在的信息，既可以在计算机内高速处理，又可以通过信息网络进行远距离传送，在最大限度上实现了信息传播效果的便捷、迅速。

（2）内容丰富、覆盖面广，表现形式多样化

传统信息资源主要是以文字活数字形式表现出来的信息。而网络信息资源则可以是文本，图像，音频，视频，软件，数据库等多种形式存在的，涉及领域从经济、科研、教育、艺术，到具体的行业和个体，包含的文献类型从电子报刊，电子工具书，商业信息，新闻报道，书目数据库，文献信息索引到统计数据，图表，电子地图等。

（3）以网络为传播媒介，信息共享度高、使用成本低

传统的信息存储载体为纸张，磁带，磁盘，而在网络时代，信息的存在是以网络为载体，以虚拟化的姿势状态展示的，人们得到的是网络上的信息，而不必过问信息是存储在磁盘上还是磁带上的。体系那了网络资源的社会性和共享性。并且大数据时代下信息的共享度再一次提高，一定程度上减低了信息成本，“互联网＋”时代的到来再一次应验了这一点。

（4）数量巨大，增长迅速

CNNIC一年两次发布的《中国互联网络发展状况统计报告》，全面反映和分析了中国互联网络发展状况，以其权威性著称。从本次报告中可以看出，截至2014年12月，我国网民规模达6.49亿，全年共计新增网民3117万人。互联网普及率为47.9%，较

2013 年底提升了 2.1 个百分点；我国 IPv4 地址数量为 3.32 亿，拥有 IPv6 地址 18797 块/32；网站数量达到了 335 万个，年增长 4.6%；“.CN”下网站数为 158 万个；国际出口带宽总量为 4 118 663Mbps，年增长 20.9%。

(5)传播方式的动态性

在当下媒介融合的大环境下，信息的传递和反馈快速灵敏，具有动态性和实时性等特点。信息在网络中的流动性非常迅速，电子流取代纸张和邮政的物流，加上无线电和卫星通信技术的充分运用，上传到网上的任何信息资源，都只需要短短的数秒钟甚至更短时间就能传递到世界各地的每一个角落，正如木心老师在诗歌《从前慢》中写到的一样：从前的日色慢，车、马、邮件都慢；一生只够爱一个人；而今的网络信息资源真正地变成了动态而快速的传播。

(6)信息源复杂，信息质量参差不齐

在如今大数据的时代下，网络信息的共享性与开放性使得人人都可以在互联网上获取和存放信息，由于缺乏严格的网络信息管理机制和网络信息质量监控体系，这些信息没有经过严格编辑和整理，良莠不齐，尤其是很多“标题党”的出现，更使得网络信息向低俗、庸俗、媚俗、恶俗等四俗化发展。各种不良和无用的信息大量充斥在网络上，从而形成了一个纷繁复杂的信息世界，最终给诸多用户在选择信息、利用信息时带来了很多的障碍。

(二)网络信息采集的途径

网络技术和信息技术的迅猛发展，使网络成为世界范围内查寻信息最现代化、应用最广泛的手段和途径。而现实的信息环境是“乱花渐欲迷人眼”。由于网络信息的数量庞大，人们无法对所有的信息进行搜集并对它们逐一进行评价。因此，只有运用有效的途径和工具在无序的海量网络信息中搜集所需的信息，才能真正做到一叶知秋。

1. 搜索引擎

搜索引擎(Search Engine)是一个对互联网信息资源进行搜索整理和分类，并储存在网络数据库中供用户查询的系统。搜索引擎是用于网上信息资源选择的主要工具，按其工作方式可分为：全文搜索引擎和目录索引类搜索引擎。全球排名比较靠前的搜索引擎有谷歌、雅虎、百度等。

垂直搜索是针对某一个行业的专业搜索引擎，是搜索引擎的细分和延伸，是对网页库中的某类专门的信息进行一次整合，定向分字段抽取出需要的数据进行处理后再以某种形式返回给用户。专业性搜索引擎信息相对集中，查找速度快，查准率较高。

在搜索引擎中输入关键词，然后单击“搜索”就行了，系统很快会返回查询结果，这是最简单的查询方法，使用方便，但是查询的结果却不准确，可能包含着许多无用的信息。给要查询的关键词加上双引号(半角，以下要加的其他符号同此)，可以实现精确的查询，这种方法要求查询结果要精确匹配，不包括演变形式。例如在搜索引擎的文字框中输入“电传”，它就会返回网页中有“电传”这个关键字的网址，而不会返回诸如“电话传真”之类网页。

2. 专业网站

一般来说，网站被用户访问的次数越多，说明该网站上的信息越有价值，而一个网站被链接的数量越多，也可以断定该网站的内容比较重要。专业网站或者行业网站(Industry Web)即所谓行业门户，可以理解为“门＋户＋路”三者的。专业门户网站覆盖面广，已经完全涉及农、林、工、商、教育服务等各大类别，形成了一系列有影响的专业门户网站。比如：国内最具商业价值之一的IT专业网站有中关村，中国信息产业网等，门户网站的发展在当今媒介融合时代下有着至关重要的作用。新浪、搜狐等门户网站的崛起掀起媒体行业的第一次变革，而近年来汽车之家、金融界等垂直网站的兴起，对门户网站大而全的模式又形成了直接挑战，因此专业门户网站的发展态势任重而道远。

3. 论坛

论坛(Forum)，简单理解为发帖回帖讨论的平台。是Internet上的一种电子信息服务系统。它提供一块公共电子白板，每个用户都可以在上面书写，可发布信息或提出看法。它是一种交互性强，内容丰富而及时的Internet电子信息服务系统，用户在BBS站点上可以获得各种信息服务、发布信息、进行讨论、聊天等等。关于“论坛”的解释鲁迅先生曾在其著作《华盖集·十四年的“读经”》：“论坛上又很快出现了一些论议。”萧乾《一本褪色的相册·〈鱼饵·论坛·阵地〉》：“对青年作者来说，它毕竟还是块发表作品的园地；对整个文艺界来说，它也不失为一个论坛，一个不容轻易放弃的阵地”。

论坛的发展也如同网络雨后春笋般的出现，并迅速的发展壮大。论坛几乎涵盖了人们生活的各个方面，几乎每一个人都可以找到自己感兴趣或者需要了解的专题性论坛，而各类网站，综合性门户网站或者功能性专题网站也都青睐于开设自己的论坛，以促进网友之间的交流，增加互动性和丰富网站的内容。

论坛就其专业性可分为综合类、专题类两类。

(1)综合类。

综合类的论坛包含的信息比较丰富和广泛，能够吸引几乎全部的网民来到论坛，但是由于广便难于精，所以这类的论坛往往存在着弊端即不能全部做到精细和面面俱到。通常大型的门户网站有足够的人气和凝聚力以及强大的后盾支持能够把门户类网站做到很强大，但是对于小型规模的网络公司，或个人简历的论坛网站，就倾向于选择专题性的论坛，来做到精致。

(2)专题类。

此类论坛是相对于综合类论坛而言，专题类的论坛，能够吸引真正志同道合的人一起来交流探讨，有利于信息的分类整合和搜集，专题性论坛对学术科研教学都起到重要的作用，如购物类论坛、军事类论坛，情感倾诉类论坛，电脑爱好者论坛，动漫论坛，这样的专题性论坛能够在单独的一个领域里进行版块的划分设置，甚至有的论坛，把专题性直接做到最细化，这样往往能够取到更好的效果。

另外目前比较多的论坛多属于交流类型，可以进行互动。大致有以下一些类型。

(1)教学型。

教学型的论坛在当下教育资源发展的大背景下，发展极为迅速，以新东方在线等教学型论坛发展为代表，这类论坛通常如同一些教学类的博客，或者是教学网站，重心放在对一种知识的传授和学习。在计算机软件等技术类的行业，这样的论坛发挥着重要的作用，通过在论坛里浏览帖子，发布帖子能迅速地与很多人在网上进行技术性的沟通和学习，譬如汽车之家的论坛。

(2)推广型。

这类论坛通常不是很受网民的欢迎，因其生来就注定是要作为广告的形式，为某一个企业，或某一种产品进行宣传推广服务，从 2005 年起，这样形式的论坛很快的成立起来，但是往往这样的论坛，很难具有吸引人的性质，单就其宣传推广的性质，很难有大作为，所以这样的论坛寿命经常很短，论坛中的会员也几乎是由受雇佣的人员非自愿的组成。

(3)地方性。

地方性论坛是论坛中娱乐性与互动性最强的论坛之一。

不论是大型论坛中的地方站，还是专业的地方论坛，都有很热烈的网民反响，比如百度、长春贴吧、北京贴吧或者是清华大学论坛、运城论坛、海内网、长沙之家论坛等，地方性论坛能够更大距离的拉近人与人的沟通，另外由于是地方性的论坛，所以对其中的网民也有了一定性的局域限制，论坛中的人或多或少都来自于相同的地方，这样即有那么点点的真实的安全感，也少不了网络特有的朦胧感，所以这样的论坛常常受到网民的欢迎。

交流性的论坛又是一个广泛的大类，这样的论坛重点在于论坛会员之间的交流和互动，所以内容也较丰富多样，有供求信息，交友信息，线上线下活动信息，新闻等，这样的论坛是将来论坛发展的大趋势。国内排名较好的论坛如图 6-1 所示。

图 6-1

4. 网络数据库

网络数据库也叫 Web 数据库。网络数据库具有信息量大、更新快，品种齐全、内容丰富，数据标引深度高、检索功能完善等特点，是经济研究最重要的信息源，也是获取信息的一个有效方式。例如，用于收集商务信息的网络数据库有：万方数据资源系统(http://www.wanfangdata.com.cn/)、中宏数据库(http://www.macrochina.com.cn/)等。

5. 数字图书馆

数字图书馆(Digital Library)是用数字技术处理和存储各种图文并茂文献的图书馆，实质上是一种多媒体制作的分布式信息系统。它把各种不同载体、不同地理位置的信息资源用数字技术存贮，以便于跨越区域、面向对象的网络查询和传播。它涉及信息资源加工、存储、检索、传输和利用的全过程。通俗地说，数字图书馆就是虚拟的、没有围墙的图书馆，是基于网络环境下共建共享的可扩展的知识网络系统，是超大规模的、分布式的、便于使用的、没有时空限制的、可以实现跨库无缝链接与智能检索的知识中心。“数字图书馆”从概念上讲可以理解为两个范畴：数字化图书馆和数字图书馆系统，涉及两个工作内容：

一是将纸质图书转化为电子版的数字图书；

二是电子版图书的存储，交换，流通。

国际上有许多组织为此做出了贡献，国内也有不少单位积极参与到数字图书馆的建设中来。

6. 专题讨论

专题讨论是指专门邀请一部分人员，在一个有经验的主持人引导下，花几个小时讨论一种产品、一项服务、一个组织或其他相关话题的一种调研方法。专题讨论现在越来越成为一种信息获取实用著称的手段，运用专题讨论法，要求专题讨论具有客观性，必须了解所讨论的话题，从而讨论分享，最终获取有用的信息为目标。

7. 邮件列表

邮件列表(Mailing List)的起源可以追溯到1975年，是互联网上最早的社区形式之一，也是Internet上的一种重要工具，用于各种群体之间的信息交流和信息发布。早期的邮件列表是一个小组成员通过电子邮件讨论某一个特定话题，一般称为讨论组，由于早期联网的计算机数量很少，讨论组的参与者也很少，如今的互联网上有数以十万计的讨论组。讨论组很快就发展演变出另一种形式，即有管理者管制的讨论组，也就是现在通常所说的邮件列表，或者叫狭义的邮件列表。

邮件列表有两种基本形式：公告型(邮件列表)：通常由一个管理者向小组中的所有成员发送信息，如电子杂志、新闻邮件等；讨论型(讨论组)：所有的成员都可以向组内的其他成员发送信息，其操作过程简单来说就是发一个邮件到小组的公共电子邮件，通过系统处理后，将这封邮件分发给组内所有成员。邮件列表作为信息获取的一种传统方法也渐演变成信息交流共享的一种捷径。

二、网络信息筛选

(一)网络信息的来源

1. 网站自己采集的信息

从选题到内容的采集、加工都是由网站自己控制，因此质量容易得到保证。网站自己采集信息进行内容原创的方式主要有：

(1)自己网站的编辑队伍对内容进行搜集整理。

(2)特约比较有影响力的评论员在自己网站开设专栏，或者建立一支写作群，负责评论栏目。

(3)组织人员对热点事件追踪报道。

2. 网络自发来稿

网民通过BBS、博客、电子邮件等发布的各类信息，也是网站内容的一个重要资源。

来源于BBS、博客、电子邮件等的信息鱼龙混杂，是需要特别加以注意的一类信息，在处理时要注意以下问题：

(1)按照国家的有关规定，对其内容进行严格审核，不能将国家规定中禁载的内容发布出去。

(2)对信息内容的真实性要加以十分谨慎的审核。

(3)最好能与作者取得联系，以便在必要时找到责任人。

(4)谨慎对待来自 BBS 的稿件，如果需要采用，应该与作者取得联系。

3. 转载国内传统媒体

传统媒体有着较为严格的质量控制体系与手段，因此，通常来自于传统媒体的信息，质量是比较高的。在采用传统媒体信息时，应该遵守国家相关法律或规定，注意不要侵犯对方的知识产权等权利。

国家的新闻管理机构没有给与商业新闻网站进行自主采访的权利，除了一些主流新闻媒体如人民网、新华网、千龙网、东方网等具有采访资格外，像新浪、搜狐等商业性网站都没有采访的权利。因此这些网站需要以正规渠道从传统媒体那里取得新闻稿件。人民网、新华网、千龙网、东方网等主流新闻网络媒体具有独立采访的资格，可以排除自己的记者进行新闻采访、编辑和发布。此种新闻机构包括：通讯社：主要是指新华社的供稿。报社、电台、电视台：这三类传统媒介的稿件是网站新闻的主要来源。

4. 转载其他网站信息

大部分网站除了自己采集信息以外还转载其他网站的信息。

在转载其他网站信息时，应注意以下几个问题：

(1)看信息是否源于该网站。如果该网站也是转发其他网站或媒体的信息，则应该找到信息的源头，这样便于对信息的质量做出判断。

(2)考察该网站是否有登载新闻的资格。如果不具备国家规定的相关资格，应该避免采用其原创性新闻信息。

(3)转载其他网站的信息，应该取得对方的同意，遵守有关规定。

5. 转载国外媒体和网站的信息

国家对于国外媒体来源的信息有比较严格的限制，在《互联网站从事登载新闻业务管理暂行规定》第十四条中明确规定：互联网站链接境外新闻网站，登载境外新闻媒体和互联网站发布的新闻，必须另行报国务院新闻办公室批准。如果网站要采用这类信息，应该严格遵守国家的有关规定。

(二)网络信息筛选的价值标准

大多数网络稿件是以报道新闻或传达信息为目标的，因此，对稿件所涉及的信息的基本价值进行判断，是稿件价值判断的一个重要任务。

1. 网络信息筛选的原则

由于网络是个高度自由的领域，网络资源又没有统一的命名规则，因而给网络资源的识别、组织和整理带来了一定的难度和不便。同时网络信息资源的来源是多元化的，信息质量也各不相同，因此，在选择网络信息资源时应遵循一定的原则：

①计划性原则，即信息的筛选一定是按照既定的计划内容进行初选。

②针对性原则，即在筛选信息时必须要有针对性的去繁从简，针对需要的内容完

成筛选工作。

③科学性原则，即在信息的筛选时应该考虑信息途径以及信息内容的科学性，不应过度的偏离这个原则。

④连续性原则，即在信息获取的过程中注意关注信息本身的连续性、全面性。

⑤预见性原则，即在信息筛选过程中应当有预见性的筛选信息，不能盲目的进行。

2. 网络信息资源筛选的价值标准

由于互联网的开放性，任何一个拥有计算机并能连到互联网上的人都可以建立网站并在上面发布信息，从而使信息的价值判断变得很困难。一般来说，网络信息价值的判断主要包括信息的真实性判断、权威性判断、时效性判断、趣味性判断和覆盖性判断等原则。

(1)信息的真实性判断。

信息的真实性是指信息中涉及的事物是客观存在的，同时信息的各个要素都是真实的。在网络中，不真实信息传播的速度可能快得多，后果可能也要严重得多。

要判断信息的真实性，需要注意以下几个方面：

①查看信息来源。

对于来历不明的信息，无论多么重要，也不能轻易使用。如果信息具有传播价值，就应该首先查明来源，并通过对信息提供者的身份、背景等因素的考察，判断信息是否具有真实性。

②判断信息要素。

判断信息要素是否齐全，如事件发生的时间、地点、人物、原因、过程等。具备这些因素不仅能让读者获得必要的信息量，同时，在必要的时候，也可以用来与事实进行核对。对于信息中的引语、背景资料等也要进行考察，证明其真实性。

③判断信息的准确性。

信息的准确性包括：文字和语言表述正确；能客观、准确地反映事实本身。如今网络中大多数信息还是文字信息，文字信息表述的正确与否，在很大程度上影响着人们对信息的理解和交流，只有客观、准确的信息才能客观、准确地反映事实。

获取准确信息的方法：浏览权威网站；多浏览几个网站，对信息进行综合判断。

(2)信息的权威性判断。

在浩瀚的网络信息海洋中，对于同一个问题，从不同来源获得的信息有时会大相径庭，甚至相互矛盾。这使得人们无所适从，不知道应该相信哪条信息。

保证信息的权威性是保证信息质量的一个重要方面，也是逐步提高网站知名度与影响力的一个重要方面。

判断信息的权威性，需要注意以下几个方面：

①查看信息来源是否具有权威性，考察网页主办者的声誉，网站及其建站机构的权威性与知名度。

一般来说，权威机构或者知名机构发布的信息在质量上比较可靠，尤其是政府机构、著名研究机构或大学发布的文献信息，在可信度上来说是比较好的。

②查看网络文献的作者的个人情况，如作者的声誉与知名度，作者的 E-mail 地址、

电话等。通常某领域的著名专家、学者或者社会知名人士发布的文献信息可信度较高，更能赢得用户的信任。

③对于一些涉及重大问题的研究成果，还要同时考察其研究方法是否科学、研究是否具有代表性、普遍性等，以此判断研究结论是否具有权威性。

一般来说，一个好的网站，其所提供的信息质量是比较高的。好网站的衡量标准包括以下几个方面：

①易用性、稳定性与连续性。

②被访问的次数。

③被其他网站“链接”的数量。

④是否由学科或专业的权威机构所设立。

⑤专门评价网络信息的网站的评价意见。

⑥权威机构公布的上一年度最佳网站等。

(3)信息的时效性判断。

信息的时效性是指信息的新旧程度，即与社会现实、科技前沿的接近程度。在信息社会，由于信息量大，信息更新速度加快，所以信息的时效性逐渐成为人们获取信息时关心的主要问题之一，尤其在新闻和商业活动中，拥有了最新的信息在某种程度上就意味着拥有成功的资本。

信息时效性的重要性，主要表现在它是各种网站之间进行竞争、吸引用户的一个主要手段。如果信息的时效性太差，那么对用户来说，信息的可使用性较差。此外，由于时过境迁，一些信息要素在经过一段时间后，会发生变化，所以有些陈旧的信息其准确性也会受到影响。

在信息时效性的判断方面，要注意以下几种不同的情况：

①信息中涉及的事实本身的发生或变动是突发性的或者跃进性的。对于这类事实，在第一时间里做的报道，就具有很强的时效性。

②事实本身的变化是渐进的，即表现为一个过程，如一个活动的开展，一种现象的发展等。对于这类事实，时效性似乎表现不强烈。但如果能想办法，在事实变动中找到一个最新、最近的时间点，就可以实现时效性。

③有些信息所涉及的事件虽然是过去发生的，但最近才发现或披露出来，那么这类信息可以通过使用“由头”的办法加以弥补，即说明自己得到信息的最新时间、来源。

(4)信息的趣味性判断。

是否具有趣味性也是判断网络信息价值的一个方面。当然，趣味性不是信息价值的一个必要方面。

信息的趣味性可以表现为两种情况：

①信息本身内容轻松有趣，能让人读后心情愉快。按照一般心理，人们喜欢轻松幽默的文字、轶闻趣事，或有关动物、自然的话题。

②趣味性也可表现为它能引发人们的情感，如人的爱憎、喜悦、同情等各种感情。这也被称为人情味。

但是，在提供有关逸闻趣事的报道时，应该注意他们是否符合科学原理，不能仅凭道听途说，传播一些没有根据的小道消息。

另外，重视信息的趣味性，还要防止将趣味性与庸俗性划等号。目前，网络中庸俗信息泛滥的确存在，因为网络是一个相对自由的空间。因此重视信息的趣味性，而又不对此作庸俗的理解，才能提供真正能引发人们轻松情绪、唤起人们美好情感的信息。

(5)信息的接近性判断。

网络信息资源所涵盖的内容是否是群众喜闻乐见的内容；是否针对相关领域或专业；本网页制作的目的是什么，有何针对性，是否面对特定方向的用户；所提供的信息的广度、深度如何；包括哪些网络资源类型，是书目、索引、文摘，还是网络期刊或者网上图书，等等。这些都可作为用户评价和选择网络信息资源的标准，最主要的是可以根据相关用户的需求寻找接近性的信息内容。

(三)网络稿件的分类

网络稿件归类是指根据网站内容属性、受众和其他特征，将网络文稿分门别类地归入既定频道、栏目中，把不同稿件归入不同的栏目，相似稿件归入相同栏目，从而便于读者的阅读和网站的内容管理。

1. 按内容性质进行分类

需要确定文稿的主要内容，可借助文中关键词的力量。“关键词”以名词为主，包括人物、事件、人物所属领域、事件所属领域或所影响的领域等等。要确定关键词，首先应寻找文中多次出现的词。其次，注意文章的题名、摘要、层次标题和正文的重要段落，因为题名、摘要、层次标题和正文的重要段落本身就是经过作者提炼的、隐含着关键的信息。确定关键词以后，还得明确文章的主题。有的文章主题比较隐晦，不易明确，明确主题之后就抓住了稿件的内容性质。

许多网络新闻频道的主要栏目由时政、国际、法治、社会、财经、教育、文娱、体育、汽车、房产及科技等组成。这些均是以内容性质为指标进行栏目划分和稿件归类的，几乎所有的网站都采用这种方式。

2. 按地域进行分类

按照地域进行分类是比较便捷的方式。也是网络文稿归类的一种常用方法。比较通用的有国内、国际之分，国内某省某市之分，此外大多是省会或国内其他名城。文学稿件可分为陕川作家群、齐鲁作家群、湘粤作家群等频道或栏目。比如新华网设有30多个地方频道，包括各省、自治区、直辖市及长三角等频道。地方频道中的稿件大都是由地方媒体或地方频道记者提供的，或是稿件中所涉及的事件发生在该地。按稿件及作者来源，或稿件中所涉及事件发生的地域进行归类也是网络文稿归类的一种常用方法。

3. 按信息形式进行分类

在许多网络门户网站中设有“图片”“图表”“视频”等频道，这是按照信息形式归类。从信息形式看，网站内容分文字、图片、动画、视频、音频、互动等类型。目前看来，文字仍然是网站内容信息的主要形式，视频和图片是辅助性的信息形式。可以把图片、图表、Flash、音视频等形式稿件放入相关的栏目，也可以把它们与文字搭配使用，按内容性质归入不同的栏目中。

4. 按时效性进行分类

按照新闻稿件的五大特性进行信息筛选的同时，也可以通过时效性进行稿件分类。“最新新闻”“滚动新闻”“即时新闻”“最新原创”“最近更新”等栏目都是从时效性角度对网络文稿进行归类。从时效性角度对网络文稿进行归类，充分利用读者对文稿时效性的关注，有效吸引读者注意、扩大传播效果。

比如新华网中的“最新播报”“滚动新闻”“24小时新闻排行”等栏目都是从时效性角度对网络文稿进行归类。这种归类方式充分利用读者对文稿时效性的关注，可以有效地吸引读者注意。

5. 按重要性进行分类

判定稿件重要程度的依据在于信息的价值(时效性、重要性、显著性、接近性、趣味性)。“要闻”“焦点”“专稿”“重点推荐”“精品阅读”等栏目是一些网站对重要新闻稿、文学稿进行推介而专设的。为了突出重要的稿件，新华网设置了“要闻”“本网头条”等栏目，按照稿件的重要程度归类往往用于推介一些重要新闻。频道的先后顺序和栏目的前后排列已隐性地体现稿件的重要程度，单设相关频道或栏目无疑再次提醒受众关注该栏目及内容。

采用时效性和重要性进行稿件的归类时，还应将这些稿件归入其内容性质所属的栏目中。

6. 按体裁形式进行分类

不同的新闻稿件可以按照体裁形式的差异进行分类。比如新华网设有“新华网评”“焦点网谈”等频道，这是按照文稿的体裁进行归类。文字类新闻稿分为消息、通讯、评论、特写等不同体裁，评论类的稿件往往被单独划分为一个栏目，而消息、通讯等则直接归到时政、财经、国际等栏目中。

7. 按受众特征进行分类

在传播理论研究中，最广泛的应是基于对受众传播的研究，自然新闻稿件也可以按照受众的群体、个性特征进行分类，比如在新华网中设有“女性”“华人”等频道，这是按照受众的特征进行栏目划分和稿件归类的。这些栏目直接以目标受众的喜好、需求对栏目进行定位，不同栏目的目标受众非常明确。许多网络教育频道中的“高考”“自考”“考研”“职教”等栏目，既可以看做是按照内容性质划分的，也可以看做是依据受众的不同年龄段和不同关注点而设置的。

8. 按作者进行分类

按照稿件的作者层次、身份等进行稿件分类也是众多门户网站的不二选择，这种分类方式既满足了受众对不同作者个性、不同风格作品的需求。好处在于归类简单易行，编辑省心省力；不足之处在于作者对自己的稿件处置权大，而作者本人喜好与受众喜好不一致，如何对作者写作进行引导成为推广作者，增加网页单击量，扩大网站知名度的首要问题。比如新华网中设有新华社名记者/名编辑专栏，“博客”频道，“博客”频道下又设“高端博客”“媒体记者”“文体明星”等栏目，这是按照稿件的作者进行栏目划分和稿件归类的。按稿件的不同作者对稿件进行归类，可满足受众对不同作者个性、不同风格作品的需求。新华网“新华网评”频道下设有“专栏作者”栏目，也是按照稿件作者进行归类的。

除了上面提到的几种分类方法之外，还可以根据稿件中涉及的主要人物及其代表的社会阶层和群体，从而把文稿归入相应的栏目中。有时网站为了强调其原创性的栏目，会将自己网站独创的内容作为频道或栏目列出来。

稿件分类是多数网络编辑的日常工作之一。稿件分类的方法很多，这里只涉及一些基本的归类方法。在实践中，既可以以某方法为主，把文稿归入最合适的栏目，也可以多种方法并用，把文稿归入不同栏目中。此外，如果一篇稿件放到过多的栏目中，可能会引起读者的不满。因此，当一篇稿件可以归到不同的栏目时，编辑应与相关栏目的编辑进行协商，以便将稿件归入适合的一个或几个栏目中。

第二部分

使用搜索引擎完成信息采集

一、任务描述

根据提供的新闻线索，通过搜索引擎完成信息采集，要求能够通过采集渠道找到同期内的国内外不同的报道，并且能够分角度进行归类。本任务由学生在老师的指导下完成。

时间安排表

课时	工作安排	教师活动	备注
0.5	划分小组，下发任务，解读任务		好的团队是成功的基础
0.5	讲解搜索引擎使用方法	讲解快捷的搜索途径	
1	进行信息归类	讲解示范，巡回辅导	在机房完成
1	小组展示成果，自评、互评、教师评价	组织展示评价活动	

二、任务实施

原稿如下：

人民网北京9月3日电(记者马丽娅)“国家没有忘记那些参加过抗战的老兵，看到他们胸前挂满勋章，接受着孙子辈年轻士兵的致敬和国家领导人的礼遇，我非常感动，通过阅兵式，我也感受到了祖国的强大!”广西崇左市边防支队政治处干事蔡铮感叹道。今日上午，纪念中国人民抗日战争暨世界反法西斯战争胜利70周年阅兵式在北京隆重举行，全国各地群众通过各种方式收看、收听阅兵盛况，见证举世瞩目的历史时刻，他们中有耄耋老人，也有官兵、在校学生等。在采访中，大家直呼“过瘾”“震撼”，纷纷为祖国的强盛点赞。

他们在天安门广场观礼

能在天安门广场零距离观礼相信是许多人梦寐以求的愿望，来自福建的王威、陈建萍就是两名幸运者。作为全国铁路劳模和全国三八红旗手，王威和陈建萍受邀赴京参加中国人民抗日战争暨世界反法西斯战争胜利70周年纪念大会。

“当国歌奏响、国旗升起时，我热泪盈眶；当三军官兵威武雄壮地走来时，我感到前所未有的震撼和力量感。”陈建萍在电话里用有限的言语，表达无限的感慨。让陈建萍印象深刻的还有阅兵中英姿飒爽的女兵方阵，她们是一道亮丽的风景线，柔美刚毅的神态、铿锵有力的脚步无不向大家展示出“妇女撑起半边天”的动人风采。“为女兵点赞!”陈建萍说。

“这是大家对历史敬重的体现。正是有了这些老兵才有了现在的生活，他们用自己的鲜血换来了我们的和平幸福。”王威坦言，看着那一张张饱经沧桑的面庞，看着那一个个略显佝偻的身躯，那些在战场上生死搏斗的画面就像电影一样一幕幕地在脑海中翻涌，“都说男儿有泪不轻弹，可老兵从面前经过的那一刻，我的眼泪都快掉下来了。”王威还对记者说，19年前的国庆那天，他和妻子特意乘坐铁皮火车到北京，连夜赶到了天安门广场“抢占”最佳位置，等着观看升旗仪式。“不曾想19年后我还能受邀到现场观礼，这种感觉太奇妙了。”

全国锁定同一个频道

上午10点不到，重庆解放碑前，众多重庆市民聚集在人民解放纪念碑旁，准备集体观看阅兵式。10点左右，当中华人民共和国国歌在解放碑步行街中心响起时，匆匆的行人们都不约而同地停下脚步，凝视中心的大屏幕，观看正在直播的阅兵式，关注这一历史时刻。

同一时刻，繁华热闹的上海南京路步行街世纪广场前就聚满了游客和市民，这里正在直播的大屏幕让人们纷纷驻足，或站或坐，以饱满的热情全程观看了整个阅兵式。当国歌奏响，全场起立，不少人跟着唱了起来。看到威武雄壮的军人列队接受检阅，来自温州两岁的孙小俊小朋友开心地舞动手中五星红旗，“我们特意带孩子来这里看阅兵直播感受下气氛，觉得非常振奋。”孩子的妈妈告诉记者。“我来上海工作一年了，这次假期比较短来不及回家，就特意赶到这里来看阅兵，人多、热闹。”来自大连的赵先生也举着五星红旗坐在台阶上观看阅兵式。

勋章见证了祖国强大

广州友好老年公寓的广东抗战老兵照护中心，107名80岁以上的老人一起收看了阅兵式电视直播，其中有6名抗战老兵。老人们表示，通过收看此次大阅兵，他们深切感受到国家繁荣富强，也使人们铭记抗战历史，意义深远。“阅兵一次比一次好，展示的武器装备一次比一次高级先进。”今年85岁的老兵莫海滨他表示，印象特别深刻的就是习近平主席宣布的“裁军30万”，这样能够减轻国家负担，有更多力量来发展建设。

来自福建93岁高龄的郭仕雄抗日战争期间参加了八路军，在太行山区坚持游击战。两天前，他刚刚获得了一枚“纪念抗日战争胜利七十周年纪念章”。为了纪念世界反法西斯暨抗战胜利七十周年的纪念日，上午在家观看阅兵式期间，他将这枚珍贵的纪念章以及曾经获得的各种军功章、纪念章都挂在了身上。“这是刚发的抗战七十周年纪念章，这是淮海战役纪念章、渡江战役纪念章、解放福建纪念章、抗美援朝纪念章……”郭仕雄说，这些勋章见证了祖国和军队的强大。

河北平山县平山镇烟堡村抗战老兵谢希贤，今天一早也佩戴上了纪念章，等候在电视机前准备收看阅兵式。当看到一列列整齐的方队在天安门广场上接受党和人民检阅时，他情不自禁地给参加阅兵式的战士敬礼：“没有强大的国防就没有国家的和平发展和人民的幸福生活。我作为抗战老兵，见证了天安门广场阅兵式，是非常骄傲和自豪的。这是一个中华民族扬眉吐气的历史时刻！”

老师学子为祖国祝福

眼下正值全国多所高校组织军训，上午10时，全国多所高校学生们集体收看纪念抗战胜利70周年阅兵式直播，共同上了一堂生动而深刻的爱国主义教育课。图书馆报告厅、多媒体教室、学校食堂等凡是播放大阅兵直播的场地都聚集了大量学生观看。

电视中参加阅兵的军人们英姿飒爽、精神焕发，阅兵的壮观场面让正在接受军训的高校学生们深感折服。广西大学水利水电工程141班的郑杰说："我们军训练习站军姿，跟电视上相比，我们还需要多努力！"国防生庄永海，最期待的是第一个出场的三军仪仗队，"此次阅兵主要就是体现军人的气质，齐步走，正步走。三军仪仗队可能是训练最艰苦的，站步最多的，他们走出来的步伐作为第一个肯定是更加有气势和寓意的。"

"看着官兵们雄赳赳气昂昂的步伐、空中护旗方队、国产现役主战装备等等，我从内心感到振奋和自豪。"江西南昌的李家声是一名年轻的教师，平时非常关注国家大事，这次阅兵让他非常激动，他时常在课堂上教导孩子们，祖国繁荣昌盛，人民才能幸福安康。"我准备在假期结束后，再在课堂上播放大阅兵的视频回顾，加强国防教育，提高学生们的爱国意识！"李老师说。

学生们认真阅读以上原稿，由学生小组在原稿基础上锁定搜索关键词，完成任务。

信息采集思路：

第一步：锁定目标关键词围绕"70周年阅兵"或者"反法西斯战争胜利70周年"。

第二步：将不同网站的新闻报道进行采集，之后完成分类，注意分类的角度、标准。

第三步：将国内外不同网站的新闻报道进行比较，在老师带领下简要分析报道关注的角度问题。

三、任务检验

任务完成后，各小组展示成果，先由本小组自我总结评价，然后其他小组给予评价，老师点评，再由小组进行改进，最后由教师根据改进后的成果，征求其他小组意见，给出最后得分。

任务检验评价表

评价内容	评价标准	配分	自评	互评	教师评价	改进	改进后得分
关键词是否有效	能够快捷、有效的完成搜索	30					
搜索能否实现	结果正确，能较好体现内容	50					
分类是否合理	按照信息采集的原则进行评判	20					
总分							

四、技能与拓展

(一)网络信息筛选的基本方法

筛选信息的方法通常有查重法、时序法、类比法等。

1. 查重法

查重法是筛选信息资料最简便的方法，目的是剔除重复资料，选出有用的信息资料。

2. 时序法

时序法即逐一分析按时间顺序排列的信息资料，在同一时期内，较新的取，较旧的舍弃，这样可能使信息资料在时效上更有价值。

3. 类比法

类比法是将信息资料按空间、地区、产品层次分类对比接近实质的保留，否则舍弃。这种方法需要信息资料收集人员有比较扎实的专业知识，即对自己所熟悉的业务范围，仅凭市场信息资料的题录就可以决定取舍。

注意事项：

(1)注意考察稿件是否具有发表水平

在进行稿件内容的价值判断后，编辑还需要进一步判断稿件是否具备发表水平。

有些稿件的内容是符合传播需要的，但是，由于作者的水平限制，在文字等表现形式方面的质量不够高。编辑也应对此做出基本判断，并采取进一步的处理方式。

判断稿件是否具备发表水平，可以参照以下几个标准：

①对照国家有关新闻出版的质量标准，进行检查；

②根据网站的有关质量标准，进行检查；

③如果是新闻类稿件，还需要根据新闻协作的基本原则与规律来进行审查。

有些稿件虽然有一定问题，但是经过作者的修改或编辑的加工处理后，是可以发表的。而如果稿件原来的基础太差，则可以不予采用。

(2)注意稿件发表的时宜性

有些稿件内容质量上均无大问题，但是，由于国家形势或特殊的环境限制，不适合在当时发表。国家有关部门也会在一定时期向媒体发布一定的规定，指明哪些内容不适合发表。网站编辑应该遵守这些规定。

(二)网络假新闻信息的特征

比尔·科瓦奇和汤姆·罗森斯蒂尔在《新闻的十大基本原则》中提出了新闻业和公众期待的“十大原则”，其中首当其冲的原则就是：新闻工作首先要对真实负责。真实性是媒体从业者的职业底线，也是传媒业的共业。但恰恰是真实性，却成了新闻业的“阿喀琉斯之踵”，它似乎成了新闻行业的宿命。虚假新闻虽然成了过街老鼠，人人喊打，但还是屡禁不绝，有的时候，甚至出现报复性的反弹。总体来看，虚假新闻呈现出如下一些特征：

第一，数量大、种类多。在行业主管部门、新闻媒体、社会公众的高度重视下，中国虚假新闻的泛滥之势得到了一定的遏制，最直观的表现就是相关案例的数量和影响都不及往年。但是很遗憾，历年的虚假新闻似乎出现一种报复性反弹的态势，从年初到年尾，不断有新的案例发生，令人心生目不暇接之感。不仅表现在典型案例的数量巨大，而且表现出的形式也多种多样。

第二，涉及的媒体类型广泛。都市报曾是虚假新闻的多发区。随着互联网的发展，网络媒体则已成为虚假新闻的重灾区。而今年，在为“客里空”亮绿灯的一长串大大小小的媒体名录中，竟多次出现了中央电视台、新华社、中新社这些中央级媒体的名字，还有《南风窗》杂志这样多年拥有良好声誉的媒体跻身其间。此外，随着新的媒体平台的开发，媒体的官方微博、新闻客户端、微信公众账号，也顺理成章地被纳入虚假新闻的研讨范围。有不少起虚假新闻被媒体官微广泛转载，集体沦陷的窘境一再出现。

第三，虚假新闻体现出鲜明的媒体融合特征。有不少起虚假新闻并没有在传统媒体上落地，社交媒体是其重要甚至唯一的传播平台，比如“2014 年放假安排”以及“外国小伙扶摔倒中年女子疑遭讹诈”这两条假新闻，就被传统媒体官微广泛转载。在面对突发、爆炸性新闻时，媒体官方微博已经成为一个“抢发独家新闻”的重要渠道。但是，强调时效性能否成为失实消息传播的理由？当媒体纷纷设立社交媒体编辑岗位打理媒体的官微时，传统媒体时代的核实查证程序、规范和技巧，是否依旧适用于微博、微信？这些新的问题值得进一步讨论思考。因为，如今媒体官方微博、新闻客户端、微信公众账号已经成为重要的新闻推广和发布平台，一旦出现虚假新闻，根本无法与媒体本身切割开来，同样会对媒体的权威性造成伤害。

第四，追究查处的力度有限。在官方通报的数量有限的案例中，有些虚假新闻本身的影响力很小，甚至还不乏存有争议的案例。在历年的虚假新闻中，不乏商业炒作的案例。尤为可耻的是，炒作者往往利用人们的善良，以无良手段，假借新闻形式，达到特定的商业目的。对于这些恶意炮制虚假新闻的炒作者应该如何惩处，可能也需要相关部门充分地重视和考量。另外需要指出的是，随着不同媒体间融合程度的加深，数字化媒体可以轻易地对已经发布的报道进行修改，这就给虚假新闻的辨认和追究带来了新的困难。

第五，虚假新闻背后的社会情绪值得关注。不少虚假新闻的内容本身似乎是为了弘扬正能量或者批判社会丑恶现象的，但由于所报道的内容存在人为设计、主观臆想、商业策划、刻意作秀等问题，最终被拆穿，非但没有弘扬正能量，反而在被拆穿后造成了“负能量”的累积，对社会信任造成更大的伤害。这类“新闻”之所以备受关注，正是因为现实社会缺失了某些东西。但假的终归是假的，这类虚假新闻就提醒我们：看新闻时要摒弃先入为主的刻板成见，越是情绪化的东西越需要冷静的态度。媒体报道时有多少事实就说多少事实，不轻易下结论，更不能抱有炒作之意故意偏离事实。

第六，图片、视频引发大量虚假新闻。每年有不少虚假新闻是以图片或视频形式传播或为事实依据的，突出的一个例子就是某年发生的“外国小伙扶摔倒中年女子疑遭讹诈”一事。拍摄者只是拍到了这样一组照片，对于事件的真相缺乏调查，就想当然地添加了一些文字说明上传到网上。可以预见的是，随着网络用户上传图片、视频内容越来越方便、越来越多，这些 UGC(用户生产内容)因缺乏必要的把关机制将会引发更多的虚假新闻。

第三部分
判断网络稿件的价值并分类

一、任务描述

根据提供的新闻稿件，按照信息筛选的标准与原则完成对新闻稿件信息的价值判断。然后根据所提供的新闻信息稿件，按照网络新闻稿件分类的方法完成分类任务。本任务由学生小组独立完成，任课教师进行总结评价。

时间安排表

课时	工作安排	学生活动	备注
0.5	以小组为单位，接受任务，解读任务	组内讨论	好的团队是成功的基础
0.5	任务计划	组内讨论，分工，学习材料	
0.5	按照信息筛选原则完成任务，按照稿件分类方法完成任务	上机操作，阅读，讨论	在机房完成
0.5	小组展示成果，自评、互评、教师评价	组织展示评价活动	

二、任务实施

1. 对这篇网络稿件进行时效性评析

信息的时效性是指信息的新旧程度，即与社会现实、科技前沿的接近程度。在信息社会，由于信息量大，信息更新速度加快，所以信息的时效性逐渐成为人们获取信息时关心的主要问题之一，尤其在新闻和商业活动中，拥有了最新的信息在某种程度上就意味着拥有成功的资本。

请说明下面的报道是如何体现时效性的。

农业部：2015 年农民收入增幅要保持在 7%以上

中新网 2 月 4 日电　据农业部网站消息，农业部近日发布《关于扎实做好 2015 年农业农村经济工作的意见》(以下简称《意见》)，《意见》明确，2015 年，农业农村经济工作要使粮食产量稳定在 11000 亿斤以上，农民收入增幅保持在 7%以上。

《意见》指出，2015 年，农业农村经济工作要坚持以稳粮增收调结构、提质增效转方式为主线，深化农村改革，加强法治保障，推进科技创新，发展现代农业，千方百计使粮食产量稳定在 11000 亿斤以上、农民收入增幅保持在 7%以上，努力确保不发生重大农产品质量安全事件和区域性重大动物疫情，持续提高农业科技进步贡献率和农业资源利用率，巩固发展农业农村经济好形势，为经济社会发展大局提供有力支撑。

《意见》要求，毫不放松抓好粮食生产，稳步推进农业结构调整。(原载于中国新闻网)

分析：本报道中的事实本身的变化是渐进的，但以国家农业部当日公布的数据作为报道的“由头”实现了该信息的时效性。

2. 对这篇网络稿件进行真实性评析

深圳 90 后女孩当街给残疾乞丐喂饭感动路人

中广网 3 月 25 日消息　一名满头白发的老人盯着快餐店里的盒饭直流口水，这一幕恰巧被一名过路的女孩给瞅见了，女孩当即买来盒饭，并单膝跪地将饭一口一口喂进老人的嘴里。这是 3 月 25 日下午，出现在深圳市欢乐海岸“飞碟馆”附近的一条街道路边场景，路人们纷纷向喂饭女孩投去了赞许的目光。

据介绍，女孩叫文芳，湖南新化人，出生于 1991 年，由于家境并不宽裕，即将大学毕业的她便来到了深圳打工，她计划今年还清自己的助学贷款。据文芳称，她目前正在为“穿越时空·探秘古埃及”文明展销售门票，虽然每月仅赚 3000 元的样子，但是她觉得很满足。25 日下午，文芳在下班返回住处的途中遇到了一名饥肠辘辘的老人，于是便掏钱为老人买来了盒饭，“看见他，我就想起了自己的爷爷。”文芳说道。

老人口齿不清，且双手均有残疾，一只用来乞讨的破碗中仅有几枚硬币。文芳在老人的口袋中找到了一张写有电话号码的小纸条，但是该电话一直无法拨通。文芳表示，她会将老人接回自己的住处，如果仍然无法联系上他的家人，她将会把老人交给民政部门。

分析：这则名为“深圳 90 后女孩给残疾乞丐喂饭”的图片报道在各大新闻网站与微博上疯转，众多网友为女孩竖起大拇指，称赞此举是社会正能量。但很快就有网友指出新闻是策划团体炒作。经深圳媒体证实，整个行为其实是某商业展的炒作。附近一位目睹拍摄过程的报刊亭老板称，女孩只喂了几口饭，便随拍照的男子离开。此后，策划者出面致歉，承认照片是摆拍。首发媒体中国新闻网也表示歉意，中国新闻社称已对当事记者、网站当日值班责任人等做出了处理。信息的真实性是值得推敲的，因此信息的筛选必须遵循相应的价值判断标准。

3. 按照稿件分类的方法对下面网站新闻稿件进行分类

图 6-2

分析：该门户网站是新浪的垂直门户网，在对信息稿件进行分类时，小组各个成员应该进行任务分工，每人兼顾几个分类的方法，新浪网站的栏目分类基本上参照在基础知识部分提及的几种分类的方法，在前面内容中已经以“新华网”进行举例讨论，各位同学在完成信息稿件分类的同时也可以结合自身的学习情况，在教师的指导下讨论出更好的稿件分类方法以方便网络编辑稿件分类的学习。

三、任务检验

任务完成后，各小组展示成果，先由本小组自我总结评价，然后其他小组给予评价，老师点评，再由小组进行改进，最后由教师根据完成情况，给出最后得分。

任务检验评价表

评价内容	评价标准	配分	自评	互评	教师评价	改进	改进后得分
题目分析的角度，网站性质的定位	遵循信息筛选的价值标准与要求，新浪网是综合类网站，应当按照相对应网站性质进行切入	30					
怎么体现出真假信息的筛选，具体将此网站稿件分类	信息筛选的依据是否正确，能否结合所学知识完成网站稿件分类	50					
个人展示的表现	包括个人阐释的筛选方法、个人表现，能否有效的对任务进行总结、归纳	20					
总分							

第四部分

总结和反馈

1. 请各个学习小组总结本项目中遇到的问题和解决的办法。

遇到的问题进行交流	解决办法

2. 请学生总结之后完成下表。

网络信息筛选的基本方法	列出你今后需要学习的信息筛选知识和技能

3. 请各个学习小组利用校园内应有的资源完成信息获取任务。

一篇富有时效性的新闻稿、一段新闻采访视频、一篇新闻评论	给出你获取信息的依据以及具体途径

4. 你对当下全媒体时代如何快捷、高效的获取信息有何建议？

请根据本章节所学给出你自己的意见	列出你认为最为有效的几条获取信息的途径

项目七　加工稿件

【学习目标】

知识目标： 1. 了解网络稿件常见问题；

2. 了解网络标题的特点和构成要素；

3. 领会内容提要内涵和作用；

4. 领会超链接的内涵和作用。

能力目标： 1. 掌握网络稿件的加工技巧；

2. 学会网络标题的制作；

3. 学会内容提要的制作；

4. 掌握超链接的运用。

素质目标： 1. 具备鉴别网络假新闻的职业能力；

2. 具备改写有问题稿件的职业能力；

3. 具备运用超链接拓展稿件的职业能力。

第一部分

预备知识

如今互联网已逐渐进入大数据时代，互联网上可采集到的海量信息，内容真假难辨，质量参差不齐，这就需要网络编辑对稿件内容更加严格把关，“沥尽狂沙”，才能给受众传递真正有价值的信息。一方面网络对稿件编辑要从微观上负责网络稿件校对、标题制作、内容提要制作和稿件改写等文字加工工作，另一方面要从宏观上对网络稿件特别是网络新闻稿件，从整体上把握稿件的价值。

一、网络稿件价值的判断

1. 真实性

网络编辑在进行网络编辑工作时，对网络稿件进行判断最核心标准就是稿件内容真实性。“真实性”一词源于希腊语，意思是“自己做的”，用于描述博物馆的艺术展品，后来“真实性”一词渐渐被哲学、文学和新闻学领域所采用。“真实性”在新闻传播领域是指新闻报道中所涉及的现实方面的各种资料，必须完全符合事实的本来面貌。网络编辑每天编辑数量最多的稿件便是网络新闻稿，因此判断稿件内容的真实与否是其首要核心任务。

一般情况下，网络稿件的真实性主要包括这几个方面：

(1)网络稿件内容中所涉及的事物是客观存在的，而不是凭空想象。

2014 年 3 月 8 日 14 时 28 分，来自《成都晚报》的一篇网络稿件：“降落!!!!!”马航总经理现场讲话，航班已证实在越南南宁(音)地区降落。”当晚，有媒体报道称 MH370 被正在执行搜救任务的菲律宾海事船发现。飞机被发现时机身破损较严重，但未解体，人员伤亡程度可能远远低于此前的预期……

这篇网络稿件后来被证实是该作者凭空想象。后经证实，这篇网络稿件的作者是根据越南媒体的一篇报道所虚构出来的。因为之前越南媒体有报道称南宁是飞机失去联络前的最后位置。面对此类貌似具有轰动性的信息时，网络编辑一定要时刻严把真实性，认真核查稿件中的事件是否真实存在。

(2)构成内容的各个要素都是真实的，包括时间、地点、人物、事件等等。

南汇县祝桥乡凌路村三组八十岁的顾秀珍老太，日前在求神拜佛时，不慎引火燃身，惨死在火焰中。那天晚上，顾老太感到身体不舒服，萌生了求神的念头。她趁小辈们熟睡之际，独自一人在客堂内烧草纸。她边烧边磕头，嘴里念念有词，要求菩萨保佑平安。不料，火舌燃着她的围裙，未来得及呼救，火已烧着全身。第二天清晨，小辈起身后，发现顾老太已烧成焦黑一团。

文中说到老太是“独自一人”，小辈又在“熟睡”那么是谁看见她“边烧边磕头”，火石是烧着她的围裙而不是别的什么，又是谁听见她“嘴里念念有词”？谁知道她“未来得及呼救"？对于这些问题，如果有人回答，那他为什么见死不救？根本没有人能回答，由此可见这是作者对信息内容的虚构。

(3)信息的来源必须是真实的，网络编辑面对并对信息提供者的身份、背景等因素进行核实，特别是对转载的新闻稿件更要核查信息来源的真实性。

飞机被菲律宾海事船发现　生还者等待救援

（来源：千龙网）

马来西亚航空公司飞往北京的MH370航班在失联17个小时后，在北纬065515，东经1033443海域被正在执行搜救任务的菲律宾海事船发现。飞机被发现时机身破损较严重，但未解体。机舱大部位于水面以下，仅机尾部露出水面，但少部分乘客和机组人员聚集在机尾部机舱，另有数十位携带水上救生器械的乘客漂浮在周围约一平方公里范围内的海面等待救援。

初看这篇网络稿件，处于当时的舆论环境之下，不得不说有极大的轰动性作用。但此时网络编辑要时刻注意稿件内容的真实性。当时在准备对此稿件进行网络转载时，许多网络编辑通过核查新闻来源真实性的办法就可以将这篇稿件排除。国内不少网络编辑联系了越通社记者后发现，越通社根本没有刊发此篇报道，登录越通社网站也没看到相关报道。

(4)其次，要判断网络稿件内容要素是否齐全。网络稿件的内容要素与新闻要素类似，通常被概括为"5W"，即What(事件)、When(时间)、Where(地点)、Who(人物)、Why(原因)。网络稿件内容的完整性关系到整篇稿件的真实性，网络编辑在日常选择稿件时特别要注意要素残缺或模糊的信息，不少虚假信息往往因为要素的缺失而导致整体的失真。此外，对于网络稿件中的引语、背景资料等也要进行反复考察。

2013年，不少网站转载了江西《信息日报》刊发该报记者的报道《流浪9年回家瞬间变"富翁"》，引起了一时的轰动。报道称，2004年7月，家境贫寒的温州男子朱景从家里出发，像全国各地的温州人一样，远离家门闯荡自己的事业。因为连连亏本，朱景9年来风餐露宿乞讨流浪，甚至染上了严重的肺结核。今年3月27日，经过50天的治疗后，萍乡救助站将病情好转的朱景送回家乡浙江温州。悲喜交集中，哥哥朱忠告诉失踪9年的弟弟，前几年家乡搞城中村开发，他已获得700余万元的土地补偿金。

报道发出后不久，就被业内其他媒体人员发现是假新闻。其中除了本身要素存在错误，该男子并非叫朱景，而是叫朱景修，家住平阳县昆阳镇后垟村。稿件中的背景材料也有着失实的情况。实际上，他当时是因赌气离家出走的。这9年来，他开过出租车、当过保安，进过黑砖窑也挖过煤。直到2010年，他才因肺结核病重而开始行乞。可见背景材料的失实直接影响着读者对整篇稿件的判断。

2. 时效性

互联网媒体与传统媒体相比主要特点是即时性、交互性等优点，特别是自媒体时代，信息的产生和传播有着惊人的速度。在媒介激烈竞争的时代，网络媒体往往需要在最短的时间内，第一时间把网络信息以及与之相关的信息传递给受众。这就要求网络编辑在编辑和选择稿件的时候，时刻紧盯时效性强的网络信息内容。网络文稿的时效性是指信息产生后，网络媒体能够用最快的时间、最短的时间差公开传播网络信息，使受众获得信息价值最高的内容。一般情况下，网络编辑可以从以下三个方面来判断网络稿件时效性价值。

(1)网络稿件信息的时间性越强，社会效果越好。新闻是网络文稿中最主要的一种信息。总所周知，时间是新闻的“生命线”。没有时间的新闻只能成为昨天的历史。这就意味着网络编辑在选择稿件时，最好选择刚刚发生的或者正在发生的网络信息作为编辑制作的信息内容。

北京获得2022冬奥会举办权　申办成功创造历史

（来源：腾讯体育）

图 5-

2015年7月31日，在马来西亚吉隆坡举行的国际奥委会第128次全会上，国际奥委会主席巴赫宣布：中国北京获得2022年第24届冬季奥林匹克运动会举办权。北京也创造了历史，成为第一个既举办过夏奥会又举办冬奥会的城市。

(2)网络稿件传播所产生的社会效果受到一定的时间限度。许多事件的发生到结束是有一定时间的。受到事件时间的限制，网络编辑在选择网络文稿时，往往要注意这一类事件的时效性，一定要抢在事件结束之前传播相应的网络文稿。例如2015年上半年热门的“电梯吃人”事件、“毕姥爷”视频事件、刘强东奶茶3000万分手费事件等网络热点，相关的网络评论的稿件一定要在事件热度结束前传播才有时效性，稿件的价值才能得到体现。

(3)发布网络稿件的合适时机。合适的时机配合切入主题的网络稿件，往往能产生意想不到的网络“引爆点”。因此在判断网络稿件时效性的时候，网络编辑也需要关注适合信息发布的时间点，从来吸引最多的网络受众的关注，产生最大传播效果。

大热天来碗冰绿豆　爽！

（来源：中国江西网）

南昌持续晴热高温天气，户外劳动者冒着酷暑辛勤工作，7月29日，在南昌市洪城大市场内，环卫工和三轮车车夫们端着绿豆汤大口大口地喝起来。当天江西洪大物业管理服务有限公司和江西省南昌物流与供应链服务商专业委员会组成慰问组，为一线劳动者送上降温大礼包。……

众所周知，南昌是中国四大火炉之一，这篇稿件在夏天酷热之时，是非常适合网络编辑转摘或者报道的。夏季高温天气选择一些关于防暑降温的网络稿件就非常适合时间点，传播效果也能得到最大的体现。

3. 重要性

网络编辑在选择网络稿件时，又一个重要的判断标准是重要性。网络稿件内容越重要，其价值越大，影响的受众就越多，内容被其他网站和媒体转载的概率也就越高。重要性强的网络稿件内容一般与人们利益相关性大和影响程度高。

网络编辑在判断稿件内容重要性时，可以从以下五个方面来判断：

(1)稿件中涉及的人物具有显著的社会地位和名望；

(2)涉及与国家利益相关的信息内容；

(3)某一事件对社会影响较大的信息内容；

(4)受众关注度高、流传度广泛的网络信息；

(5)对未来有着直接或者间接影响的信息内容。

央行降息 2015 年存贷款一年期基准利率下调 0.25 百分点

（来源：央视网站）

中国人民银行决定，自 2015 年 5 月 11 日起下调金融机构人民币贷款和存款基准利率。

金融机构一年期贷款基准利率下调 0.25 个百分点至 5.1%；一年期存款基准利率下调 0.25 个百分点至 2.25%，同时结合推进利率市场化改革，将金融机构存款利率浮动区间的上限由存款基准利率的 1.3 倍调整为 1.5 倍；其他各档次贷款及存款基准利率、个人住房公积金存贷款利率相应调整。

这是一篇经济类的网络新闻稿件，具有较高的重要性。首先，央行降息，本身央行在中国就具有很高的社会地位和威望。其次，人民币存款降息这一事件发生后对中国整个社会的影响较大。从国民对家庭资金的配置到企业的金融整合将会有一个重新的定位，因为受众的关注度和参与讨论的程度也是极高的。最后，人民存款的利率的下降对金融机构和国民未来若干年的资金规划有长远影响。

4. 趣味性

趣味性也是网络编辑衡量选择网络信息内容的一项重要标准。富有情趣和兴味的信息内容天然的就具有吸引受众的，捕获受众眼球的力量。网络上许多信息有时候并一定多重要，但因为信息本身的“趣味性”和“人情味”起着作用，往往总能引起受众的关注。例如，2008 年汶川大地震轰动一时的“猪坚强”的新闻事件在网上频繁转载。

成都彭州市龙门山镇团山村村民万兴明家的大肥猪，汶川大地震后被埋废墟下 36 天，2008 年 6 月 17 日被成都军区空军某飞行学院战士刨出来时，还坚强地活着。许多市民、网友呼吁，不要把这头猪变成人们餐桌上的美味，并为其取名“猪坚强”。“坚强兄”将会在博物馆快乐度过余生。建川博物馆馆长樊建川用 3008 元将这头猪买下来，并给他取了小名“36 娃儿”，大名“猪坚强”、“坚强兄”将会在博物馆快乐度过余生。樊建川打算将它一直养到自然死亡。建川博物馆还捐了 1 万元资助猪主人家恢复生产生活。

网络文稿的趣味性主要有以下两层意思。

(1)网络信息内容新奇曲折，富有情趣，使受众普遍感到有趣，为受众喜闻乐见，吸引受众阅读，增加点击率。

(2)网络稿件的写作形式和表现生动活泼，具有吸引力。例如，有关反映社会风尚、风土人情、山川景物、旅游探险、科技发明、诉讼案件的网络稿件的写作，本身就更注重趣味性，从而引起受众的共鸣。

5. 服务性

网络信息的服务性是指通过互联网传播的信息内容具有服务受众的功能和特点。它主要为社会公共事务或人们工作，生活中急需解决的非商务活动无偿提供相关主要信息。其特点是针对性强，切实可用，无偿服务。主要表现为介绍知识、直接服务和提供材料等方面。最常见的网络服务性信息有，交通信息、天气预报、旅行攻略、国家最新政策等等。

未来三天南昌气温将破35℃　专家提醒勿终日孵空调

(来源：百度乐居)

南昌从本周一开始就恢复了晴热天气，7月30日15时25分，南昌市气象台发布高温黄色预警信号：预计未来三天我市大部分地区最高气温将达35℃及以上，专家提醒市民注意防暑降温。

预计30日晚到31日晴间多云，局部午后到夜间有阵雨或雷阵雨，偏南风2～3级，气温26～35℃；8月1日晴天多云。

太阳如此“热情”，该如何度过充斥着烤肉味的夏天呢？气象专家提醒，炎夏昼长夜短，不要贪凉终日孵空调。适当调整作息时间，晚睡早起，抓紧一天中比较凉快的时候学习、工作，中午烈日当空，可小憩片刻，怡养心神。

夏日睡卧不可贪凉，或露宿于外，或依赖空调，尤忌汗出当风而卧，若图一时之快，致使阴暑风邪直中皮肤，侵入体内，其患最深。

二、网络稿件的编辑和校对

(一)网络稿件的主要错误

修改稿件是文字稿件加工的起点。网络编辑每天将要面对各式各样的网络稿件，稿件中有可能存在着一定的差错，即使其中主要的一部分来源于富有经验的传统媒体，但是由于种种原因，也不一定完全可以照单全收。尽管一篇网络文字稿件中存在的问题或错误可能是各式各样的，但总体来看，它们可分为以下几大类：

1. 事实性错误

网络稿件中所有的事实，即网络文稿中时间、地点、人物等诸要素及有关的历史、背景、数据、解释性材料等等发生差错，均属事实性错误。在各类网络稿件中会涉及到事实，有些事实是主要的，有些是次要的，有些是细节性的。但无论是哪一类事实，都应该是真实且准确无误的。网络编辑可以通过调查核实或分析推理等不同手段，对稿件中涉及的事实的真实性及准确性做出判断，并采取相应手段对出现的问题进行处理。例如常见的事实性错误有将“1920 年的苏联”写成了“1920 年的俄国”，将“河南”写成了“荷兰”，将“英国外交大臣”写成了“英国外相”等等。网络编辑只需要通过搜索引擎、查字典等方法核查资料，就可以避免以上事实性错误的发生。

2. 知识性错误

网络稿件中常常涉及一些知识性问题，如诗词引用时不准确，错误使用科学名词，在涉及历史人物或事件时出现差错等。对于这类问题，网络编辑在努力加强个人知识修养同时，既要善于发现错误，又要准确改正错误。必要时，网络编辑应该利用网络数据库和请教相关专家学者。常见的知识性错误有：

(1)颜色搭配错误。

例：“那火红的金丝菊开得多么美丽迷人啊!”

“金丝菊”顾名思义是“金黄色”的，怎么会是“火红”的?

(2)形状描述错误。

例：“小白兔有一对圆圆的耳朵，有一张上下嘴唇嘴巴。”

小白兔的耳朵其实是“长长的”，嘴巴则是三瓣嘴。

(3)声音描写错误。

例：“春风呼呼地吹，春雨哗啦啦地下”。

“呼呼”“哗啦啦”是形容风大雨大。描写冬天的寒风才是“呼呼”地吹，雷雨才是“哗啦啦”地下。描写温柔的春风和贵如油的春雨应该是“春风轻轻地吹，春雨沙沙地下。”

(4)时令使用错误。

例：“春天池塘里开满了美丽的荷花”；夏天，芙蓉花开满了校园。

荷花是夏天开的，芙蓉花是秋天开的。

(5)数字表达错误。

例：“把橘子皮剥开里面露出二十几瓣抱团儿的橘子瓣儿。”

橘子里的橘瓣一般是 10～14 瓣，说它有“二十几瓣。”则是明显的知识性错误。

3. 辞章性错误

辞章性错误是网络编辑文稿修改的最常见错误之一，这类错误主要是文字表达方面的问题，例如，错别字、标点符号误用、语法错误以及数字单位等表达不规范、不准确等。

4. 结构性问题

网络文稿中的新闻稿件，无论是消息、通讯还是评论等，大都有自己特定的结构，特别是消息，其结构要求是十分严格的。如果一篇稿件不符合它的体裁所要求的结构规范，也需要进行相应的修改。例如时效性很强的动态消息一般使用“倒金字塔”结构来进行报道，如果使用金字塔结构的话，往往会耽误发布新闻的时间，事件的重要性也不能得到最大体现。

5. 观点性错误

很多网络稿件不仅有事实的陈述，还或明或暗地表达了各种观点。对于这些观点，网络编辑也应该做出正确判断。观点性错误即稿件中表达的观点和思想中的政治学错误，通常是指导向性的错误观点与党和国家的路线、方针、政策不一致甚至相违背的错误观点和提法。网络文稿中的观点性错误主要包括：

(1)违反宪法所确定的基本原则；

(2)危害国家安全，泄露国家机密，煽动颠覆国家政权，破坏国家统一；

(3)损害国家荣誉和利益；

(4)煽动民族仇恨、破坏民族团结；

(5)散布谣言，扰乱社会秩序，破坏社会稳定；

(6)散布淫秽、色情、赌博、暴力、恐怖或教唆犯罪等。

(二)网络稿件的修改方法

网络稿件的修改是指网络编辑用正确的内容形式来替换来自传统媒体或其他网络媒体的稿件内容中错误的成分。新华通讯社原副社长李普在谈论编辑改稿时谈到：“刘勰的巨著《文心雕龙》中曾说过，‘改章难于造篇’。搞文字工作的同志，一般都有这个体会，修改自己的文章难，修改别人的文章更难。因为修改别人的文章，缺少了作者的具体感受，而且，在改动原稿的同时，又必须尊重原稿。一个编辑，只有懂得这种难处，并且积极克服这种难处，才能取得修改稿件的主动权。”网络编辑与传统编辑相比也要面对许多“半成品”的网络文稿，有时面对的难题甚至要比传统编辑更加复杂。而网络编辑一项重要的日常工作就是将这些“半成品”变成“成品”。网络稿件修改的方法主要有以下几种：

1. 网络稿件的校正

校正，指改正稿件中不正确的内容和写法。包括对稿件的事实、观点、语法、修辞、逻辑等各方面的差错的校正，目的是要消灭一切错误信息，使稿件事实准确、观点正确、文字通顺，客观公正、真实生动地反映现实的变动。坚持实事求是就网络稿件的重要基本原则。网络稿件中的观点和事实都要符合客观事实，不曲解，不过分修饰。网络稿件校正的基本方法有三种：

(1)替代法

以正确的内容和叙述代替不正确的内容和叙述。网络编辑常常会遇到文稿中错别字、标点错误、语法错误、数字与单位错误、逻辑错误、知识性错误、事实错误、观点错误和表述错误等问题，这时候常常需要利用替代法来对网络稿件中的问题进行改动。

(2)删节法

删除稿件中有差错的部分。网络编辑在修改稿件时，常常因为抢时间、媒体的编辑立场和策划主题等因素对网络稿件进行删节处理。因为在对网络稿件信息进行删节时，一定要多与稿件原作者和相关负责人多沟通，避免删除了至关重要和影响传播效果的内容。

(3)加按语法

不改动稿件中的错误，而以加按语指出其中的差错。

2. 网络稿件的压缩

压缩，指删除稿件中的多余部分，就是通过对稿件的删意、删句和删字，使原稿在内容上更加突出重点，在章节上更加紧凑，在表述上更加简练。

对网络新闻稿件的压缩主要从以下几个方面入手：

(1)对新闻导语的压缩：导语是否言之有物、简洁明了，和标题、全文放在一处考虑

(2)对新闻背景资料的压缩：最少的语言，包含最多的信息

(3)对新闻主体的压缩：

①对新闻材料按与主题关系紧密度排队和取舍，以突出主题

②对新闻内容多重点并列的稿件保留骨架，摘取精华

③保留的材料一以当十、避免雷同

④删字、删句、删段、删意相结合

例：对下面这篇网络新闻稿进行压缩。

一项名为“做现代文明北京人——双休日行动计划”的活动在北京受到广大市民的欢迎。

由中共北京市委宣传部等12家单位共同发起并组织的这项活动，于今年春节期间拉开序幕，在短短一个多月的时间里，已动员社会各方面力量，安排了丰富多彩的科教文体活动。如开办了市民计算机学习班，北京市领导春节期间还带头参加了计算机培训，举办了群众性比赛；开辟了科技旅游专线；双休日外语广播讲座于3月1日正式开播；有90多家博物馆参与的“我喜爱的博物馆展览”评选活动也于3月26日拉开序幕，该活动在今天将推出170余项固定展览和大量临时性展览。这些活动均受到广大市民的欢迎与喜爱。

据了解，北京市在近期内，还将陆续推出以“做现代文明北京人”为主题的双休日家庭读书活动、双休日专业文艺团体专场演出和电影放映、双休日全民健身活动以及双休日“逛北京”、郊区旅游、军事旅游活动等。

中共北京市委常委、宣传部长强卫对记者说，北京市今年推出“双休日行动计划”的目的主要是从满足人民群众双休日生活的实际需要考虑的。市民在双休日既要休息、做家务，也需要参加一些有益的社会文化活动，我们应该创造条件，满足市民的要求。“双休日行动计划”将紧紧围绕“做现代文明北京人”这个主题、通过开展大量科教文体活动，提高市民的整体文化素质，创造与首都改革开放和现代化建设相适应的城市文化环境。

分析：这篇稿件的主题是“双休日首都文化生活丰富多彩”。但是最后一段领导人的讲话却占了全篇三分之一篇幅，并且讲的内容是为什么要推出“双休日行动计划”。

这番道理在稿件中已无多少作用，因为导语中的“做现代文明北京人”就已点明了“双休日行动计划”的目的与意义，稿件只讲清北京如何为市民双休日文化生活创造条件就行了，所以这一段应删削。另外，第二段中的“北京市领导春节期间还带头参加了计算机培训”的话，也与主题无关。

最后要注意的是压缩稿件是为了让原稿在内容上更加紧凑，表述上更加简练，不能一味缩减字数而压缩。压缩稿件时要注意以下几个方面：

(1)压缩后的篇幅应该与新闻价值相般配；

(2)压缩后的稿件应该符合新闻媒介一贯的风格和特色，因为不同媒体对于稿件的长短和质量有不同要求；

(3)压缩稿件的同时，有时为了使稿件能上下连贯、保持完整，还要在删掉一些段落和文字的同时，增补一些字句，以完整、准确地表述报道内容，使得全文通畅、一气呵成，不致因删改出现新的问题或差错。

3. 网络稿件的增补

增补，补充原稿件需要交代而又遗缺的内容，例如扩大稿件信息的价值，解释读者有疑惑的地方，嵌入相关背景材料和概念等等。增补的内容有以下几个方面：

(1)增补资料。

介绍新闻中的人物、事件、地点的历史、背景和知识，也包括稿件中出现的让读者不熟悉和难懂的知识、技术、人物、事件、名称等所作的说明。背景材料是网络稿件中最常见的增补材料，它是新闻事件或新闻人物酝酿和生存、存在和发展的环境和条件。介绍背景，能对新闻事实起到说明、补充、衬托作用，又称为“新闻背后的新闻”。并且有利于了解新闻发生发展的来龙去脉，加深对新闻的认识和理解，深化新闻的主题，并有丰富内容、增加知识性和趣味性的作用。

(2)回叙。

回叙是指在滚动报道和连续报道中对已发表的报道内容的简要复述。网络编辑可以通过回叙内容增加网民更充分的了解事实的来龙去脉和现实意义。回叙内容可以用一句话添加在新闻的开头，也可以用一段话增加在新闻的中间或结尾处。

(3)增补新闻事实。

指让记者或作者对稿件中遗漏的新闻要素进行增补，或对过于简单的内容加以补充和解释。网络编辑在增补稿件时需要注意的问题有以下几个方面：

①所补充的内容一定要有确实可靠的依据。

②进行增补时应该尽量征得作者的同意。

③对材料的运用，应该紧扣事实，不能离题。

④转载来自通讯社的新闻稿时，一般不能自行增补，可以考虑加“编者按“的形式进行增补。

4. 网络稿件的改写

网络稿件的改写是指网络编辑在修改稿件对问题较多的稿件重新写作。改写通常是因为稿件的角度选择不当、材料的详略安排不当、稿件结构有问题或者体裁不合适等，需要重新组织材料、安排结构，重新写作。稿件改写的方法主要有以下几种：

(1)改写导语。

指网络编辑为更好的迎合网站定位和受众需求而对其他媒体转载的新闻稿件进行导语的改写。改写导语一般要注意以下几点：

①要抓住和突出最主要的内容，不要主次不分，把一堆信息都塞进导语；

②遣词用语要直接准确，不要抽象含混，拖沓啰唆；

③可强调内容、结果、现状、意义和特点，不要纠缠于过程或次要枝节；

④要注意信息来源的可靠件，对内容信息尽可能做多方核对，不要轻易认可或否定离奇或看似合理的内容；

⑤要有批评的审视意识，不要不加分析地接受新闻稿件内提供的内容和结论；

⑥要把事情和问题讲清楚说明白，不要把自己都没有搞懂的，或者和目标受众关系不大的内容或信息甩给读者；

⑦要注意客观平衡，不要直接进行主观评论；

⑧要注意审核语言的表达，不要出现常识、逻辑或用语上的错误；

⑨导语要短些，短些，再短些。

例如：导语——世界重量级拳王泰森今晚以 85 秒的时间，击垮挑战者威廉斯，创造了历时最短的一场拳皇卫冕战。

改写——85 秒！拳王泰森击败挑战者。85 秒！历史上最短的拳王卫冕战。85 秒！300 万美元进入腰包。

这则关于拳王泰森的导语进过改写后更好的突出了时效性，现场感也很强，更适合网络媒体快节奏的受众阅读方式。

(2)改写结构。

指网络编辑对原稿件的逻辑结构和时序结构进行调整，使之脉络清晰、富有条理。改写网络新闻的结构可以对新闻事实的重要性进行在判断，并按照更为恰当的逻辑对新闻事实的报道重新排列、组合，使新闻的结构更凸显新闻价值、更有逻辑调理、更富有趣味和波澜起伏。

(3)分篇改写。

指网络编辑将一篇稿件经过必要的改写分成几篇稿件发表。采用分篇需具备两个条件，一是内容重要，如果采用压缩的办法就不能保全要点，会损害报道内容；二是报道内容比较丰富，一般是由若干个报道重点构成的，这些重点相互联系又相互独立，可以分开表述，而不会影响读者对内容的理解。

(4)综合改写。

指网络编辑将几篇同一主题、同一事件的网络稿件改写合成一篇统一的稿件。因为目前我国商业网站还有采访权，转载其他媒体的稿件是网络编辑日常性的工作。而综合改写稿件能取多个媒体对同一主题和事件的精华之处，形成网站的“独家新闻”。网络编辑在综合改写时需要注意以下三个方面：

①定题和选材，是综合改写的两个关键。

②要从不同稿件内容中发现共同的主题，以此统率全文。

③要在相似的内容中选择最具代表性、最能说明问题的典型事例，而不重复使用

类似的材料。

(三)网络稿件的校对

1. 校对的概念

校对，古代称之为“校勘”或“校雠”，是出版编辑过程里的一个必须工序，主要工作是按照原稿去审查订正排印或缮写的错误。“校对”也可以是从事这个工序的人员“校对员”的中文简称。网络编辑校对是对网络文稿的通读、核对、订正的工作。校对是对网络文稿质量把关的重要环节，是网络编辑工作的继续和补充。网络编辑校对必须高度负责，认真细致，树立严谨周密，一丝不苟的作风。

2. 校对的基本方法

(1)对校法。

原稿放在左边，校样放在右边。先看原稿，后对校样。左手食指指着原稿上要校对的文字，右手执笔，顺着校样上相应的字句移动，遇到打错(或排错)的地方。随时用校对符号或文字在校样上批注。特别要注意按照原稿逐字、逐句、逐个标点地校对，看、念、想结合进行。眼睛要在每个字、每个符号上停留一下，不要一滑而过，同时有节奏地默读文句，并使脑子作出反映。切忌读书看报式校对。

(2)折校法。

原稿放在校对者正前面的桌上，校样拿在两手的食指、大拇指与中指之间(右手同时执笔)。从第一行起校一行折一行，使原稿每一行的文字紧紧靠近校样上要校的那一行文字。要尽量做到一眼能同时看清原稿和校样的字句。折校法一般适用于原稿是打印稿或铅印稿，而不适用于手写稿。

(3)读校法。

由两人合作，一人朗读原稿，另一人核对校样，并改正校样上的错误。座位一般为读者在左、校者在右，以便校者在需要时向左边查看原稿。读者要将每个字、每个标点符号朗读准确，速度要缓慢，音调要有节奏。标题，每行另起等都要分别口头交代清。

以上三种校对方法各有优缺点。采用哪种校法，要根据原稿和校样的清晰程度决定。重要的文稿要采用两种以上的校法，并至少有两人参加校对。

3. 网络编辑的校对

日前，网络编辑同传统编辑校对工作相比，有以下几个新的特点：

(1)编校合一，网络编辑同时承担编辑和校对工作。

(2)网络编校只有校样，没有原稿、校稿之分，而是直接在原稿中进行校对。

(3)网络文稿错误更多，网络编辑的对角需要更为仔细，如段落格式问题、错别字、乱码、字体字号等错误。

(4)网络编校时效性要求高。网络新闻基本上要求与事实的发生同步播出，互动性也极强，这就要求网络编辑在最多的时间内把网络稿件校对好。

三、网络稿件标题的制作

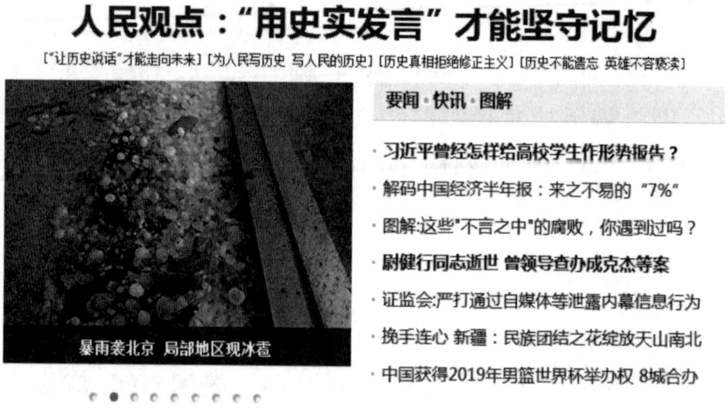

图 7-1

网络标题是指网络稿件的眉目，以全部或不同的侧面体现作者的写作意图，揭示文章的主旨和核心。制作网络稿件的标题是网络编辑重要的日常性工作之一，也是对网络稿件增值和再创造的工作。美国盖洛普民意调查公司一项联合调查研究表明，网民往往通过浏览标题来决定是否要阅读这则消息。参与调查的读者们阅读过 56%的标题，相比之下，调查对象只读过 25%的新闻报道正文。而我国内地网民看新闻只阅读标题的比例则高达 80%，单击网页详细看新闻的比例则不到 5%，这使得网络新闻标题比报纸杂志新闻标题的重要性更突出。

1. 网络稿件标题的构成

(1)主题。

主题是网络标题最主要的存在形式，又叫主标题或标题句。主题用于揭示稿件内容中最重要的信息和概括稿件的中心思想。如图 7-2 所示。

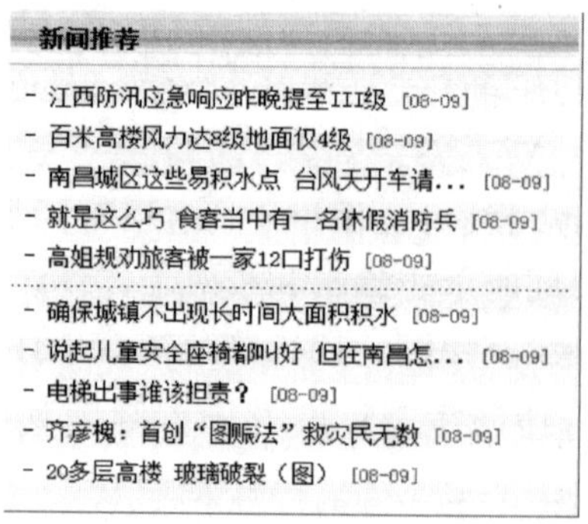

图 7-2

(2)副标题。

副标题是针对主标题，是全文主旨的补充说明。一般位于主标题的后面用于对主标题所描述的内容做进一步的解释。如图 7-3 所示。

习式新常态引领"十三五":经济追求质量

李克强"互联网+"发展应让消费者来选择 刘云山看望慰问北戴河休假专家

黑龙江未成年犯管教所越狱罪犯被抓获

20岁越狱者照片曝光 3年前因抢劫罪被判刑9年 管教所曾被曝打犯人

台风苏迪罗致浙江11死4失踪 百万人受灾

记者在报道现场遇难 市民街头争相捉跳鱼 摩托车被吹起空中翻转三四圈
台风已致台湾5死4失踪 "人定胜天"石碑被卷走 4.5米观音像被拦腰吹断(图)

电视协会盼广电总局恢复电视剧中插广告

建议电视剧每15分钟插播一次广告 剧评人:是业内心声 大多数网友不能接受

黑龙江高速上轿车撞隔离带后起火 致5人死亡

- "人大毕业生回炉读高职"当事人道歉:只是自考生

图 7-3

(3)小标题。

小标题是正文中部分内容的统领。对于比较复杂的事件，常常利用小标题将网络稿件划分为几个部分，使文章的脉络清晰，更有条理性，同时也起到提示稿件要点的作用。如图 7-4 所示。

新规：牙膏纳入化妆品监管

美白、防蛀、抗过敏甚至抑菌、补钙、保健，是牙膏产品功效宣传中的常见用语，有的还宣称能治疗牙病。此次牙膏纳入化妆品范畴后，今后这种侵犯消费者权益的行为也将得到管制。

修订草案还提到，考虑到牙膏等产品的特点，在对其功效宣称予以规范的同时，还应保留适度的灵活性。“我们关注到这则信息。”诚志股份有限公司草珊瑚分公司相关负责人表示，就目前来看对公司生产销售并没有太大影响，广告方面如有必要则会按需求调整。

走访：牙膏价格悬殊40倍

记者走访南昌多家超市发现，牙膏价格从三五元一支到几十元一支不等。最便宜的一款50g草珊瑚售价仅1.5元，最贵的一款180g云南白药朗健售价68元。各类牙膏包装上的宣传字样更是五花八门。光美白类的牙膏广告词就有“健爽白”、“瓷感白”、“3D炫白”等等，其他功能标示有诸如“清火护龈”、“草方抗敏”、“中药制剂配方”、“补钙防蛀”等。还有不少品牌牙膏打着“止痛”、“消肿胀”、“治伤口溃烂”的口号。

市民张女士告诉记者：“我们家一般用美白牙膏，但也会备一支清热去火的牙膏，早晚换着用。”张女士说，虽然用了多年，但美白效果根本没有，黄牙还是那口黄牙。

口腔科医生怎么选牙膏？

南大二附院口腔科主任医师宋莉说，作为牙科医生，她选购牙膏并不追求所谓的功效。“我主要选十几块的牙膏，几块钱的也会买。”宋莉说，她个人不太相信牙膏的美白功能，因为牙膏对牙齿美白作用很有限。牙齿保持美白和牙膏成分没有太大关系，主要靠长期正确的刷牙方法。刷牙主要起机械清洁作用，牙膏顶多含摩擦剂辅助清洁。

图 7-4

(4)内容提要。

内容提要又称“准导语”和“内容摘要”等等，一般位于主标题之后的一段文字。它以极其简洁的文字，写出稿件中最重要、最精彩的事实，提纲挈领，牵引全文，吸引受众。如图 7-5 所示。

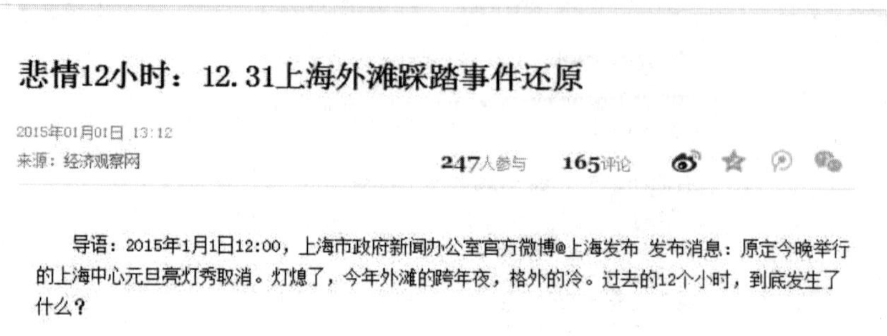
悲情12小时：12.31上海外滩踩踏事件还原

2015年01月01日 13:12
来源：经济观察网　247人参与　165评论

导语：2015年1月1日12:00，上海市政府新闻办公室官方微博@上海发布 发布消息：原定今晚举行的上海中心元旦亮灯秀取消。灯熄了，今年外滩的跨年夜，格外的冷。过去的12个小时，到底发生了什么？

图 7-5

(5)题图。

题图即在标题上配相关的图片，包括照片、图表、漫画、动画等形式，其作用在于解释标题、引起网民注意、引导网民阅读。与文字报道相比，题图更加具有强烈的现场感和表现力。如图 7-6 所示。

首页 百家 个性推荐 互联网 传媒 汽车 娱乐 军事 财经 体育 国内 社会 科技 国际 女人 房产 游戏 视频 名站

热点要闻　个性推荐

· “习式外交”的国学课：扬帆但信风

· 台风“苏迪罗”登陆福建 9省市将现暴雨 直播

12人死亡 5人失踪 吹落台北大巨蛋铁皮 启动国家IV级救灾响应

· 中国影史第一！解密《捉妖记》20亿票房秘籍

· 揭秘令完成朋友圈:至少有四名官员落马

· 解读被查官员如何对抗审查：下属主动分忧

图 7-6

(6)附加元素。

网络稿件的附加元素主要包括随文部分、主观标示和效果字符。

随文部分指在主标题下标明稿件来源、发布日期、发布时间等(网站主页面中出现较少，但内容页中每篇稿件机会都有)。如图 7-7 所示。

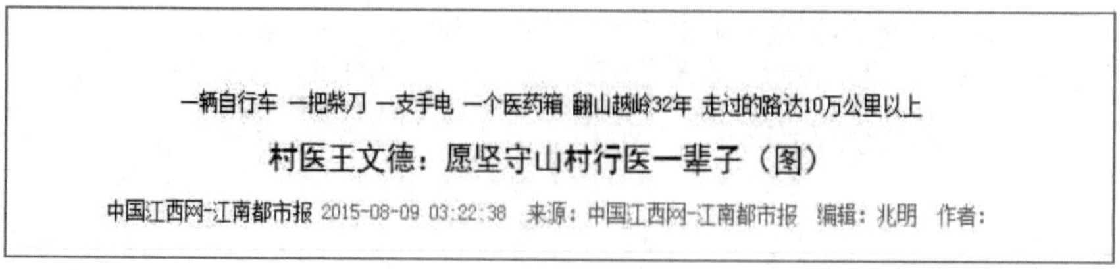
一辆自行车 一把柴刀 一支手电 一个医药箱 翻山越岭32年 走过的路达10万公里以上

村医王文德：愿坚守山村行医一辈子（图）

中国江西网-江南都市报 2015-08-09 03:22:38 来源：中国江西网-江南都市报 编辑：兆明 作者：

图 7-7

效果字符是指通过技术使得标题发光、移动或变换色彩等。如图 7-8 所示。

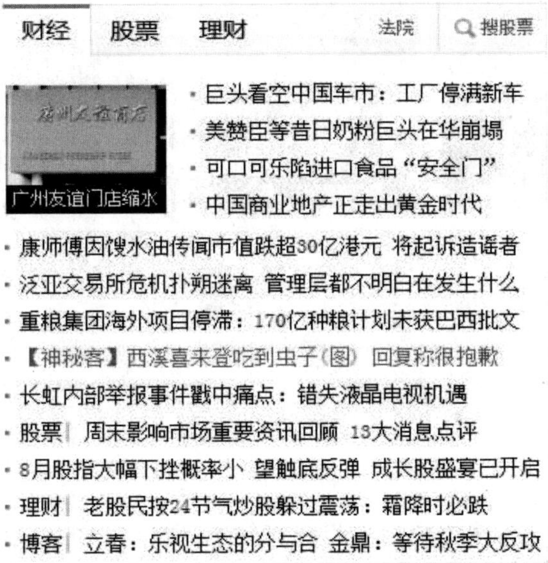

图 7-8

主观标示指网络编辑在发布稿件时，在标题上附加的评论或标示符号。它是网络编辑表达编辑意图的一种特殊手段。如图 7-9 所示。

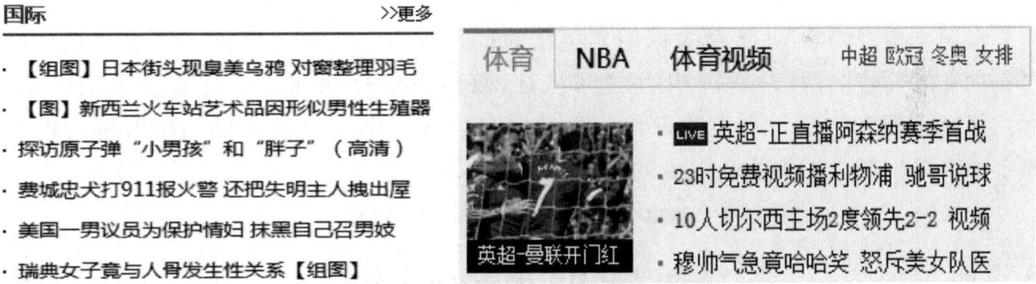

图 7-9

2. 网络稿件标题的特点

(1)单行标题为主。

网络容量虽然用海量来形容互联网的信息承载量，但是就单一网络页面而言，其信息却是受到限制的。单行标题往往是用一句话将网络稿件中的精华(事实或评价)用简洁生动朴实的语言呈现出来。单行标题更符合网络稿件传播速度快、受众面广的特点，并且这样还可以使网民在浏览网页时，减少分散注意力的因素来获知稿件中的重要内容，减少视觉疲劳，激发阅读可能。

(2)题文分开的形式。

题文分开是网络新闻稿件的主要特点之一。网络稿件标题和正文处于不同的页面当中，只有当网民看到标题感到有兴趣后，才会单击鼠标进入稿件的正文页面进行详细月底。因此网络稿件的正文部分对标题具有很强的依赖性。

图 7-10

(3)超文本链接。

网络标题中超文本链接的应用是传统媒体所无法实现的。超文本链接主要体现在两个方面，一是标题和稿件正文以超文本方式出现，即只有单击了标题才能看到正文内容；二是稿件正文后面出现与稿件香案的标题或内容的连接。

超文本连接的编排形式为网民提供了更多的背景材料，也有助于网民对稿件有更广、更深度的了解和认识。

(4)以实题为主。

实题是指具有新闻要素的标题，包括时间、地点、人物、事件、结果等具体的、实实在在的要素。网络标题多用实题可以让网民更快的了解信息，了解更多的信息要素。而虚题更多的是对事实的评价、指导和启发。习惯了快餐式的网络阅读的网民，如今很难腾出精力细细品味以虚题为主的标题。

图 7-11

(5)多媒体技术的优势。

网络媒体融合了文字、声音、图像等多种信息传播方式，这些方式都在网络标题上有所体现。这也给了网络编辑给大的发挥空间，网络编辑除了想报纸那样文字配发图片，也可以像广播电视媒体那样文字配备视频和音频，有时甚至三者兼顾，并增加相关信息的超链接。突破传媒的线性传播。

3. 网络稿件标题的功能

(1)提示稿件内容。

网络标题一般使用最简练的文字概括出稿件中最重要、最有吸引力的内容。网民接受网络信息有主动、迅捷、感性的特点，网络标题把稿件中最有价值的部分概括出来，可以让网民不需要通读全文，便能对新闻事件有所了解。

(2)评价稿件内容。

评价稿件内容是指在概括网络稿件内容的基础上，通过揭示稿件内容的本质，引导网民理解稿件内容的意义，或直接低稿件内容表明态度和立场，给网民以启迪，引起网民共鸣，以达到舆论引导的作用。

(3)吸引网民阅读。

注意力是当今时代，传播过程中最重要的资源之一。网络标题制作的具有反常性、显著性、趣味性，所用的词语也能生动活动，将可以最大程度的吸引到网民的注意力，从而在这场争夺网民注意力的战场中占得先机。

(4)说明稿件形态。

网络稿件可以以各种形式出现在网民面前，如文本形式、录音新闻、图片新闻、图表新闻、录像新闻等等。标题中适当添加说明，有助于网民在阅读时候有所选择。例如有的网民只想看视频新闻，这时候只需要关注标题中有视频字样说明的标题即可。

图 7-12

3. 网络稿件标题的制作

(1)网络标题制作的基本步骤。

①看稿。

看稿是网络标题制作的第一步，网络编制只有用心通读导语、主体和结尾，才能把稿件中最重要、最新颖的内容提取出来，从而提炼出主题，发现新异。

②命意。

命意是网络标题制作的第二步，这时网络编辑处于对稿件主题创造的酝酿和构思阶段，编辑将在提炼出精华内容后，确定稿件的传播价值和意义。

③立言。

立言是指在标题制作时，网络编辑把命意阶段已经确定的标题内容和表现方式用恰当的文字表现出来。标题立言要注意力求通俗易懂、深入浅出、生动有趣。

④修饰。

修饰是网络标题制作的最后一步，也是网络标题最终成形的关键时候。因此，只要条件和时间允许，网络编辑应对网络标题的制作多做琢磨推敲，不断修改。

(2)网络稿件标题的制作原则。

①题文一致。

题文一致是网络稿件制作的首要基本原则，主要是指标题和稿件内容必须具备一致性，不能南辕北辙。题文一致主要包括一下几点：

第一，网络标题所写的事实应该是稿件中本来就有的，不是虚构。

第二，网络标题可以选择稿件中某一最具代表性、最核心的事实，用来概括事件的全貌。

第三，网络标题的论断在新闻中要有充分依据。

①凸显亮点。

凸显亮点是网络标题制作的第二制胜法宝。网站众多稿件中，标题能否吸引人，是否能使网民的眼前一亮，关系到稿件能否通过网站顺利传播出去，也是网站内容竞争的常见手段。

一般来说，制作标题突显亮点可以考虑在标题中添加最重要的内容、最新鲜的事实、最具有冲突性的内容、最显著的内容、最反常的内容、最有趣的内容等等。

③具体准确。

网民阅读网络稿件的时间特别短暂，一般标题在3秒内容没能吸引读者眼球，很可能这条网络稿件就会被网民忽视。而提高网民接受度的重要方法就是用具体和准确的事实去留住读者“眼球”。

具体即在网络稿件涉及的多个事实信息中，只选取其中一个或几个重要事实信息，放在标题加以强调。使标题做到具体，有以下几个技巧：

第一，多使用关键性的数字，即将稿件中出现的关键性数字放入标题。

通过对三个网站的网络标题进行对比，我们会发现中新网的标题制作更具体，因为添加了关键数字在其中，读者一目了然。

第二，多使用关联度高的内容，这样可以与网民找到共鸣，增强网民亲切感。

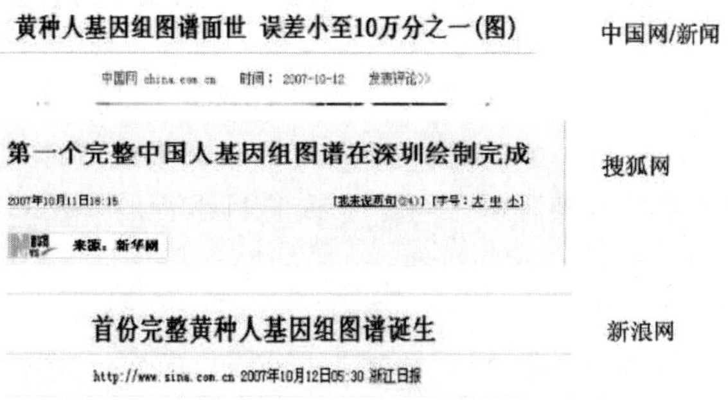

图 7-13

第三，突出新进展，在标题中放入事件的最新发展近况，从而吸引网民持续关注。

第四，放入解释性的内容，即将网民阅读时最有可能产生疑问的地方进行解释。

准确是指网络新闻标题必须真实的反映事实的本来面貌。因为事实是第一性，新闻是第二性。网络标题对新闻正文的表述是实现新闻真实性的第一要素。网络标题准确性表现在三个方面：

第一，对事实的概括要准确。

第二，对新闻事件发生的时间、地点、人物等新闻要素的展现要准确。

第三，对新闻事件的评述要掌握分寸和度。

④创意生动。

网络标题除了在内容上要吸引网民，在表现形式上也要下足功夫。有创意、生动活泼的标题不仅能从众多网络标题中脱颖而出，而且能增加点击率、阅读率和转载次数。创意生动可以从以下三点入手：

第一，立意新颖，即思想要新、见解要新、主张要新，总之网络编辑在设计标题时想到别人所不能想，看到别人所看不见的地方。

第二，角度新颖，即网络编辑能从众多不同角度中，找出最独树一帜的标题角度来进行描写。

第三，语意新颖，即网络标题的语言要清新，避免陈词滥调的套话。

(3)网络稿件标题制作五种常规手法。

①在标题词中提及关键词及热点词。

在网络标题中有意识的加入与企业相关或时下热门的词语，容易与网民形成共鸣，吸引大家的点击率，提高传播的可能性。例如：网络编辑为B2B类电子商务网站选择稿件制作网络标题时，标题中可以加入“B2B”“外贸”“订单”等等与网站的定位相同关键字，如：《24个能迅速让得到订单的B2B网站》《与外贸客户交流的技巧》《经典外贸口语200句》。

②使用形容词的最高级别。

中文使用最高级别的形容词虽然不需要像英文语法中那么复杂，但是形容词的最高级给受众带来的意识上的刺激性和关注度却是同样有效的。网络编辑在制作标题时常用的形容词的最高级别的词语有“史上最牛”“最高”“最美”“迄今为止”“最后”等，相应的标题有《史上最牛乞丐在西湖》《史上最牛体坛婚礼》《史上最牛书记》，等等。

③提取全文观点，用一句话概括。

标题体现作者全文的观点，在网络评论类的标题中比较常见。网络评论是作者对重要新闻事件发表意见和看法，而标题则是全文观点最集中的体现，例如：《春晚金鱼魔术师揭谜底：控制鱼出没变换阵势》《一个令人瞠目结舌的狮子 GDP 中竟有 40%是泡沫》，等等。

④使用引导式问句。

网络编辑在创造和再造网络标题时，根据网络稿件的不同情况，为使读者产生联想，最大程度网民单击文章阅读，可以适当使用引导式的问句，不正面说出观点，改由调动网民主动思考。例如：《女人，你抽烟为了什么?》《当贸易难做时你在做什么》《王圣淇：我为什么 24 岁就能当上大学副院长?》，等等。标题中使用引导式问句有助于最大承担提高网民的主观能动性，但直观性不强，作为当前以“快餐式”阅读的网民来说，并不适宜多使用。

⑤使用数字。

不论传统媒体还是网络媒体中的稿件标题，使用数字都是被认为比较成功的一种标题写法。数字是最直接、最客观的事实的表达。网络编辑不需要过多语言的粉饰，网民也不需要太多思考，变能够理解全文的核心信息，例如：《一个人应该掌握的 45 项技能》《好老婆一定做到这 10 条》《饭后七个好习惯，不发胖更健康》，等等。

四、内容提要的制作

1. 内容提要的概念

图 7-14

内容提要又称“准导语”、“内容摘要”、“内容简介”等等，介于标题与正文之间，是对网络稿件的主要内容的简单扼要的介绍，其目的是为了方便网民阅读稿件，快读了解稿件的主要内容的文字性说明，并便于检索以及查找有关内容。

2. 内容提要运用的主要场合

(1)在导读页紧接标题出现。

导读页包括网站的首页、频道的首页或栏目的首页等。在这些导读也中出现的内容提要，通常适用于重要的稿件。

图 7-15

(2)在正文页的标题后出现。

内容提要是作为标题与正文之间的过渡。

(3)在正文中出现。

这类内容提要通常在正文每一段前出现，可以提示该段落的主要内容。

3. 内容提要的主要作用

(1)吸引读者单击。

如果在稿件的标题后加入一段内容提要，就可在一定程度上弥补标题本身的不足，更好地吸引读者的注意力。

(2)揭示标题的精华。

编辑加工制作的内容提要，可以帮助读者迅速获取文章中的精华，同时，也起着一定的导读的作用，使人民更优墓地得阅读全文。

(3)调节阅读节奏。

在标题与正文之间或者正文的各个段落之间加入内容提要，还可以在一定程度上调节读者的阅读节奏，使他们的视觉有一个暂时的停顿，这样会获得更好的阅读效果。

4. 内容提要的写作思路

内容提要的写作，是一个对稿件内容进行分析、判断和再提炼的过程。通常可以采用两种思路，即全面概括于提炼精华。

(1)全面概括。

全面概况是内容提要写作中最主要的方式，它的目标是用凝练的语言，将稿件中的主要信息或观点概括出来，使读者可以更迅速地把握稿件的主要内容。对于传达新闻信息为主的稿件来说，要全面概括稿件的内容，就需要明确新闻的五个要素，将这五个要素或其中最重要的几个要素，在内容提要中加以介绍。由于很多标题无法将这五个要素都包容进去，因此，可以利用内容提要全面概括有关要素，或补充标题中没有涉及的信息要素，向读者传达更丰富的信息。

(2)提炼精华。

在某些情况下，稿件内容本身较为丰富，如果要全面概括，很难突出稿件的重点。这时，也可以考虑在内容提要中强调稿件中最具价值、最有新意或最容易吸引人们的某些内容。

标题与内容提要的作用是非常相似的，它们之间是一个层层递进及相互配合的关系。如果确定一篇稿件要同时使用标题和内容提要，就要从一开始即考虑如何实现两者的互补，考虑将什么样的要素放在标题里，什么用的要素放在内容提要里，两者内容不能有太多的简单重复。

五、超链接的运用

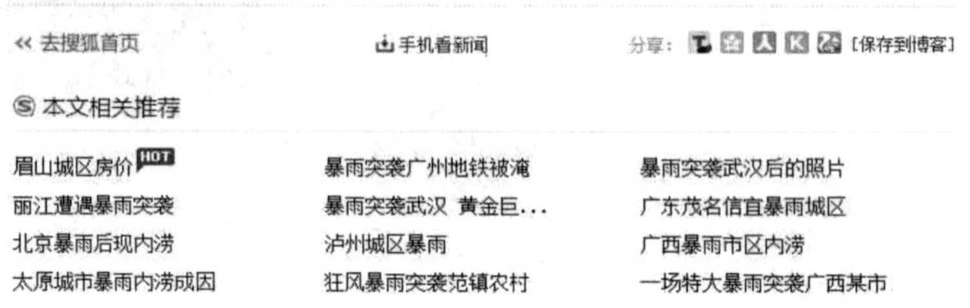

图 7-16

从网络新闻的发展方向来看，超链接大量和有效的使用将直接影响着网络新闻写作的思维方式，并对传统新闻文本进行彻底的改造。深入研究超链接的使用，对网络新闻的理论研究和写作实践有着重要的指导意义。

1. 超链接的定义

超链接是 HTML 中的一个标记，用于将不连续两端文字或文件联系起来，简单的说指按内容的链接。超链接的使用不受空间位置的限制，它既是一种技术手段，也是一种新的写作思维方式。

2. 超链接的作用

(1)有助于对特定对象的解释。

网络编辑在对稿件进行加工过程中通常需要对稿件中的重要人物、过往新闻事件、组织团体、概念名词和法律法规等特定对象添加超链接进行解释，从而拓宽受众对内容深层次的认识。

(2)有助于网络稿件内容延伸。

网络编辑通过在稿件中设置“相关文章”、“跟帖”、“发表评论”等内容的超链接，不仅可以延伸受众阅读，丰富报道内容，还可以使得网络稿件更具层次化，增加受众的互动性内容。

(3)有助于对网络稿件的改写。

网站的结构方式是层次式的，网络稿件需要按照网站的结构方式进行编辑，即在不同级别的页面上逐渐出现。因此，网络编辑在进行写作时，可以采用将一篇网络稿件按照标题、内容提要、新闻正文、关键词或背景链接、相关文章的延伸性阅读的层次顺序进行改写，从而使稿件符合网站阅读方式。

(4)有助于对网络稿件的整合。

网络编辑在进行网络专题报道时常常需要围绕一个主题，采选多篇稿件全方位介绍事件或主题，通过超链接可以有助于将稿件中与主体部分内容相关的文章，背景资料、图片，音频、视频等材料进行整合，增强报道效果。

3. 网络新闻文本中超链接的形式

在网络新闻中，超链接主要有两种形态。

(1)关键词，指所链接的是与关键词相关的内容。关键词形式多样，可以是文章，也可以是注释性的材料(包括文本、图表、声音、图像等)。图片展示的是新浪江西页面中《未来 7 天江西天气持续晴好 周日冷空气来袭要降温》一文中设立的关键词，“江西省”、“天气”、“降温”。

气象部门提醒，29日-30日江西省有一次降温过程，风力加大，注意提前防御降温和大风对农业生产的不利影响；城乡居民需注意根据天气变化及时添加衣物，防止感冒等疾病发生。此外，由于近期天气连晴，未来几天仍晴多雨少，江西省森林火险气象等级较高，需加强防御森林火灾。

标签：江西省 天气 降温

(2)内容链接，指篇末与网络稿件相似或相关的文章或其他形式的材料。图片展示的是搜狐社会页面中《注意！11 月起这些新规将实行 都与你有关!》一文的内容链接。

本文相关推荐

7月1日起这些新规开始实施 HOT	驾考新规10月1日起施行	西安停车收费新规明起施行
驾驶证年龄标准实行新规	驾考实行新规后会涨价吗	科三新规什么时候实行
十月一驾考新规真的实行吗	10月又有新规+这些发票	旅游新规22条
安徽物业新规10月施行	工伤新规9月施行+最高	银行施行一批新规

第二部分

编辑加工网络稿件

一、任务描述

(1)根据提供的网络新闻原稿《洛阳东都商厦发生特大火灾》，编辑加工成一篇主题鲜明，适合在网络上传播的新闻报道，确定标题，修改内容提要，添加相关的超链接。

(2)根据网络稿件修改的基本知识，修改稿件《老两口出国“取经”带孩子》中的问题。

本节任务由学生在老师的指导下完成。

时间安排表

课时	工作安排	教师活动	备注
0.5	划分小组，下发任务，解读任务		好的团队是成功的基础
0.5	制作标题	讲解示例，检查学生写的标题	
1	稿件正文加工	讲解示例，检查学生对稿件内容的加工制作	
0.5	添加超链接	讲解示范，巡回辅导	在机房完成
0.5	修改稿件错误	讲解示范，检查学生修改的稿件	
1	小组展示成果，自评、互评、教师评价	组织展示评价活动	

二、任务实施

(一)编辑加工稿件《洛阳东都商厦发生特大火灾》

编辑加工文稿原稿如下文：

洛阳东都商厦发生特大火灾　当地全力组织灭火抢救

(来源：西部在线——三门峡日报)

新华社洛阳12月26日电　12月25日21时35分，洛阳市东都商厦发生特大火灾，在商厦四楼歌舞厅参加圣诞节活动的群众及大楼内施工的部分民工被困。

接到报警后，洛阳市公安局市消防支队紧急调集消防官兵、公安干警800余人，出动消防车辆26台，迅速赶赴现场进行灭火和抢救。洛阳市委、市政府接到报告后，市委副书记、市长刘典立等在洛的领导同志立即赶赴现场，成立临时指挥部，组织实施抢救。市委、市政府明确要求，各单位要不惜任何代价，采取有力措施，随时抢救伤员，同时调动卫生部门救护车 32 辆，医护人员 200 余人赶赴现场进行现场救护，将清理抢救出的伤员分头送往全市 9 家医院进行紧急抢救和安置。根据现场情况，市委、市政府领导牵头，公安、消防、卫生及老城区委、区政府分工负责，实施现场灭火、抢救群众、控制现场、疏导交通、维持秩序等各项工作。22 时 50 分，火势得到控制，26 日零时 37 分大火被完全扑灭，受伤人员全部被送往各医院救治。

今天凌晨，河南省委书记陈奎元主持召开省委常委紧急会议，研究被困人员抢救和事故处理工作。省委常委会后，省长李克强紧急赶赴洛阳查看火灾现场，并到医院看望正在救治的伤员，主持召开省、市有关党政领导紧急会议，听取情况汇报，部署善后工作。在此之前，受省委、省政府委托，河南省副省长张以祥带领省直有关部门负责同志连夜赶赴洛阳，指挥抢救工作。

根据党中央、国务院领导的指示，国家经贸委副主任石万鹏已于今天下午赶赴洛阳，查看现场，听取情况汇报，召开国家有关部门及河南省有关领导参加的会议，进一步研究部署善后处置工作，决定由公安部牵头，会同河南省及监察部、全国总工会等对火灾事故进行全面调查处理。

今天下午，河南省委、省政府召开全省紧急电视电话会议，进一步安排了安全生产的有关工作。

据悉，火灾死亡 309 人，全部系窒息死亡。大多数死者是在该商厦四楼个体歌舞厅烟熏致死。该歌舞厅由个体承包，属违章经营。火灾原因正在进一步调查之中，有关事故涉嫌人员已被依法监控。目前全市社会秩序基本稳定。

学生们认真阅读以上原稿，由学生小组对原稿进行编辑加工，改写成新的网络新闻稿件。可参照以下示例。但是如果完全按照示例完成，那么在评价时只能给合格分。

稿件编辑加工示例：

思路：突出火灾的伤亡人数或火灾的原因，内容简练。

1. 修改标题

原标题新闻要素不突出，而且不是复合型标题，不适合网络新闻标题。调整后为单标题，标题直接说明新闻要素，从而吸引网民阅读。

(1)洛阳东都商厦发生特大火灾造成 309 人死亡。

(2)洛阳东都商厦惊天大火：都是电焊火花惹的祸。

2. 稿件压缩

网站新闻稿件有简练的版面要求，原稿内容过长，我们对冗余的内容进行删除，消除赘述，但不损害原稿主干，保留精华。

删除对应段落后，新闻稿件如下：

12 月 25 日晚 21 时 35 分，洛阳市东都商厦发生特大火灾，在商厦四楼歌舞厅参加圣诞节活动的群众及大楼内施工的部分民工被困。火灾造成 309 人死亡。

接到报警后，洛阳市公安局市消防支队紧急调集消防官兵、公安干警 800 余人、出动消防车辆 26 台，迅速赶赴现场进行灭火和抢救。洛阳市委、市政府接到报告后，市委副书记、市长刘典立等在洛的领导同志立即赶赴现场，成立临时指挥部，组织实施抢救。市委、市政府明确要求，各单位要不惜任何代价，采取有力措施，随时抢救伤员，同时调动卫生部门救护车32辆，医护人员200余人赶赴现场进行现场救护，将清理抢救出的伤员分头送往全市9家医院进行紧急抢救和安置。22时50分，火势得到控制，26日零时37分大火被完全扑灭，受伤人员全部被送往各医院救治。

据悉，火灾死亡309人，全部系窒息死亡。大多数死者是在该商厦四楼个体歌舞厅烟熏致死。该歌舞厅由个体承包，属违章经营。火灾原因正在进一步调查之中，有关事故涉嫌人员已被依法监控。目前全市社会秩序基本稳定。

3. 设定超链接的内容

这篇新闻稿来源于报纸，但作为网络新闻稿需要为其设定相关的超链接内容，增强稿件深度和广度。一般的超链接可以从关键词、相关报道、相关搜索这几个方面入手。

(1)关键词，可以是其中地名，如河南、福建、北京和其中涉及的相关人物刘典立等入手设定关键词。

(2)相关报道。可以通过百度和搜狗等搜索引擎发现和本文相关联的其他媒体报道。

例如：记者直击洛阳特大火灾：12月25日全城泣血(2000/12/27/10:01)

河南省委书记强调：对人民生命安全再不能漠视(2000/12/27/09:26)

综述：圣诞夜洛阳惊世惨案一把大火烧死309人(2000/12/27/09:20)

河南省委省政府召开紧急会议部署安全生产工作(2000/12/27/08:56)

(3)相关搜索，则可以从本文的新闻背景入手。如添加关于“洛阳市东都商厦”背景资料说明。

(二)修改稿件《老两口出国“取经”带孩子》中的问题

修改稿件错误原稿如下文：

老两口出国“取经”带孩子

从外孙出生到现在，从英国到中国，老两口几十年养儿育女的经验被打破。通过带DYLAN，伊大国两口子对中外育儿经验有了很深的体会。从生孩子到育儿，东西方的种种差异，伊大国两口子在慢慢适应。

伊大国的女儿英国生活多年，嫁给一位英国人。育有一儿一女，大女儿已经上初二了，小儿子才二岁半。小儿子DYLAN出生前，伊大国两口子飞往英国去“伺候月子”。

伊大国的女儿是自然产，在英国一般不建议剖腹产。最初，让伊大国和妻子范文欣有点不能接受的是，女儿生完孩子3个小时然后就被护士送去洗澡。产后喝果汁，吃的是西红柿、黄瓜之类凉菜。范阿姨心疼闺女，自己做了一些热乎乎、烂糊糊的饭菜送过去。

学生们认真阅读以上原稿，由学生小组对原稿进行编辑修改，修改成符合规定的网络新闻稿件。可参照以下示例。但是如果完全按照示例完成，那么在评价时只能给合格分。

本文共10处错误，主要是标点和用词的不当。

老两口出国“取经”带孩子

从外孙出生到现在，从英国到中国，老两口几十年养儿育女的经验被打破。通过带 Dylan，伊大国两口子对中外育儿经验有了很深的体会。从生孩子到育儿，中西方的种种差异，伊大国两口子在慢慢适应。

伊大国的女儿在英国生活多年，嫁给一位英国人，育有一儿一女，大女儿已经上初二了，小儿子才两岁半。小外孙 Dylan 出生前，伊大国两口子飞到英国去“伺候月子”。

伊大国的女儿是自然产，在英国一般不建议剖腹产。最初，让伊大国和妻子范文欣有点不能接受的是，女儿生完孩子 3 个小时就被护士送去洗澡，产后喝果汁，吃的是西红柿、黄瓜之类的凉菜。范阿姨心疼闺女，自己做了一些热乎乎、烂糊糊的饭菜送过去。

三、任务检验

任务完成后，各小组展示成果，先由本小组自我总结评价，然后其他小组给予评价，老师点评，再由小组进行改进，最后由教师根据改进后的成果，征求其他小组意见，给出最后得分。评价时可对照推荐结果样式(参见预览效果图)。

任务检验评价表

评价内容	评价标准	配分	自评	互评	教师评价	改进	改进后得分
稿件标题	题文一致、突出亮点、具体准确创意生动	20					
稿件编辑加工	主题突出，内容简练，有创意，符合原稿提供的事实	30					
超链接	与稿件内容相关，升华、补充稿件	20					
修改稿件错误	符合用词用句规范	30					
总分							

第三部分
技巧和拓展

大数据时代现代网络编辑意识的变革

1. 由单纯的信息加工到个性化信息推荐

传统编辑主要根据一定的媒体的编辑方针、出版单位的选题和发行部门的宣传主题等宏观意识对稿件内容负责行文措辞、知识点描述、内容结构。因此其主要是对信息内容进行选题、组稿、审读、加工整理等单纯加工工作，有时候甚至是独立和割裂的。大数据时代，随着互联网和移动终端的快速发展，个性化信息推荐成为编辑的一项新型的课题。网络编辑不仅仅要考虑本单位的宏观意识，更要考虑到用户们的兴趣、爱好、习惯和频率等个性内容。正如 Frog Design 咨询公司的时尚观察家所言："我们正在离开信息时代，迈入推荐时代。"因此，现代编辑应具有个性化推荐模式的意识，即根据用户个人兴趣个性化信息合成和推荐。

2. 由采编分离到与各部门融合

采编分离作为传统媒体中的一种重要管理机制，以报社为代表，专门设立了专版主任和专版美编和责编，用以独立于外出采访的记者和其他工作人员。这对于提高新闻生产力、采编质量和新闻专业化，以及遏止和杜绝有偿新闻，推动报纸采编业务的前进起着重要的作用。然而以媒介融合为重心，传统媒体纷纷进入数字化转型的今天，编辑继续以独立角色存在显然显得有些格格不入，编辑与各部门之间的壁垒亟待推倒。一方面，编辑要加强与产品、设计、技术、市场部门的合作，甚至参与到内容推广的流程当中；另一方面，编辑部门要引入其他优秀团队进驻，加强融合。例如，现在不少网络编辑部门就引入了数据团队的加入，这就使得在新闻报道时能够实时交流，并且添加之前空缺的数据分析内容，真正做到媒介融合时代的"大数据新闻报道"。

3. 由以"传者为中心"到以"用户为中心"

"传者为中心"的编辑思想体现了当媒介市场信息供不应求时，以卖方为中心的市场，此时传播者在媒介市场中起着中心地位，虽然以新闻出版为代表的大众传播是双向传播，但双方地位的不平等，使得受众的反馈是极其有限的。这种编辑意识基本上可以概括为"我说，你听"。大数据时代，信息内容的海量库存和信息获取的便易性，使得媒介传播的信息内容"富余化"，新闻出版单位的信息生产成本也不断降低，媒介市场的中心已经转向"用户为中心"的买方市场。现在的受众不再单纯地、被动地接收新闻出版单位传播的信息，而是一个个主动地、有选择地接收信息的被服务用户。这种编辑意识可以概括成"你想，我做"。

第四部分

添加准导语和超链接

一、任务描述

模拟网络编辑的工作任务，完成添加网络新闻稿件的标题、补充准导语和添加相关内容的超链接。本任务由学生小组自行学习教材提供的任务提示和参考资料，然后独立完成。

时间安排表

课时	工作安排	学生活动	备注
0.5	以小组为单位，接受任务，解读任务	组内讨论	好的团队是成功的基础
0.5	任务计划	组内讨论，分工，学习材料	
0.5	添加标题和准导语，以及搜索相关内容完成超链接	上机操作，阅读，讨论	在机房完成
1.5	完成稿件加工任务	上机操作，协作完成	在机房完成
1	小组展示成果，自评、互评、教师评价	组织展示评价活动	

二、任务安排

结合之前学习的知识，完成以下工作任务：

1. 根据网编标题新闻的要求，为下列新闻添加新闻标题。

(1)据北京市野生动植物保护处负责人介绍，今年北京计划把密云水库湿地、平谷金海湖湿地、顺义汉石桥湿地、门头沟三家店湿地这4处建成市级自然保护区，把全市90％以上的主要湿地建成自然保护区。到2005年，北京的湿地自然保护区将达到10个；到2010年，北京的湿地将恢复到20世纪80年代初期8万公顷的面积。除了增加上游水源供应、退农耕变滩涂外，还将在湿地恢复1万多亩的芦苇植被，恢复植物和动物的多样性。此外，北京今年将尽可能抢救恢复一批重要湿地。

(2)今年可以说是多灾之年，人们刚刚从土耳其、台湾大地震和美国飓风的恐惧中摆脱出来，强烈的飓风又袭击了印度东海岸，造成了至少79人死亡，数以万计的人流离失所。在受灾地区，建筑物、电线杆和通讯设施被一扫而光，供水和供电完全中断。据统计，在21世纪至少有100万人死于来自印度洋的强烈飓风。

为了减少灾害造成的损失，印度政府正在加强研究，希望能够了解北印度洋地区飓风的形成，加强预报工作，以减少损失。

(3)今天，信息产业部电子信息产品管理司在北京人民大会堂宣布，在国家产业政策引导下，我国集成电路产业通过自主创新，成功开发出全球首枚基于第三代移动通讯 TD—SCDMA 标准的 3G 手机核心芯片。这一具有自主知识产权的成果，标志中国通信核心芯片的关键技术达到国际领先水平，打破了我国手机芯片核心技术长期以来一直被外国通信公司垄断的技术壁垒。

这一芯片和国外同类产品相比，在体积、集成度、功耗和相关的软件系统方面具有明显优势，是目前世界上集成度最高的 3G 核心芯片。由归国留学人员创建的高科技企业展讯通信(上海)有限公司，是这一芯片的创造者。展讯公司与大唐移动公司共同开发了 TD—SCDMA 手机核心软件，并即将与大唐移动、科泰世纪合作开发 3G 手机操作系统。

2. 根据网编新闻准导语的要求，为下列新闻添加准导语。

台风“苏迪罗”致江西 32 万人受灾

波及 19 个县省防总昨结束防汛Ⅳ级应急响应

（来源：中国江西网—江南都市报）

影响：“苏迪罗”致我省 32.17 万人受灾

台风“苏迪罗”虽然走了，赣鄱大地依然雨水未断。8 月 11 日，省防办发布的数据显示，10 日 16 时至 11 日 16 时，全省平均降雨量为 11 毫米，最大是景德镇市 31 毫米。

据省防办发布的消息，11 日 16 时，全省各河道站点水位均在警戒以下，省调度的大型和重要中型水库水位均在汛限水位以下。第 13 号台风“苏迪罗”已在安徽省境内减弱为热带低压并于 10 日 17 时停止编号，对我国大陆影响趋于结束。鉴于台风“苏迪罗”对我省的影响已基本结束，省防总决定 8 月 10 日 18 时起将全省防汛Ⅲ级应急响应调整为Ⅳ级，同时于 11 日 13 时起结束防汛Ⅳ级应急响应。

据省防办统计的最新灾情数据，台风“苏迪罗”共造成我省 4 个设区市 19 个县(市、区)32.17 万人受灾，紧急转移安置 5.15 万人，倒塌房屋 295 间，农作物受灾面积 46.9 千公顷，直接经济损失 4.48 亿元，其中水利工程水毁直接经济损失 1.04 亿元。

解读：入赣强度已减弱为何仍出现明显风雨

省气象台专家称，“苏迪罗”影响范围涉及台湾、广东、福建、浙江、上海、江西、湖南、湖北、河南、安徽、江苏等 11 个省(直辖市)，是今年以来影响我国范围最广的台风，其中“苏迪罗”中心在我省逗留约 20 个小时。

此次台风暴雨主要发生在华东区域，在我省，九江等北部地区是暴雨中心，同时风力最大的地方，全省监测到的最大 10 级风，就出现在庐山。

8 日晚上至 10 日，是“苏迪罗”影响期间我省主要降雨时段，昨日我省降雨范围已明显缩小，只是在南昌、上饶和景德镇的部分地区出现了较明显降雨，而且雨水的持续时间也不长，基本都是出现在昨日上午。

省气象专家称，此次“苏迪罗”引发的降雨具有短时强度大的特点，九江市庐山区、德安、瑞昌、武宁等 4 个县(区、市)的 13 个站点出现特大暴雨。

从雨量数据上看，“苏迪罗”入赣后，我省出现的降雨强度比福建一些地方还要大。9 日“苏迪罗”进入我省时减弱为热带风暴级别，此后又继续减弱为热带低压，为何赣北还会出现明显风雨？对此，气象专家分析称，这是因为“苏迪罗”本身强度大、能量足，同时还有一个重要因素：我省位于台风主体的北部，处于风雨强度大的有利位置，台风是逆时针旋转的气旋，当台风移向我国东南沿海时，位于台风中心北部的地方是向岸风(南部是离岸风)，是风雨最强的部位，由此在赣北掀起了大风大雨。

3. 为下面这则网络新闻配备相关超链接。

独家记录宁泽涛夺冠夜因近视未意识到夺冠

（来源：腾讯体育）

图 7-17

腾讯体育 8 月 7 日喀山讯(特派记者应虹霞(微博))触壁、出水，回望大屏幕，宁泽涛恍惚了一下。随即一把摘下泳帽，高高擎起：帽上硕大的“NING”字，连同适才 47 秒 84 电光火石般的惊艳，就这般张扬地炫耀给了世界！

一向低调的宁泽涛，这一瞬，挥洒着属于他个人，属于黄种人的傲骄与幸福。“因为近视嘛，触壁时没意识到自己拿冠军了，也没想过会拿冠军。”从亚洲冠军晋级世界冠军的国民男神，仿佛还无法相信这一天会到来得如此之快。

喀山夜，为中国宁疯狂

“真的是太疯狂了，简直像做梦一般。作为中国人能够站上决赛，与世界高手对决，已经很荣幸了。”宁泽涛在通道那头现身时，混合区掌声四起。数分钟前刚刚上池、还滴答着水的新世界冠军，瞬间完成切换：脸上是永远谦逊的笑容，适才的张扬与激动不再。

宁泽涛不知道，在守候他来临之前，这里曾有多么的狂热。触壁的刹那，中国女记者们在尖叫，外媒记者先是瞠目结舌，等回过神来，便向中国记者竖起大拇指。东道主俄罗斯记者，还有日本记者都围拢了过来，向熟悉的中国记者发动“攻势”：求中国宁的赛后发言，PLEASE！赛场新闻官开始挨个“关照”中国记者：中国宁，冠军发布会 19:45！

疯狂的不止是这里。看台上，来自莫斯科、喀山的中国留学生们，自发举着“加油！小鲜肉”的横幅，从头一天预赛、半决赛，一场场加油到最后的决赛。

正值暑假，一名来自宁泽涛家乡郑州，在喀山大学上研一的女生，抛下了勤工俭学的活儿，连续两天特地来为包子加油。而中国学生身边的俄罗斯观众们仿佛也被带动着，卖力地为宁泽涛尖叫，欢呼着。

傅园慧为他喊哑嗓子　儿时偶像为其颁奖

“这是中国人、亚洲人，是黄种人的梦想。”话音刚落，宁泽涛忽然停顿下来。此时，混合区的大屏幕上，闪出了傅园慧50仰一马当先触壁的特写镜头。

宁泽涛注视了大屏幕好几秒。掀开这个疯狂中国夜的始作俑者此刻并不知道，在他方才触壁的一瞬，正在检录室等候上场的傅园慧有多受鼓舞，大大咧咧的姑娘后来直嚷嚷，说她兴奋得连嗓子都喊哑了。

“奥运奖牌？还很遥远。”如同这次出发喀山世锦赛一样，宁泽涛依然低调隐忍。中国宁很快被新闻官催离混合区，然后是更衣、领奖。

颁奖者是宁泽涛儿时的偶像波波夫，现俄罗斯泳联副主席，这让领奖台上的宁泽涛更加开心。仁川亚运立一等功的海军战士，还行了一记标准的军礼。全国人民都看到了，向来感情不外露的包子，眼角居然也会噙泪。

第一个跑向叶瑾教练　在父亲怀中恣意泪奔

然而很少有人注意到，在后场，国民男神其实有更为性情的流露：从混合区出来的宁泽涛，高握右拳作胜利状，兴冲冲小跑起来，与迎上前来的叶瑾教练紧紧拥抱。多年来，是叶瑾教练悉心指导他，呵护他，师徒俩才携手走到今天。

然后孙杨教练张亚东(微博)、叶诗文教练徐国毅都上来动情与宁泽涛狠狠拥抱……中国的教练们早就沸腾了！

“感谢叶瑾教练给我打下了一个坚实的基础，这也是今天成功的关键因素。”发布会上被问到这一幕，宁泽涛说。“我们整个队伍，就像一个大家庭。”

然而，当看到万里迢迢亲临喀山的父亲，投入父亲的怀抱时，再懂事再坚忍的包子，也不由地像个孩子一般，恣意泪奔了。

半年未祭扫姥姥　为冬训春节没回家

“觉得太对不起家人了。”扑在父亲的怀里，宁泽涛满满都是内疚。

半年前，在云南高原备战世锦赛期间，宁泽涛失去了慈祥的姥姥。此后宝鸡全锦赛、澳洲外训接踵而至，直到现在，宁泽涛都没能返回郑州老家祭扫亲人，这让他引以为憾。而因为宁泽涛的母亲至今未能走出哀伤，此番世锦赛，只有父亲和叔叔与小宁一路相随。

掐指算来，宁泽涛有太久没有回家了。过去的这个冬天，他全程都在上海的海军基地度过，只有除夕下午，才放了半天假。在这个被教练叶瑾笑称为“恐怕是全国最小的训练用池”，整个冬训期间，宁泽涛瞄准的目标是100米提高0.05秒，50米提高0.01秒——殊不知，这样的自我挑剔与苛求，正是游泳运动员，特别是短距离自由泳选手永恒的主题。

仁川亚运后寻求新突破　夺冠夜接外教祝贺邮件

从预赛的48秒11，到半决赛的48秒13，再到决赛的47秒84，宁泽涛刷新了上午澳洲小将麦克沃伊刚刚创造的今年最好成绩。决赛当天喀山气温骤降，天气只有20摄氏度，宁泽涛凭借最后的强力冲刺和完美的到边技术，以一个手掌的微弱优势力压麦克沃伊，第一个触壁。

“只有前面冲出去了，后面才有机会赢得冠军。”在喀山，宁泽涛这样回忆教练对他的指导。

在国内，在喀山，始终陪伴宁泽涛的是悉心指导他，呵护他的教练叶瑾。宁泽涛在仁川亚运一摄四金，叶瑾教练回来后却帮助宁泽涛悉心分析说，再要突破，就要提高前程的速度，同时强化出发和到边。叶瑾教练也为他减压，让初涉世锦赛大赛舞台的宁泽涛，敢于与高手一场场去拼。

澳洲籍外教布朗也给了宁泽涛不小的帮助。布朗是宁泽涛今年6月赴澳洲冬训的外教，尽管未能亲临喀山世锦赛，布朗给中国爱徒“灌输强大信心”的邮件却如影随形——喀山夺冠夜，布朗的祝贺邮件几乎与冠军发布会同一时间翩然而至。夺冠之夜忙得不亦乐乎的宁泽涛，提到邮件不禁扑嗤乐了，连称“我都还来不及回呢!”

三、任务检验

任务完成后，各小组展示成果，先由本小组自我总结评价，然后其他小组给予评价，老师点评，再由小组进行改进，最后由教师根据改进后的成果，征求其他小组意见，给出最后得分。评价时可对照推荐结果样式(参见预览效果图)。

(一)参考答案

1. 北京将建4个湿地保护区

飓风袭击印度，损失惨重；或“印度惨遭飓风袭击”

首枚3G手机核心芯片问世

2. 11日13时起，省防总决定结束防汛Ⅳ级应急响应。虽然台风“苏迪罗”10日上午就离开了我省，但昨日上午南昌乃至全省多地仍笼罩在雨水中，直到昨日下午才雨过天晴。

气象专家称，“苏迪罗”是今年以来影响我国范围最广的台风，也是对我省影响时间较长的台风。台风已消散，可天气系统稳定转晴还有个过程。气象部门预计，15日前我省多阴雨，之后将转以晴热高温天气为主。

3. 对手含情脉脉注视宁泽涛　网友：宁太太团欢迎你

宁泽涛孙杨惺惺相惜　实力人气两人互不相让

宁泽涛夺金感谢外教　世锦赛前曾输给女选手

宁泽涛夺金汪顺摘铜　孙杨不再1人“独挑大梁”

(二)任务检验评价表

评价内容	评价标准	配分	自评	互评	教师评价	改进	改进后得分
制作标题	题文一致、突出亮点、具体准确创意生动	30					
制作内容提要	概括全文，提炼全文精华	40					
制作超链接	与稿件内容相关，升华、补充稿件	30					
总分							

第五部分

总结和反馈

1. 请一个学习小组总结本项目中遇到的问题和解决的办法。

遇到的问题	解决办法

2. 请学生总结之后完成下表。

网络稿件加工的主要内容	列出你今后需要学习的知识和技能

项目八　实施原创

【学习目标】

知识目标： 1．了解网络原创内容的形式；
2．了解网络新闻的采访方式；
3．了解消息的定义、特点、种类和构成。

能力目标： 1．掌握网络新闻采访的技巧；
2．学会撰写网络新闻稿件；
3．学会运用多种网络新闻的结构。

素质目标： 1．具备网络新闻采访的职业能力；
2．具备网络原创写作的职业能力。

第一部分

预备知识

网络内容原创是网络编辑一项重要的工作任务和必备的工作技能。网络媒体不断迅猛发展，在众多媒体中抢占愈加重要的地位，除了因为多元化的传播渠道，更主要的是依靠自身内容原创，即网络稿件内容并非转载传统媒体或其他网络媒体的稿件信息，而是网络编辑自行生产的独特信息资源和对信息资源的重新整合、加工、处理。网络原创内容一般具有时效性、广泛性、互动性、灵活性等特点。

图 8-1

图 8-1 为搜狐网 2015 年 9 月 4 日的主页截图，从栏目设置不难看出，搜狐网的原创性栏目包括新闻、军事、文化、历史等数十项内容。

一、网络原创内容的形式

1. 原创新闻

传统意义的新闻，是指对新近发生事实的报道，是通过报纸、电台、广播、电视台、互联网等媒体途径所传播的信息的一种称谓。网络原创新闻是伴随着互联网技术革新和各类网站蓬勃发展而逐渐独立衍生而来的概念，它是指有资质的网络媒体机构的网站记者或网站编辑通过互联网中的网页、论坛、博客、微博等社会化媒体，运用文字、图片、音频、视频、Flash、电子杂志等多种手段对新近发生事实的报道或评论。从广义的角度讲，网络原创新闻是基于网络发布或再发布的新闻信息。从侠义的角度讲，网络原创新闻是指网站记者和编辑通过互联网报道或评论新变动或者正在变动的事实。

（1）网络新闻的原创途径。

原创新闻是网站持续不断发展的核心要素。网络相比传统媒体报道原创新闻，一方面可以使记者编辑在一定程度上脱离烦琐的现实情况，通过网络大数据得出需要的客观事实，不必时时像传统记者一样需要靠双腿跑出新闻；另一方面网络又使得记者编辑不宜贴近实际、生活和群众，常常难以报道出有血有肉的新闻故事。根据网络新闻报道的特点，一般来说网络新闻原创可以有以下两个途径。

第一，网络记者编辑的独家新闻。网络记者编辑自行采访和策划的具有较高新闻价值的新闻，它往往具有一手性和排他性。例如新浪财经专栏之“意见领袖”，就刊登了财经界知名人士程实、江濡山、王永利、李德林等等的评论文章。网站通过聘请某一领域的业内专业成为网站的评论员，以专稿的形式发在网站中，从而形成了“人无我有、人弃我取、人浅我深、人平我新”的网络原创新闻。

别把国际市场动荡归咎于中国

2015年09月05日 09:28 作者:程实 (0) 我有话说(41人参与)

+订阅

文/新浪财经意见领袖专栏(微信公众号kopleader)专栏作家 程实

国际金融市场的调整自有其内在机理，并不是中国开启了风险的潘多拉之盒，相反，中国经济的相对稳健和中国金融的有序改革，恰恰会对全球经济未来可持续复苏的提供支撑。国际金融市场波动自有其内因，中国只是其中一部分。

图 8-2

第二，网络记者编辑改写、整合新闻资源。在大部分情况下，网络编辑要对互联网上某一主题或某一事件的相关报道进行改写、整合，从而以一种相对全新的视角和形式呈现给受众。它可以是对某一事件的综合，从而扩大事件影响力，提升舆论强势，也可以是对某一事件的补充说明，从而让受众可以从多个角度看待事件。

西方主流媒体高度关注中国大阅兵称裁军出乎意料

（来源：中新社）

9月3日，新中国成立以来中国首次以纪念抗日战争暨世界反法西斯战争胜利为主题举行盛大阅兵。西方主流媒体高度关注，大篇幅报道。并聚焦中国在阅兵式上首次展示的先进武器装备，以及中国裁军计划、军事实力等。

中国国家主席习近平3日在纪念中国人民抗日战争暨世界反法西斯战争胜利70周年纪念大会上宣布，中国将裁军30万。

《华尔街日报》报道，中国国家主席习近平宣布裁军30万，这是中国加强军事改革系列的一部分。中国国防部随后表示，此次裁军重点是老旧装备部队和非战斗机构人员。裁军将在2017年完成。

《纽约时报》报道，中国国家主席习近平利用在二战结束70周年庆典发言的机会宣布中国将裁军30万，以此展示中国人民解放军是维护和平与地区稳定的力量。

《纽约时报》称，中国军队目前拥有200多万人，习近平开始加快军队现代化的步伐，将支出从传统的地面部队转向更为先进的海军及空军，它们需要较少但受过更好训练的人员。

美国有线电视新闻网(CNN)报道说，为纪念二战结束70周年，伴随着成群的战斗机、直升机飞过头顶，约1.2万受阅军人穿过北京的中心，这也是中国最大规模的军事实力展示。

CNN说，中国国家主席习近平表示，中国将继续致力于“和平发展的道路”，并出乎意料地承诺将中国230万的强大军队削减30万。

《洛杉矶时报》报道，美国退伍军人代表团为参加中国阅兵式感到“骄傲”。74岁的飞虎队历史组织主席拉里·乔布说，我们代表团的每个人都为能参加中国阅兵感到自豪和高兴。

拉里·乔布在阅兵仪式后对《洛杉矶时报》说，中国举行阅兵是完全适当的，这是标志着一场可怕战争结束的纪念仪式。并表示，自己认为中国是一个强大的国家，但不会将强大的中国军队视作一个威胁。

英国《金融时报》报道，在中国抗日战争和第二次世界大战结束70周年之际，中国本次阅兵被称为一首过去的敌对国家之间和平与和解的颂歌，但阅兵式上展示的各种武器更令人瞩目。

《金融时报》称，习近平还承诺推动广泛改革，以精简230万人民解放军，将其改造成一支现代化、高科技的军队，并将裁减军队员额30万。

英国广播公司(BBC)报道说，中国举行70周年抗战胜利的阅兵仪式，仪式盛大史无前例，展示中国的军事实力。大约1.2万名军人参与阅兵仪式。军备方面，200架军机、坦克及导弹都在北京天安门广场展示。中国增强的军力备受关注。

BBC说，中国在阅兵式上首次展示了反舰弹道导弹东风—21D。报道称该导弹能够一次性摧毁航空母舰。

路透社在当天的报道中说，中国举行了史上最大规模的阅兵式。中国领导人习近平宣布裁军30万，意味着中国军队人数将从现在的约230万减少13%。

这篇网络新闻是中新网记者编辑综合、整合了西方主流媒体CNN、BBC和《纽约时报》等对中国举行70周年抗战胜利大阅兵仪式的看法。这使得网民可以在一个更加立体的角度全方面的理解大阅兵仪式的意义和世界影响力，增强对新闻的解读，这也是网络原创新闻的另一种体现。

(2)网络原创新闻的特点。

①时效性。

时效性是指信息的新旧程度、行情最新动态和进展。网络传播本身具有迅速性和广泛性，这使得网络原创新闻的发布不受时间的限制，可以实现24小时“全天候”的新闻发布模式。对于时效性强的突发性事件，例如重大体育赛事直播、重大灾难和重要会议等等，网络编辑可以通过网络实现“即时性”的原创新闻传播，并且可以做到实时更新。

②互动性。

即时性的反馈是网络双向传播区别与传统媒体单向传播的一个重要环节。网络技术的发展为网络信息传播者和网络用户接受者搭建了一座畅通的沟通桥梁。网络原创信息发布后，传播者可以通过电子邮件、留言板、论坛，甚至是浮动窗口聊天等方式，与用户进行沟通，从而调整新闻传播策略和传播内容。

③多媒体化。

传播介质的不同，报纸、广播和电视这三大传统媒体的信息传播方式往往是受到客观条件限制的。网络媒体，特别是在“大数据”时代，已经实现了数据、文本、声音和图像的一体化结合。使得网络媒体在传播原创新闻时，可以以更加立体和多面化的方式将事件完整的呈现在用户面前。例如2014年获得普利策新闻特稿奖作品《雪崩：特纳尔溪事故》(*Snow Fall*：*The Avalanche at Tunnel Creek*)。该作品报道了16名滑雪爱好者遭遇雪崩的经过，在报道技术上把文字、音频、视频、动漫、数字化模型(DEM)、卫星模型联动等集成，发表在《纽约时报》的网站上，真正实现多媒体化的传播。

④超链接方式。

超链接的应用是网络新闻传播与传统媒体新闻传播最大的不同。网络原创新闻通过给新闻当中的关键词、关键人物、相关背景和其他媒体的报道和评论添加超链接，使得新闻在传播上大大加深了报道的深度和广度，也使得受众在阅读新闻时的参与性和主动性更强。

2. 网络原创文学

(1)网络文学的概念。

网络文学是随着互联网的普及而产生的。互联网络为上亿网民提供了各类文学资料信息，与此同时，一种以这种新兴媒体为载体、依托、手段，以网民为接受对象，具有不同于传统文学特点的网络文学悄然勃兴。

网络文学，指新近产生的，以互联网为展示平台和传播媒介的，借助超文本连接和多媒体演绎等手段来表现的文学作品、类文学文本及含有一部分文学成分的网络艺术品。其中，以网络原创作品为主。

(2)网络原创文学的特点。

①传播的快捷性。

传统文学作品的从完成到发表要经历审稿、改稿、校对、印刷等多个缓解，往往需要很长的事件。网络原创文学则只要符合相关法律法规和作者同意，就可以第一时间见诸网络，呈现在读者面前。

②读写的互动性。

相对于传统文学作品，网络原创文学具有很强的互动性。传统文学作品发表前能够得到广大普通读者反馈的可能性不大，而网络原创文学作者可以边写边发布，读者可以在第一时间提出意见、建议和发表评论。

③身份的隐蔽性。

网络传播媒介的隐匿性赋予了网络原创文学作者身份的隐蔽性。传统文学作者虽然可以通过笔名发表文章，但笔名不能真正意义上确保其身份的不暴露，而网络原创文学的作者身处于网络虚拟世界，尽管写作需要注册，但这种注册可以用真实名字，也可以杜撰。

④开放性和大众性。

传统文学不是每一个人都能完成，这需要一定的资质和出版机构的支撑。网络原创文学则给所有用户打开了一扇大门，用户可以利用互联网平台去发表自己愿意表达的故事，任何人都可以随时将自己完成的文学作品发布到网络平台上。

(3)主要的网络原创文学网站。

①起点中文网。

图 8-3

起点中文网(www. qidian. com)创立于 2002 年 5 月，是国内最大的原创文学网站，隶属于国内最大的数字内容综合平台——阅文集团旗下。起点中文网以推动中国原创文学事业为宗旨，长期致力于原创文学作者的挖掘与培养，并取得了巨大成果。

起点中文网共有玄幻、武侠、都市、历史、游戏、科幻六种不同风格的原创小说类型供光大小说阅读爱好者阅读体验。

②榕树下。

榕树下全球中文原创作品网简称“榕树下”(http：//www.rongshuxia.com)源于1997年12月25日美籍华人朱威廉创作的一个个人主页，其内容涵盖小说、散文、诗歌及网友作品。“榕树下”坚持“文学是大众的文学”，倡导“生活·感受·随想”，使文学通过网络这一快捷的载体真正变成了大众的文学，使许多爱好文学的人好梦成真，并凝聚了一批在华语文学界极具影响力的作家，如韩寒、慕容雪村、宁财神、李寻欢、安妮宝贝、邢育森、蔡骏、今何在、郭敬明……

图 8-4

③新浪读书。

新浪读书(http://book.sina.com.cn)有网页版和IOS版两个版本，全球最大的中文文学网站，可以为读者提供好看的小说推荐，小说排行榜。这里有最全的免费言情小说，穿越小说、玄幻小说、武侠小说、网游小说、灵异小说、恐怖小说、都市小说等各类，为文学爱好者搭建华文最具影响力的网络原创平台。

图 8-5

④腾讯文学。

腾讯文学(http：//book. qq. com)正式亮相于2013年9月10日，并于2014年4月16日宣布以子公司形式独立运营。腾讯文学作为腾讯互娱旗下重要的“泛娱乐”业务之一，腾讯文学拥有如下品牌矩阵：以男性阅读为主的“创世中文网”和主打女性市场的“云起书院”；移动端应用(APP)“QQ阅读”和触屏网站“QQ书城”两大移动阅读产品，以及以手机QQ阅读中心为代表的综合内容拓展渠道。

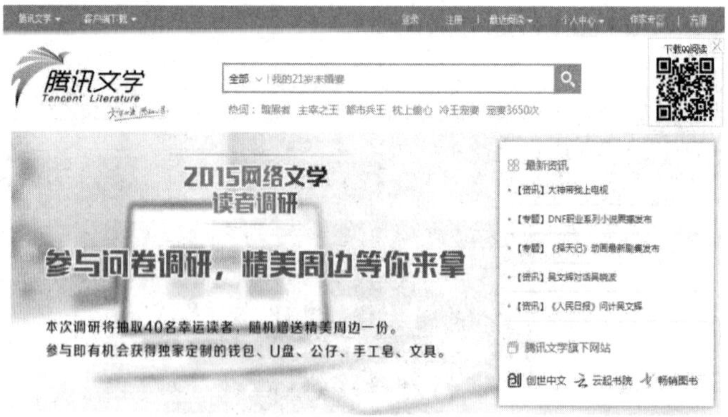

图 8-6

3. 博客

图 8-7

(1)博客的概念。

博客是一种个人在网络上出版传播的形式，它是网络内容原创的主要形式之一，指在博客(Blog或Weblog)的虚拟空间中发布文章等各种形式的过程。简言之，Blog就是以网络作为载体，简易迅速便捷地发布自己的心得，及时有效轻松地与他人进行交流，再集丰富多彩的个性化展示于一体的综合性平台。不同的博客可能使用不同的编码，所以相互之间也不一定兼容。而且，很多博客都提供丰富多彩的模板等功能，这使得不同的博客各具特色。Blog是继E-mail、BBS、ICQ之后出现的第四种网络交流方式，至今已十分受大家的欢迎，是网络时代的个人“读者文摘”，是以超级链接为武器的网络日记，是代表着新的生活方式和新的工作方式，更代表着新的学习方式。具体说来，博客(Blogger)这个概念解释为使用特定的软件，在网络上出版，发表和张贴个人文章的人。比较著名的博客有新浪、腾讯和网易等。

图 8-8

(2)博客的类型。

①个人网站型，即博客者自己购买空间和域名，拥有独立站点和属于自己的独立域名。

②托管型，即到博客托管网站免费注册申请即可拥有自己的 Blog 空间，这是一种建立博客最简便的方式。

③附属型，即将自己的博客作为某一个网站的一个栏目、一个频道或者一个附加内容。

(3)博客的特点。

①操作简单。

这是博客受众多网民的青睐的最大特点。众多博客托管商在注册会员前都会标着这样的口号：“只要花一分钟，轻松拥有博客”，甚至可以称之为“傻瓜式”注册。由此可见，博客的优势在于简单便捷的操作方式。

②开放互动。

网络赋予了博客的开放性，博客也就不再是一个单纯的私人空间了。当博主针对某个主题公开发表文章，就有可能获得粉丝和游客的游览，收到相关的回复和评论，有时甚至会被其他网友争相转载。在“你来我往”的相互作用下，形成了一种社会舆论和文化氛围。

③展示个性。

博主可以简单地从日志内容，博客界面，文章数量，日志分类，人气指数，体现出自身的个性。同时，现在博客也越来越自主化，DIY 的模式也越来越强，真正做成自己的想象的模样。博主可以换上心爱的背景图片，可以使用喜欢的字体颜色，可以增添动感的特效代码。

④持续更新。

博客更新速度快得惊人，如果博客注册申请了，将近半个月内没有更新过了，那样的博客可以称之为“睡眠博客”。现代社会，信息传递超级快速，更新博客就似生物的新陈代谢，没有了新陈代谢也就代表着生命的结束，而没有了更新，博客也同样失去了生命力。

二、网络新闻的采访方式

传统的新闻采访是指记者为获取新闻对客体所进行的观察、询问、倾听、思索和记录等活动，是新闻工作的基础和前提。网络新闻采访是新闻采访的一个分支，是伴随着网络媒体的发展而逐渐兴起的一种采访方式。所谓网络新闻采访，就是新闻工作者以网络传播为依托，发掘整理新闻，分析新闻事实材料，从而为受众提供新闻信息的职业性新闻传播活动。网络新闻的采访的方法多种多样，包括传统采访方法：文字采访、录音采访、图像采访等；还包括充分利用网络消息资源，收集素材和调查研究活动。在这里，我们主要介绍几种常用于网络新闻的采访方式。

图 8-9

1. *面对面采访*

(1)面对面采访的概念。

面对面采访又称实地采访和直面采访，是指记者直接面对面的交流，或者通过亲临现场的调查、访问和观察获得能够形成新闻稿件的新闻素材。在这种采访方式中，记者主要通过口头提问，以一问一答的方式来了解客观情况、搜集新闻素材。这是最早出现的一种采访方式，也是最常用的一种采访方式。网站记者编辑除了像传统记者一样外出直接与采访对象会面，还可以利用网络视频技术，以网络会议和网络视频的方式进行面对面采访。

(2)面对面采访的形式。

①专访。

是记者请新闻人物就专门性的问题进行解答的一种方式，是记者带着目的对有关人士进行专门的采访，经常是一种以特别强调的方式获取独家新闻的手段。是以记者同人物的谈话为主取得直接材料并穿插背景材料而成的一种特殊通讯。它比一般报道要详细而生动。

②座谈会。

记者通过座谈的方式，在同一时间，同一地点，就同一话题，向多个对象进行采访的一种新闻采访方式。以座谈会形式进行面对面采访，可以有利于较快地掌握各方面的情况；节省采访时间，提高采访效率；互相启发，开启采访对象的思路；当面验证，提高材料的真实性。

③新闻发布会。

新闻发布会，社会组织在发生重大具有积极影响的事情时，向新闻界公布信息，借助新闻提升该组织或者与该组织密切相关的东西形象。新闻发布会往往是由多位记者同时面对一位或一组采访对象进行的面对面采访。

图 8-10

(3)面对面采访的主要提问方法。

提问是记者采访时的重要环节，也是决定最终采访成功与否的重要技能。成功的提问方式能够有助于记者与采访对象迅速建立互信的心灵桥梁，获得丰富的信息资料，有时甚至能得到意外的独家“爆料”。传统记者使用的提问方法多达数十种，这里我们主要介绍几种适合网络记者编辑的基本提问方法。

①正问法。

即从正面直接提问，是直截了当地讲明采访目的，开门见山地提出问题。

这种提问开诚布公，干脆利落，无须拐弯抹角。采访对象一般也会畅所欲言。这样，记者的访问就会进行得迅速而顺利。这是记者运用频率最高的提问方法。一般来说，记者访问领导干部或者健谈的公众人物，诸如企业家、教师、学者、专家、演员、外宾等等，或者是自己熟悉的对象，限定时间或某个特定场合的现场访问以及广播、电视的演播室采访、记者招待会等等，都可以直接正面提问。

运用正面提问法，应当把握这样几点：

第一，注意情感的铺垫正面提问的开门见山，并非直接生硬地发问。如果在提问前有所铺垫，对方心理上会舒缓一些，也能合作一些。

第二，防止提问过于直白。过于直白的提问往往显得十分生硬，容易造成采访对象的心理排拒，难以获得有价值的信息和材料，而且还会给人一种笨嘴拙舌的感觉。北京远郊区有个山村的群众吃水很困难。后来，在当地政府的关怀下，村民都用上了自来水。记者采访一位老大娘时问道："大娘，您吃上自来水了，高兴吧?"大娘回答说："高兴！高兴!"这次采访，记者就提了这一个问题，大娘也就连着说了两个"高兴"，心里有话却因记者的直白而没能说出来。如果问："大娘，原先您想到过吃自来水吗?"或者"大娘，听说你们过去吃水好困难?"大娘心里的话就能痛快地说出来。

第三，善于处理谈话跑题如果对方谈话跑了题，谈的又是一般性的内容，记者仍要耐心倾听。不可随意打断对方的话，或表现出烦躁情绪，以免损伤对方的自尊心和感情，引起对方的不满。这也是记者缺乏修养和无能的表现。此时，记者可以采取多种方式，自然而又有礼貌地把谈话引到正题上来。如果采访对象一再跑题，而且表现出对另一个话题更有兴趣，记者就要考虑自己的采访提纲是否妥当。

②侧问法。

也称迂回法，提问从侧面入手，采用聊天攀谈的形式稍作迂回，然后逐步将谈话引上正题。这种访问一般时间性不太强，谈话也不受特定场合与报道方式的限制。

当采访对象感到紧张拘束，或者思想有所顾虑不大愿意交谈，或者虽然愿意谈，却又一时不知该怎么谈的情况下，记者都可以采取侧面迂回的提问方式，逐渐将谈话引上正题。有些时候，记者不大摸底，想先试探一番，也可以侧面提问。侧面提问的内容，应该是采访对象熟悉的、感兴趣的，甚至是最简单、最平常的，对方几乎无需思考，张口即答。这样，双方就能搭建起进一步交谈的基础。应当明确的是，记者旁敲侧击，只是一种手段而不是目的。因此，聊天的内容应当是有目的，有选择的，表面上似乎和采访无关，实质上应该是有关联的。如果有的采访对象确实不了解情况，没有什么话可说，那也不要勉强，不要强人所难。记者可以说上几句得体的话，让对方带着笑脸离开。要是再从中总结一下，也会积累一点经验。

③设问法。

即指记者通过假设的方式提出一些假设性的问题，是一种"试探而进"的提问方法。

设问法往往用来启发采访对象的思路，引导对方谈出对某个问题、某种事情的真实想法，或者设身处地地为对方着想，积极帮助对方回忆某种情景，或者用来调节对方的情绪，促使对方谈出一些不大想说、不大好说的事情或想法，或者记者对人物或事物进行合乎规律的推断、预测，促使对方产生联想和想象，或者记者已经有了一定的认识，再提出一些假设性问题，同采访对象开展讨论，促使自己认识的深化。

运用这种方法，记者不仅需要丰富的社会知识和生活阅历，也需要较强的应变能力。

采用"如果""假如"一类的设问法，不但可以了解采访对象的观点、看法和见解，而且还能深入了解对方的内心世界。

运用这种方法时注意不要把自己的观点强加于人，或者暗示采访对象按照自己主观划定的框框去谈。

另外，采用设问法提问，要多提开放式的问题，一般不要提闭合式的问题。

④追问法。

即指记者把握事物的矛盾法则，抓住重点，循着某种思路、某种逻辑，连珠炮式的提问。

这种提问既要按照事物的内在联系，把基本情况和事实真相了解清楚，又要抓住重点，深入挖掘，达到应有的深度。因此，也是记者常用的提问方法。一般来说，记者对于骨干事实及其来龙去脉，对于触及事物本质的关键性材料，对于典型事例和典型细节，对于对方谈话中的疑点以及记者从对方谈话中发现的有价值的新情况、新线索，往往会抓住不放，打破沙锅问到底，直至水落石出。

追问，既要问得对方开动脑筋，又要让对方越谈越有兴趣。即使是批评性报道，也要让对方感到追得合情合理。因此，记者态度、语气都要与谈话的气氛协调一致，不要把追问搞成追逼，更不要变成变相“审问”。西方记者在采访中是比较善于采用追问方法的，并有一些行之有效的做法值得借鉴。

⑤激将法。

一种激发式的提问，是提出比较尖锐的问题，适当地刺激对方一下，促使对方的心态由“要我说”变为“我要说”，从而不能不说，甚至欲罢不能。

原山西电视台记者高丽萍，1987 年在采制专题片《重访大寨录》时，她先和郭凤莲聊天。郭凤莲一听说要采访当年大寨的模范人物，就急切地说：“采访别人我没意见，我是不愿意接受采访，我再也不想上电视上报纸了。”记者问她为什么，她说：“前几次有的记者找我，我正好有急事要办不在家，就说我拒绝采访，躲着不见，还有人说我对三中全会的政策不满。我根本没意见，大寨人现在不就是靠三中全会的富民政策富起来的吗？一听他们那样说我，我就生气。”高丽萍看到对方说到这里，还是一副气鼓鼓的样子，就对她说：“我理解你的心情。可我觉得要让人们真正了解你和大寨人今天的情况，就得你们自己出面说话，大家才信。现在你又不接受我的电视采访，观众怎么能知道你是如何看待三中全会的政策，更不知道你的近况如何了，你说呢?”果然，这入情入理的一激很有效，郭凤莲马上就说：“那好，你就采吧。可我从哪说起呢?”当下，记者就给她出了主意，对方也爽快地接受了采访。

运用激将法时，记者要考虑自己的身份是否得当，刺激的强度是否适中，还要考虑谈话的气氛怎样。这种提问要让采访对象既受到激发，又感到合乎情理。西方记者大都热中于采用激发式的方式提问，使得采访对象不能不提供记者所需要的信息。他们提问往往问得尖锐、刁钻、奇特，甚至古怪。某些资产阶级政治家，也爱接待这样的记者。他们通过巧妙地回答记者的刁钻刻薄的提问，能够在公众面前显示自己的才能。意大利女记者奥琳埃娜·法拉奇，就是以在访问中敢于提出尖锐的问题而著名的。我们可以从他们的实践和经验中吸取一些有益的东西。

“枪手”与记者“面对面”并不怨恨媒体和报料人

核心提示

本报关于“校园枪手”事件的系列报道今天已经是第四期了。在这起事件中，“枪手”一直成为人们议论的焦点。昨天，“枪手”向记者解释，她来自一个贫困家庭，为了急于在毕业前把向同学借的钱还清，不得已做了一回也是生平第一次“枪手”。

在学校的协调下，该“枪手”虽然拒绝与记者“面对面”，但通过她的指导老师，她还是愿意对本报记者一吐心声。

同时，记者与那位神秘报料人委托前来领取奖金的女孩子进行了一番倾谈，得知报料人原来是广州一所名牌高校的博士生，她解释了自己愤然举报“枪手”现象的原因。

枪手的故事

毕业在即急于还钱　无奈做了一次枪手

在记者采写该事件的过程中，众多读者对文中的“枪手”表示出深深的同情。那么，“枪手”小武（化名）究竟是一个怎样的学生呢？是什么促使她去做一名“枪手”？难道仅仅是为了钱？在记者随后的采访中，这些论断很快被推翻了，我们看到了一个大学生的无奈……

在开始采访时，记者就知道这是一次非常困难的采访。在经过小武学校的多次协调的情况下，她还是拒绝了与记者“面对面”采访的请求。最后，她的指导老师对她做了大量工作，小武才肯对记者一吐心声。

并不怨恨媒体报料人　最担心妈妈知道此事

记者：现在你心里是怎么想的？你恨记者和那名报料人吗？

小武：我谁都不恨，我只恨我自己，是我的错……我现在很后悔，当老师把我领回来时，我在路上不停地哭。我对老师说：“我错了，我对不起大家。”当时老师就说：“自己做错了事就应该承担后果。”

记者：是什么原因使你想去做一名“枪手”？

小武：其实我不想做。我从小就没有父亲，是母亲一人将我们兄妹几人一手拉扯大的，家境十分贫困。我家从来就没有固定的住处，房子是向别人租的。我大学 4 年所有的学费，都是家里东挪西借回来的。因为穷，大学 4 年间我很少回家，全部的时间都用来留在学校做兼职，别人做一份家教，我要做三份，解决自己的生活费。

我性格挺要强，我从来没有将这些情况告诉任何人，也没有向学校申请过贫困补助，我觉得我能够挺过去。但是我快要毕业了，要找工作，每天要跑很多地方，要用很多的钱。

现在，我已经向同学借了大约几千元，马上要离校了，我必须还给同学们。就这样，我想着再去找一份家教，我急等钱用。家教中心看到我的难处，看我很着急，就给我介绍了这个事。

记者：做之前你有没有担心？做的时候你害怕吗？

小武：我很犹豫，我不想去，那天晚上，我很久不能入睡，心情很乱……我也知道后果，知道它会给我带来什么，但我以为不会被发现，这是我第一次做“枪手”，我也挺怕的。

记者：你现在最担心的事情是什么？

小武：我最担心妈妈知道这件事情，她很爱我，养大我也很不容易，我对不起她。

记者在采访中了解到，这名学生是一名学习成绩极为优异而很有上进心的女孩子。也许是穷人的孩子早当家，她身上有一种比平常人更多的成熟与坚韧。在采访中，老师们也流露出对她的同情，老师们说：“用‘枪手’这样的词放在她身上，似乎并不合适。因为她只是第一次，而且仅仅是一次。现在，她需要的不再是同情，而是需要更多人的关心和理解。她以后的路还很长，希望她能跨过这个门槛，重新建立信心。”

……

这篇新闻是记者针对社会上存在的考试“抢手”进行的一次面对面采访。记者与小武(化名)的专访中，采用多种提问方式。有以正问法提问的“现在你心里是怎么想的?”，还有以追问法提问的“做之前你有没有担心？做的时候你害怕吗?”……并且记者直接面对采访对象可以通过观察非语言符号获取采访对象身上其他更多信息，由此可见面对面采访的深刻性。

2. 电话采访

(1)电话采访的概念。

记者通过电话这种现代化的通讯工具，同采访对象对话，了解情况，采访新闻，叫电话采访。随着当今网络电话技术的逐渐成熟，电话费用成本的大幅度降低，使得电话采访成为网络记者编辑最常用，也是最便捷的一种信息采访方式。

亚心网记者电话采访《寻宝》栏目特邀专家蔡国声

(来源：亚心网)

看遍收藏百态的专家们认为，收藏其实是小众的，若全民收藏，90%的人肯定要碰上假货，因为根本没那么多真货。亚心网讯(记者　孙江红)“藏品变现难，是相对而言，实际上，真正的好东西是不愁卖的。”日前，文博系副研究员、《寻宝》栏目特邀专家蔡国声接受记者电话采访时说。

蔡国声表示，这些年，在全国巡回的鉴宝活动中，发现收藏人群中，有种“三多现象”，即想赚钱的多，投机的多，上当的多。尤其是目前文物市场管理不完善，因买了假古玩而倾家荡产者屡见不鲜。

他举例说，去年在广州鉴宝时，一个把家产都投资到收藏上的私企老板，一下拿出七件汝窑瓷器，“当时我非常震惊，汝窑是宋以来中国五大名窑之首，但从1086年到1106年只有20年的烧造史，全世界只留下不足70件完整器物。民间一藏者随随便便就拿出来那么多，必假无疑。”

“官方提倡的全国性收藏热自北宋、晚明、康乾、民国至今已是第五次，我们今天所能见到的历代仿品尽在其中。当今，收藏热度之高，幅度之广超过历次。不同的是作伪的质量，做套的手段花样翻新，前无古人。收藏本是个人与千军万马作战，不死已是英雄，别奢望再不负伤。”中国国家博物馆鉴定中心主任、新疆收藏家协会会长岳峰也表示。

看遍收藏百态的专家们认为，收藏其实是小众的，若全民收藏，90%的人肯定要碰上假货，因为根本没那么多真货。

(2)电话采访的主要适用范围。

①联系采访。

网络记者在发现新闻线索后，第一项工作就是联系相关人员对新闻线索进行核实。但面对众多的新闻来源，记者不可能一一前往进行面对面采访核实。电话采访很好的解决了这一问题。

②重大事件，搜集反应。

当重大事件的新闻报道之后，网络媒体往往还需要进行追踪性的连续报道。受众对于新闻事件的反应是记者需要持续关注的一个要点。这有助于记者在报道中适当的调整报道角度和进行舆论引导。例如 2015 年天津滨海新区爆炸发生之后，新浪、搜狐、网易等网络媒体不仅仅通过网络的方式搜集大众的反应，也有针对性的通过电话采访方式搜集反应。

③突发事件，快速报道。

突发事件报道，是指对突然发生，造成或者可能造成严重社会危害的新闻事件进行的报道。因为突发事件的发生具有短暂性，对新闻的时效性要求极高。电话采访具有迅速性，可以极大的减少采访过程中的阻碍，甚至可以让远在千里的记者直接获悉突发现场的信息，直接进行新闻报道。

④热点话题，广泛调查。

当奥运会和大阅兵这类重大新闻发生之时，围绕着其相关的热点话题也是层出不穷。而这将成为营造舆论强势的重要补充。例如围绕 2015 年的大阅兵众多媒体记者开展的电话热点调查，如“大阅兵为何不在国庆节?”、“最给面子的四大人物”、“大阅兵为何反光拍摄”、“大阅兵世界反响”等等。

⑤咨询专家，释疑解惑。

新闻传播的一个重要要素是“why”，解答为什么的过程。在网络新闻报道中，经常要涉及到一些专业性的难题，这时候通过电话采访的方式，直接与专家沟通，为受众解答困惑的疑问点。例如 2013 年开始的黄金大暴跌，受到中国传统思想的影响，不少“中国大妈”进行的非理性的购买，认为黄金不可能总跌。新浪、网易、腾讯等网站财经频道对此都有相关解释性报道，其中一种重要采访就是通过电话采访来获取专家的解答。

(3)电话采访的技巧。

①要有一套查电话号码的本领。

②做好电话采访前的准备。

③通话后，要自报身份，讲明采访意图。

④注意电话采访时自己使用的语言。

⑤用心倾听。

⑥做好电话采访记录。

⑦适时结束通话。

⑧核实、总结电话采访内容。

(4)电话采访的优缺点。

电话采访的优点：

①迅速性。

记者能够快速的、实时的与现场的采访对象沟通，了解现场的情况。记者不必亲自赶到现场采访，避免路途中时间的耽搁，从而极大的提升了时效性。

②方便性。

电话是现在最方便的人际沟通工具之一。记者通过电话采访，主要有以下两个便利性。第一可以在同一时间同时采访多个事件；第二通过电话采访使得记者可以了解不便面对面采访的情况。

③消除与采访对象的距离感。

记者面对的采访对象的性格各有不同，这使得采访过程中消除人际沟通的距离感的速度也会有所不同。电话采访因为不需要直接与人对视，采访对象和记者都不需要把精力放在语言采访沟通以外的方面。可以极大的缩减距离感，增强采访的流畅性。

④节省大量时间。

电话采访不需要记者直接前往现场采访，因此大大节省了路途中所消耗的时间。这特别适用实时滚动新闻的更新。

⑤在特定采访中便于达到采访目的。

隐性采访是新闻采访的一种重要形式，隐性采访需要记者在不公开自己身份的情况下，接触采访对象，揭露事实真想。而电话采访可以很好的帮助记者隐藏自身的身份，因此在这类情况中电话采访将成为必不可少的一种方式。

电话采访的缺点：

①真实性和可信度不好把握。

电话采访过程中，记者和采访对象都有可能对某些情况进行隐藏，采访对象甚至可以通过语言技巧对某些事实进行虚假的传递，误导记者报道。所以在进行电话采访后，记者一定要多次核实新闻采访信息。

②电话采访深入性不够。

电话采访虽然具有迅速性和方便性，但深入性不够。记者因为电话采访不能深入现场，所以缺失对现场的情感共鸣和视觉观察，这不利于记者写出“有血有肉”的新闻稿件。

③采访对象的随意性。

采访对象在与记者的采访沟通时，具有一定的随意性。当采访对象不愿意接受采访时，采访对象可以选择直接挂断电话，记者即使回拨，对方也可以选择不接听或者关机来阻止采访的继续。

3. 电子邮件采访

(1)电子邮件采访的概念。

电子邮件采访是指网络记者通过文字、图像、声音等多种形式的电子邮件，与采访对象进行信息沟通的采访方式。电子邮件采访是目前网络采访应用最广的方式之一。电子邮件采访极大地方便了记者与采访对象之间的沟通交流，促进了新闻报道的实现。

(2)电子邮件采访的特点。

电子邮件采访的优点：

①迅速性。

在正常情况下，网络记者和采访对象之间的电子邮件收发是实时完成的。只要记者和采访对象约定好时间，便可以迅速、直接的完成采访沟通。

②成本低。

电子邮件采访所产生的费用是非常少的，其主要的消费是网络流量的费用，这是其他采访是无法做到的。

③“批量”采访。

网络记者和编辑可以通过同一电子邮件对众多采访对象进行采访。例如在进行重大事件的调查性报道时，网络记者可以通过电子邮件发送到多个网络用户的邮箱中，让受众配合完成采访问题的回答，从而得到宏观数据。电子邮件采访是“大数据”新闻报道的一种重要采访方式。

④附件和转发功能。

电子邮件有附件和转发功能，这可以极大的丰富采访内容。网络记者和采访对象可以通过在附件中添加音频、图像和表格等内容来增加新闻报道的厚度。在某些情况下，网络记者和采访对象也可以通过转发采访内容，让更多的受众参与到新闻采访当中来。

⑤广泛性。

电子邮件采访突破了地域和空间的限制。因为网络的广泛性，电子邮件作为网络环境下的一种沟通工具，也具有广泛性的特点。只要有网络覆盖到的地方，就可以通过电子邮件进行采访。

电子邮件采访的缺点：

①回收率低。

电子邮件发出之后，会面临回收率低的难题。采访对象可能因为邮箱设置问题，记者发出的采访邮件被系统当作垃圾邮件处理。还有可能因为采访对象的疏忽，没能及时回复电子邮件，导致采访中途“夭折”。

②透明度低。

网络具有匿名性的特点。这使得网络记者在与采访对象沟通时，很有可能收到的信息可信度和透明度不高。所以使用这种采访方式，网络记者和编辑要加大对信息的过滤，剔除不符合事实本来面目的部分。

③同步交流程度低。

电子邮件的收发是即时的，但这不代表采访对象能像面对面采访那样同步即时的回答记者。在某些情况下，当记者问到采访对象不好表达的环节时，采访对象可能中断采访，或者暂缓采访进程。这时电子邮件采访不能像面对面采访那样使用追问法等采访技巧，记者的被动性比较大。

(3)电子邮件采访的技巧。

①做好标题。

电子邮件采访的成败的50%，取决于有一个好的邮件标题。在标题中清楚的表明记者的采访目的和采访核心内容，有利于采访对象选择打开邮件。在很多情况下，就是因为标题的模糊不清，采访对象根本不愿意打开邮件，采访就根本无从谈起。

②问题简明扼要，直入主题。

记者通过电子邮件的采访，必然在邮件中要提出一系列问题。但电子邮件采访的问题不宜像面对面采访那样使用迂回法。电子邮件应多使用正问法，简单明了的提出与主题问题，让采访对象能用最少的“消耗”来完成采访。

③表明采访目的。

电子邮件采访的开头，网络记者应注意先将此次电子邮件采访的目的和记者来历介绍清楚。这有助于采访对象了解此次采访的重要性，吸引对方接受采访，并及时做出回复。

4. 聊天室或BBS采访

(1)聊天室或BBS采访的概念。

聊天室或BBS是网络论坛的衍生发展形式。聊天室是一种人们可以在线交谈的网络论坛，在同一聊天室的人们通过广播消息进行实时交谈。BBS，全称为Bulletin Board System，又名网络论坛，是Internet上的一种电子信息服务系统。它提供一块公共电子白板，每个用户都可以在上面书写，可发布信息或提出看法。聊天室或BBS采访是指记者通过聊天室或BBS这种互联网沟通方式，采集广泛关注且鲜为人知的信息的活动。

图 8-11

(2)聊天室或BBS采访的主要方式。

①在众多的提问者中，记者只是其中的普通一员；

②对网民与嘉宾的交流不做任何干预，只是记录交流过程；

③记者、编辑充当主要提问人，网民提的问题，也由他们筛选后再转提。

(3)聊天室或BBS采访的特点。

①适用于文体明星等公众人物；

②适用于发生的一些重大新闻事件；

③适用于一些服务性指导。

三、网络稿件的写作

1. 消息的定义

新闻稿件的体裁有多种，包括消息、通讯、特写、述评和评论等等。其中消息是网络新闻稿件写作的最常见的形式，在新闻报道中占有最重要地位。消息指报道事情的概貌而不讲述详细的经过和细节，以简要的语言文字迅速传播新近事实的新闻体裁，也是最广泛、最经常采用的新闻基本体裁。

2. 消息的特点

(1)简洁明了。

消息的篇幅一般比较短小，主要通过简洁明了的文字来叙述事实、传达信息，有时甚至是一句话。简洁明了是消息有别于其他新闻体裁的本质特点。

(2)用事实说话。

“用事实说话”，指在忠实地报道事实的基础上，通过对事实的适当选择与表述，巧妙地表达传播者的立场与观点的一种报道原则与报道方法。消息体裁相比其他的新闻写作体裁更加用事实说话，来增强新闻的真实性。

(3)特殊的结构方式。

倒金字塔结构是消息体裁与其他新闻体裁写作的最大的区别。消息为了让受众在最短时间了解新闻重要信息，往往采用倒叙的方式，按照事件重要成分由高到低的顺序进行叙述。在这一点上，以反映事物最新变动为主的动态消息尤为典型。

(4)特殊的外在标志。

消息的特殊外在标志是电头或“本报讯”，有人总称其为“消息头”。电头指发电讯稿件播发的新闻单位、地点、时间的说明，包括通讯社名称，发报的地点、日期等，例如“新华社北京 5 月 1 日电”。“本报讯”是报社自己的记者或通讯员采写的稿件的标志。

3. 消息的种类

消息的总类可以从不同角度区分。

①从报道内容上分，可分为：政治新闻、经济新闻、文教新闻、军事新闻、体育新闻、法制新闻、社会新闻等等。

②从新闻和事件的关系上分，可分为：事件新闻、非事件新闻。

③从反映的对象上分，可分为：人物新闻、事件新闻。

④从篇幅长短上分，可分为：长消息、短消息、简讯、一句话新闻、标题新闻，等等。

我国新闻界较为通行的分法是按写作特点分成四种：动态消息、综合消息、经验消息、述评消息。

①动态消息：也称动态新闻，这种消息迅速、及时地报道国内国际的重大事件，报道社会主义建设中的新人新事、新气象、新成就、新经验。动态消息中有不少是简讯(短讯、简明新闻)，内容更加单一，文字更加精简，常常一事一讯，几行文字。

②综合消息：也称综合新闻，指的是综合反映带有全局性情况、动向、成就和问题的消息报道。

③典型消息：也称典型新闻，这是对某一部门或某一单位的典型经验或成功做法的集中报道，用以带动全局，指导一般。

④述评消息：也称新闻述评，它除具有动态消息的一般特征外，还往往在叙述新闻事实的同时，由作者直接发出一些必要的议论，简明地表示作者的观点。记者述评、时事述评就是其中的两种。

4. 消息的构成

(1)标题。

网络新闻标题是指位于网络文稿前面，以醒目、概括和简洁的文字提示网络新闻文稿主要内容的题目，其作用主要是为了提示、解释、评价新闻的主要内容，以及吸引读者单击阅读。传统媒体消息的标题由引题、主题、副题、肩题、插题、提要题构成。网络消息标题则主要根据结构形式分为单式题和复式题。

图 8-12

①单式题。

单式题一般由一行式主题构成，也可以由双行式主题构成，即用一个完整的句子或偏正、动宾词组揭示新闻中读者最关心的核心的事实或思想。

序号	新闻标题	媒体	时间
1	西甲-C罗5球+助攻贝尔造3球 皇马客场6-0狂胜	新浪体育	09-12 21:26
2	差距！上港一战被恒大打回原形 关键时刻还太嫩	新浪体育	09-12 23:21
3	老辣斯科拉里4胜埃里克森 一招锁死孔卡真服了	新浪体育	09-12 22:39
4	中超-巴西帮3连击 恒大客场3-0上港夺回榜首	新浪体育	09-12 21:38
5	中央驻港联络办主任：三权分立不完全适用香港	中国新闻网	09-13 05:21
6	云锡原董事长终审获死缓 豪掷千万包养多名情妇	环球网	09-12 18:48
7	广东警方向高雄警方发公函 台媒称台湾地位矮化	观察者网	09-12 22:10
8	中国研发第4代武直 外媒称重塑解放军作战模式	参考消息网	09-13 00:58
9	李代沫同性密友斥好声音王帝玩失踪	新浪娱乐	09-12 22:20
10	中国建筑24名领导配偶移居国外	中央纪委监察部网站	09-12 11:19

图 8-13

②复式题。

复式题一般由两个或两个以上新闻标题按一定的规律组合而成，主要包括主标题、引题和副标题组成。引题是指在复式题中导引出主标题的题目，其作用是概括、交代、引申新闻主要内容，又称眉题、肩题。副题在复式标题中主要是对主标题作补充、解释和印证，字号一般小于主标题，又称子题、副标题。引题和副题均不能独立存在。

明明蓝天白云　为何却是轻污染　别怪PM2.5　这回“祸首”是臭氧(主标题)

从6月份起　臭氧已成南昌空气首要污染物(副标题)

关卡重重手续繁琐公公摇头婆婆点头(引题)

企业自建职工宿舍真难(主标题)

市纺织局建房五万平方米的计划，不知何时才能落实(副标题)

不会带来明显降雨　周末最高温或跌破30℃　大家不妨出去走走(引题)

今晚一股冷空气要来　不过它很温柔(主标题)

(2)导语。

导语一般是网络消息的开头部分，主要以简练、生动、准确的文字，传达新闻事实的核心内容或最精彩之处，以引导、吸引受众注意力。网络用户在阅读网络新闻的时候具有随意性，当用户被新闻标题吸引进入主页面后，如果新闻的开头部分不能继续快速抓住读者的注意力，网站的实际用户将会面临丢失。因此，网络消息的导语部分要比传统消息的导语更注重把最重要、最新鲜、最精彩、最有趣的事实放在导语部分。下面介绍几种网络新闻消息常用的导语类型。

①叙述型导语。

叙述型导语也称概述式、摘要式导语，它主要用朴素明白的语言开门见山地直接把新闻中最重要、最精华、最吸引人的事和思想叙述出来。叙述型导语网络消息中采用的最多、最常见的一种，尤其常见于动态消息中。

新浪体育讯　北京时间9月13日消息，2015年世界羽联超级系列赛日本公开赛落下帷幕，中国队夺得两项冠军。林丹经过三局苦战击败阿克尔森拿到男单冠军，赵芸蕾/钟倩欣在女双上成功封后。傅海峰/张楠和张楠/赵芸蕾则在决赛中遗憾落败，他们分别拿到男双和混双的亚军。丹麦队、韩国队和日本队各拿到一项冠军。

②描写型导语。

描写型导语也称见闻式、目击式或细节式导语，它主要通过真切生动地刻画消息中的主要事实或某一有意义的侧面、细节，以突出精华，吸引读者阅读。描写型导语需要记者要深入现场，增强现场的真情实感，而不能为描写而描写。同时描写要注意简洁，不宜铺张，要多用新鲜词语。

新千年来临的前夜，古城西安张灯结彩，人流如潮，烟花璀璨，锣鼓喧天；到处洋溢着新世纪的喜庆气氛。由陕西省暨西安市主办的迎新世纪庆典活动隆重举行。

③议论型导语。

议论性导语主要通过用直接分析来评述新闻信息，从而显示记者的思想倾向和观点，揭示出事件的意义和目的。

有些医生对于自己诊断上的失误是秘而不宣的，但是，湖南医学院第一附属医院传染病学教研组却编写了《临床误诊一百例》，把自己的失误公之于众，他们这种用于自我批评的精神，受到医学界和出版界的称赞。

④引语型导语。

引语型导语也称引述式导语，它通过引用一两句新闻人物重要的讲话或精当的俗语、诗歌，借以概括地表达出新闻事实或揭示主题。

“我希望孩子们能通过读书走出去，这么多年了，我也舍不得离开大山里的孩子们。”兴国县鼎龙乡石源村上龙教学点的刘国旦老师1981年选择了教育事业，并且一干就是34年，而他选择的工作地点均为条件最为艰苦的教学点。

(3)主体。

消息的主体又称之为“主干”、“正文”、“新闻躯干”、“新闻的展开部分”等，在导语之后的主要部分，对导语中已披露的新闻要素作进一步的解释、补充与叙述，是发挥与表现新闻主题的关键部分。

韩旅游业紧盯中国黄金周　各大商家已开始竞争(标题)

(新华网)

中国即将迎来中秋节和国庆黄金周等长假之际，韩国各大百货商店争相准备各类酬宾活动，包括礼包赠品、海外邮寄服务、中文手机导购软件和优惠券等，以争取吸引尽可能多的中国游客到韩国“血拼”。(导语)

韩联社报道，乐天百货计划9月底开始与30多家首尔明洞地区酒店合作，为下榻的中国游客提供装有购物信息、优惠券和面膜的礼包；现代百货8月起已在中国游客较多的分店提供海外邮寄服务，计划本月内在总店开展针对中国游客的婚庆咨询活动；新世界百货则准备了“手机导购”中文版，方便游客随时随地下载购物信息和优惠券等。(主体)

随着中东呼吸综合征疫情平息，赴韩中国游客正稳步回升，韩国商家期待黄金周期间中国游客能恢复到往年水平。(结尾)

(4)背景。

宏观意义上的新闻背景是指对人物和事件起作用的历史情况或现实环境。狭义上的新闻背景是指新闻事实之外，对新闻事实或新闻事实的某一部分进行解释、补充、烘托的材料。网络消息中添加新闻背景有利于让读者了解新闻发生发展的来龙去脉，加深对新闻的认识和理解，深化新闻的主题，并有丰富内容、增加知识性和趣味性。

旧手机处理遇难题：回收价太低转卖易泄露隐私

北京时间今天凌晨，苹果公司在美国发布新手机，不少“果粉”跃跃欲试……近年来，智能手机频繁更替，几乎每年一更新。不少手机用户乐于“喜新厌旧”，可旧手机却无处安放。

据一份来自某互联网安全公司的报告显示，约50%用户手机更换周期为18个月，有20%用户一年之内必须换手机。有数据显示，我国每年至少有7000万部手机被淘汰。(背景材料)

“我家里有5部旧手机，不知道怎么处理，像鸡肋一样。”今天，家住昌平区的姜女士对记者说。这几天，《工人日报》记者采访的30多位市民，九成家中有“退役”手机，大多面临处理难题。

目前，旧手机的流向主要是专业的回收机构、终端生产商、个人回收、二手市场等。据悉，苹果等手机生产商开启了旧手机回收计划，1号店、58同城也推出了手机回收平台。然而，由于回收价格较低，不少市民对这些平台并不买账。以两年前上市的 iPhone 5s 为例，八九成新的手机回收价格均不到 2000 元。而将这部手机卖给个人手机回收者或者二手市场，则可以卖到 2500 元以上。（背景材料）

不过，如果将旧手机卖给个人或者在二手市场出售，面临着隐私泄露的风险。此前发布的《中国手机用户换机风险调查报告》显示，相比较于丢手机，更换手机发生数据泄露的风险更大，危险指数更高。

国内某通信公司手机维修工称，一些商家通过专业的数据恢复软件，可获取手机中私人信息。他们回收手机后，从中筛选有价值的内容，然后进行二次买卖。360 手机安全专家分析说，理论上讲，手机上的数据删除后只要储存路径没有被覆盖，都能通过软件恢复。即便使用手机自带的“恢复出厂设置”功能，也无法彻底删除全部数据。

即便不考虑对个人信息的保护，手机也不像普通垃圾废物一样容易处理。手机中国联盟秘书长王艳辉表示，从环保的角度考虑，手机的一些零部件污染能力特别强。据悉，一块手机废旧电池的污染量相当于 100 节普通干电池，造成的污染相当于 3 个奥运标准游泳池的面积。（背景材料）

实际上，旧手机回收一直存在监管空白。2011 年实施的《废弃电器电子产品回收处理管理条例》并未将旧手机纳入其中。《废弃电器电子产品处理目录(2014 年版)》将旧手机纳入进来，但是要到 2016 年 3 月 1 日才开始实施。（背景材料）

即便被纳入监管，旧手机回收也可能面临多头管理的难题。据了解，我国电子垃圾管理涉及工信部、商务部、海关总署、质检总局、环保部等多个部门。这容易导致责任主体不明确，出现“有法不依、执法不严”以及监管体系失灵等现象。

(5)结尾。

一位得过普利策奖的美国记者说：“我长期以来一直信奉，一篇报道既有好的导语，也要有一个有力的结尾。”新闻结尾一般是指消息的最后一个段落或最后一句话，是对事件的小结或指出事情发展方向。

5. 消息写作的要求

(1)消息标题的写作要求。

①题文一致，准确无误。

②简洁凝炼，短小精悍。

③生动活泼。

④态度鲜明。

(2)消息导语的写作要求。

①导语必须有实质性内容，不能虚晃一枪、空泛无物。

②将最具新闻价值、最有吸引力的事实写进导语。

③炼字炼句，力求简短。

④力求优美生动。

(3)消息主体的写作要求。

①围绕主题取材。

②叙事要具体充实。

③叙述生动，行文有波澜。

④层次段落分明，起承转合要自然。

(4)消息背景的选择。

①明确目的，抓住重点。

②注意背景材料的广泛性、多样性。

③借用新闻价值标准精选背景材料。

(5)消息结尾的写作要求。

①切忌草率结尾。

②结尾紧扣事实。

③切忌重复啰唆。

6. 消息的结构形式

(1)倒金字塔结构。

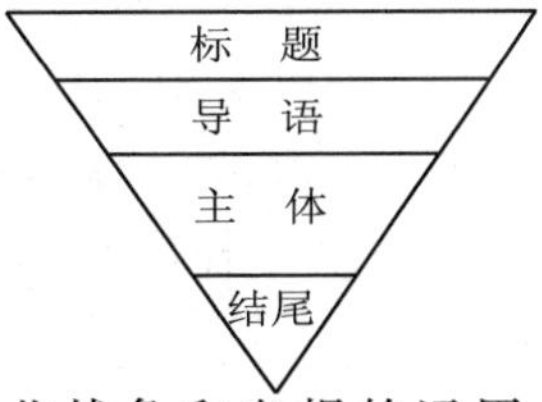

倒金字塔结构起源于美国南北战争和电报的运用。在战争期间，电报业务刚开始投入使用，记者的稿件通过电报传送，但由于电报技术上的不成熟和军事临时征用的原因，稿件有时不能完全传送，时常中断，后来，记者们想出一种新的发稿方法：把战况的结果写在最前面，然后按事实的重要性依次写下去，最重要的写在最前面。后来《纽约时报》的以为编辑在编稿时把关键内容“倒”到文章开头，这是倒金字塔中导语的开端。到1880年，导语在新闻写作中普遍使用，倒金字塔结构也随之应运而生。

倒金字塔结构是最基本的报道形式之一，它以事实的重要性程度或受众关心程度依次递减的次序，把最重要的写在前面，然后将各个事实按其重要性程度依次写下去，一段只写一个事实，全部陈述事实，犹如倒置的金字塔或倒置的三角形，因而得名。它多用于事件性新闻。

这种结构的优点在于，读者可以迅速地从文章中得到关键信息。缺点是读者在得到关键信息之后，就不再读下去了。

萨摩亚群岛阿庇亚3月30日电　南太平洋沿岸有史以来最猛烈、破坏性最大的风暴，于3月16日、17日横扫萨摩亚群岛，结果有6艘战舰和10艘其他船只要么被掀到港口附近的珊瑚礁上摔得粉碎，要么被摔到面对阿庇亚小城的海滩上搁浅。与此同时，美国、德国的142名海军官兵有的葬身珊瑚礁上，有的则在远离家乡万里之遥的无名死者墓地上找到了永远安息的场所。

倒金字塔式消息的导语就由“五W”组成。时间：3月16日、17日；地点：萨摩亚群岛；人物：美国、德国的海军官兵；事件：风暴袭击美、德舰队，损失和伤亡惨重；原因：遭受到南太平洋沿岸有史以来最猛烈、破坏性最大的风暴。

(2)金字塔结构。

金字塔型结构又称为时间顺序结构、编年体式结构，纵向结构，悬念式结构，它是按照时间顺序来安排事实，先发生的放在前面，后发生的放在后面，事件的开通就是消息的开头，事件的结尾就是消息的结尾。这种结构也常用于硬新闻报道，导语也常用概括式的，这与倒金字塔结构相同。但是，它的主体部分是按照时间顺序来叙述的。就像讲故事从开头讲起，一直讲到结尾。一些小说手法都可以用，例如设置悬念、烘托气氛、刻画人物、戏剧化情节等都可以使用。

这种结构的优点在于符合受众阅读、收听、收视的习惯。缺点是叙事平板。这一点可以通过醒目的标题和生动的语言加以弥补。金字塔结构适用于报道故事性强、人情味浓的事件性新闻。

福特总统遇刺　幸而无恙

（来源：合众国际社加利福尼亚州萨克门托 1975 年 9 月 6 日电）

今天晴空万里，阳光明媚，那个娇小玲珑的红衣女郎同群众一道等待着福特总统从他们面前走过。

大多数前来欢迎总统的人都希望同他握手。

这个红衣女郎携带着一支枪。

勒奈特·阿丽丝·弗洛姆 27 岁，属于查尔斯·曼森那个恐怖主义团体。在这个团体中她的代号是“雏鸽”。据目击者说，她一声不响地站在人群的后排，站在州议会大厦前等待总统光临。

她对人群中一位名叫凯伦·斯凯尔顿的 14 岁姑娘说：“啊，今天天气太好了！”

事件发生后，凯伦说：“她看上去像吉卜赛人。”

“雏鸽”身穿红色长袍，头戴红色无沿帽，同她的红头发很相配。

她的前额上有一个红色的“X”记号，这是 1971 年曼松及其 3 名女追随者因谋杀罪名成立在洛杉矶受审时她自己刻上的。

“雏鸽”特地从北加利福尼亚赶到萨克拉门托，从而步正在服刑的 41 岁的曼松的后尘。现在，她正耐心地等待总统的到来。

她的手提袋里藏着一支 0.45 厘米口径的自动手枪。

太阳热辣辣地直晒下来，气温是华氏 90 多度，人们热得不耐烦，不由得走来走去。

突然，欢迎人群振作起来了，原来福特总统出现在参议员大饭店门口，接着走上一条人行道，穿过州议会大厦前的停车场朝着人群走了过来。他的前后左右都是特工人员。

福特止步，向欢迎的人群挥手致意。

欢迎的群众被绳子拦在后面，他们纷纷向前涌去，同总统打招呼。

总统向左转过身去，他伸出双臂，去握欢迎群众伸出来的手。

每同一个人握手，他就说一句："早晨好！"

"雏鸽"仍没有采取行动。

突然，她从人群后面挤到前面来，边挤边用双臂拨开周围的人。

警察说，她挤到离总统只有两英尺的地方时，突然拔枪瞄准总统。

凯伦·斯凯尔顿说，总统见到这支左轮手枪时，"脸刷地白了"。

另一位欢迎群众50岁的罗伊·米顿说，福特"大吃一惊，吓坏了，把脖子缩了起来"。

说时迟，那时快，特工人员莱瑞·布恩道夫立即采取措施保卫总统生命安全。他冒着生命危险，冲到"雏鸽"和福特中间。

接着他把"雏鸽"摔在地上，同警察一道缴了她的枪。

"雏鸽"尖声叫道"他不是你们的公仆！"

她还对警察说："别激动，伙计们，别打我，枪不是没响吗？"

四五名特工人员同时围了上来，把福特与群众隔开，旋即簇拥着他离开。

福特的膝部一向有毛病，这次在惊吓中几乎支持不住自己，但他很快就站稳了。

当警察给"雏鸽"戴手铐时，她喊道："美国乱透了！那家伙不是你们的总统！"

过了一小会儿，警车把她送走，这时，她的脸上浮现出一丝微笑，神情似乎很镇定。

(3)横向型结构。

横向型结构又称为并列式结构，美国人称为列举型结构。这种结构的主体内容是并列关系，不受时间顺序的限制。围绕一个主题，将同一时空范围的情况有序地组织起来，反映"面"的变化。横向型结构是综合消息和经验消息中较多采用的一种结构形态。在综合消息中，报道的具体事实不止一个，需要并列地叙述若干个新闻事实，这样就形成了并列式结构。经验消息也可能围绕几个不同的侧面形成若干层次。

科学家盛赞欧洲核聚变成功

各国科学家盛赞欧洲核聚变取得突破性进展，指出这一重大科技成果是人类在利用核能方面迈出的具有里程碑意义的一步。

欧洲核聚变反应堆主任保罗—亨利·雷巴特指出，"从受控核聚变反应堆获得大量的电能，这还是第一次"，"尽管商用核聚变反应堆至少还要很多年才能实现，但是欧洲实验的成功是具有重要意义的里程碑，并且它清楚地证实欧洲在核聚变研究方面处于领先地位"。该反应堆发言人约翰·马佩尔介绍说，这个核聚变是"极其安全的"，因为一旦反应堆出现故障，它会迅速关闭。

美国科学家赞扬欧洲在核聚变方面取得"突破性进展"。美国新泽西州普林斯顿大学等离子物理实验室发言人安东尼·德默说，欧洲核聚变的成功是世界范围内核聚变研究的一个里程碑。他说，自1978年以来，美国能源部的拨款减少，核聚变研究的速度被迫放慢，按现在的拨款速度，美国科学家只能等到1993年才能使用氚进行核聚变试验。

中国科学家盛赞欧洲受控核聚变成功。曾在基本粒子方面有过重大发现的中科院学部委员王淦昌指出，联合欧洲核聚变实验环形装置(JET)成功实现了受控核聚变是“人类利用核聚变能历史上的一个里程碑”。核工业部西南物理研究院副院长尚振魁研究员说，欧洲这次受控核聚变成功的重大意义，在于它首次实现了氘氚反应。清华大学核研究院院长王大中认为，这次(JET)试验成功是一个“突破”，“核聚变是将来最终解决能源问题的有效途径”。

受控核聚变研究始于50年代初，到80年代世界上形成了4个大型托卡马克装置，即美国的TFTR、日本的JT—60、苏联的T—15以及欧洲的JET。在核聚变研究工作中，我国科学家取得了可喜的成果，特别在边缘等离子体方面的工作已达到了世界先进水平。

这篇消息的导语是对整体事实的概括叙述，结尾是说明性背景材料，主体分为三层，分别叙述了欧洲科学家、美国科学家、中国科学家对欧洲核聚变成功的反应，互相之间就是并列关系。这样的写法突出了空间的广延性，在较大范围内对新闻事实的整体面貌进行了描述。

(4)点面结构。

美国人把这种结构称为“华尔街日报型结构”，这种结构结尾通常会照应开头。这样安排结构可以为读者提供广阔的认识空间，可以使消息更有说服力，而且，也更符合普通读者的认识规律。

卡西诺毁掉了大学梦

住在卡西诺赌场附近的大学生更容易染上赌瘾。近几年去赌场赌博的大学生人数一直呈上升趋势。

秘苏里州堪萨斯城　迈克尔·哈兹派斯在初中时就开始了赌博，那时候他在食堂的地板上用午饭钱与别人掷骰子赌博；当他上大学后，他到秘苏里河上的游艇里赌博。(导语：聚焦于某个人物，揭示文章主要内容)

他从一天输掉母亲给他的2美元午饭钱，发展到一夜之间输掉他借来的2000美元助学贷款。

“我每天都会去那船上赌博。”24岁的哈兹派斯说，他经常从位于圣约瑟的秘苏里西部学院逃课，到5分钟路程之外的名叫圣乔治弗朗蒂尔的卡西诺赌场去赌钱。

“我不知道为什么，只知道那里的人们以及那里另人兴奋的事情吸引着我不断地去那里。”(2、3、4段为支持性引语)

卡西诺赌场在全国范围内蔓延，可能导致了大学生赌博这一社会问题。(核心段)

(以下几段均是支持性信息)住在卡西诺赌场周围的学生们更容易染上赌瘾，新泽西州里查德·斯托克顿学院的心理学教授迈克尔·弗兰克说：“近几年卡西诺赌场的数量在不断增长。”该学院所在的亚特兰大市至少有12家卡西诺赌场。

哈佛医学院的一个研究“上瘾行为”的研究小组做了一项调查，被调查的美国及加拿大的大学生们有大约一半声称自己最近几年里有过在卡西诺赌场赌博的经历。

位于巴吞鲁日的路易斯安那州立大学，校园附近不到两英里的范围内就有两艘卡西诺赌场游艇。该校有一名学生最近被指控从学校里骗走了3000美元去支付自己的赌资。

“赌博在新泽西每一所高中和大学里蔓延，”新泽西反赌博委员会委员爱德华．鲁尼说，“这已经成了一种通病，这个国家所有大学都有学生在赛马场和卡西诺赌场里赌博。”

堪萨斯大学距离6家卡西诺赌场不到一小时车程。该校学生去年还建立了一个赌博者匿名协会。

“统计数字显示了年轻人赌博问题不断发展的严重趋势，我们必须对那些距离大学校园过近的卡西诺赌场特别关注。”史蒂夫．泰勒说。他是秘苏里州的一个反赌博协会卡西诺监督者组织的发言人。

在大多数州里，允许赌博的法定年龄是21岁，如果不足这个年龄的人被发现在卡西诺赌场里赌博，赌场的主人将面临巨额罚款，但是许多不够年龄的学生总能找到办法进入赌场，就像他们能够设法买到酒或进入酒吧一样。

许多人使用伪造的或借来的身份证，或者在进门的时候根本没有被要求证明自己的年龄。许多大学生都很容易从父母处或从助学贷款项目中获得现金，学生们手中也塞满了各种信用卡，孩子使用信用卡时通常不需要父母的签字。

密苏里州的全部11家卡西诺赌场游艇都实施了一项叫做“拒绝21”的计划，提醒那些不足年龄的人：赌博是违法的，并且教导工作人员如何识别出不足年龄的赌博者。北堪萨斯城海拉赌场酒店的市场总监杰夫·胡克(Jeff Hook)说，如果发现顾客的年龄可能存在问题的话，海拉赌场的工作人员会在顾客进出赌场时检查他们的身份证。

哈兹派斯生于堪萨斯城，赌博几乎占有了他的全部生活。他为了进赌场而向最好的朋友借用驾照，有时他又把母亲给他的房租钱用于体育赌博，他花光了他的信用卡的钱，并且取出了助学贷款来满足自己的赌瘾。他没能完成学业，相反为了偿还债务而不得不全天工作。

第二部分

编写网络原创稿件

一、任务描述

根据提供的材料，按照倒金字塔结构编写完成一篇主题鲜明，适合在网络上传播的原创稿件，要求自取标题，角度新颖、结构完整，具有新闻价值。本任务由学生在老师的指导下完成。

时间安排表

课时	工作安排	教师活动	备注
0.5	划分小组，下发任务，解读任务		好的团队是成功的基础
0.5	拟定网络新闻标题	讲解示例，检查学生写的标题	
2	撰写网络新闻稿件	讲解示范，巡回辅导	
1	小组展示成果，自评、互评、教师评价	组织展示评价活动	

二、任务实施

根据下列给出的信息资料，完成一篇倒金字塔结构的网络原创新闻稿件。

材料如下：

A. 中国京剧院院长吴江、著名京剧表演艺术家刘长瑜、高牧坤等出席了当天的新闻发布会。

B. 该活动由中共佛山市委宣传部、人民日报社华南分社和上海三盛宏业投资集团共同主办。据悉，主办单位之一的上海三盛宏业投资集团，为配合其在南海区的大型古典水景园林地产项目“南海·颐景园”的开盘，策划并组织了此次活动。上海三盛宏业投资集团是上海著名企业集团之一，产业版图横跨地产开发、海洋运输、生物科技三大前沿领域，房地产作为该集团的主力产业，在不久前揭晓的行业评比中，名列全国地产百强企业第49名，赢利能力更是位居全国第9名，被媒体誉为“逐渐浮出水面的地产大鳄”。

C. 特别值得一提的是，此次在佛山上演的《杜鹃山》，是该剧“文化大革命”之后的复排首场演出。届时中国京剧院著名京剧表演艺术家刘长瑜(曾饰演《红灯记》中的李铁梅)、杨春霞(曾饰演《杜鹃山》中的柯湘)亲临佛山演出。

D. 5月19日至22日，中国京剧院全本大型经典现代京剧《杜鹃山》和《红色经典演唱会》在广东佛山南海影剧院和禅城区文化中心(金马影剧院)演出，拉开2005年“魅力佛山”系列文化艺术活动的帷幕。

学生们认真阅读以上材料，由学生小组对材料内容进行分析，学生在老师的指导下拟定新闻标题，完成网络新闻稿件。可参照以下示例。但是如果完全按照示例完成，那么在评价时只能给合格分。

网络原创稿件示例：

主题思路：红色京剧在佛山演出。

1. 完成标题

中国京剧院红色经典巡演到佛山

2. 完成导语

5 月 12 日下午，记者在“魅力佛山·颐景园之夜”中国京剧院红色经典剧目佛山巡演新闻发布会上获悉：5 月 19 日至 22 日，中国京剧院全本大型经典现代京剧《杜鹃山》和《红色经典演唱会》将在广东佛山南海影剧院和禅城区文化中心(金马影剧院)演出，拉开 2005 年“魅力佛山”系列文化艺术活动的帷幕。特别值得一提的是，此次在佛山上演的《杜鹃山》，是该剧“文化大革命”之后的复排首场演出。届时中国京剧院著名京剧表演艺术家刘长瑜(曾饰演《红灯记》中的李铁梅)、杨春霞(曾饰演《杜鹃山》中的柯湘)将亲临佛山演出。

3. 完成主体

该活动由中共佛山市委宣传部、人民日报社华南分社和上海三盛宏业投资集团共同主办。据悉，主办单位之一的上海三盛宏业投资集团，为配合其在南海区的大型古典水景园林地产项目“南海·颐景园”的开盘，策划并组织了此次活动。上海三盛宏业投资集团是上海著名企业集团之一，产业版图横跨地产开发、海洋运输、生物科技三大前沿领域，房地产作为该集团的主力产业，在不久前揭晓的行业评比中，名列全国地产百强企业第 49 名，赢利能力更是位居全国第 9 名，被媒体誉为“逐渐浮出水面的地产大鳄”。

4. 完成结尾

中国京剧院院长吴江、著名京剧表演艺术家刘长瑜、高牧坤等出席了当天的新闻发布会。

三、任务检验

任务完成后，各小组展示成果，先由本小组自我总结评价，然后其他小组给予评价，老师点评，再由小组进行改进，最后由教师根据改进后的成果，征求其他小组意见，给出最后得分。评价时可对照推荐结果样式(参见预览效果图)。

任务检验评价表

评价内容	评价标准	配分	自评	互评	教师评价	改进	改进后得分
新闻标题	题文一致、简洁明快、突出要点、生动活泼	30					
导语	简明扼要、提示新闻要素、吸引阅读	40					
主体	展开导语、补充导语、解疑释惑、增添趣味	20					
结尾	首尾呼应、抒情、展望	10					
总分							

第三部分

技巧和拓展

复合型编辑的素质

1. 复合型编辑的基本素质

复合型编辑是传统编辑结合数字化出版时代要求衍生而来的一种称呼，所以复合型编辑必须在传统编辑基本素质上提出一些更高的要求。

(1)更高的政治意识觉悟。我国的出版工作，是中国特色社会主义事业的重要组成部分。这要求编辑要有较高的政治理论水平。根据国务院颁布的《出版管理条例》规定，出版活动必须“坚持以马克思列宁主义、毛泽东思想、邓小平理论和‘三个代表’重要思想为指导，贯彻落实科学发展观”。复合型编辑每天要面临海量信息，甚至要对关键外来信息充当“把关人”角色，这就要求复合型编辑相比传统编辑在出版工作中要有更高、更牢固的政治意识，坚决拒绝片面意识和机械主义。只有这样才能在文化出版这个阵地中，为国家安全、政治稳定、民族团结和社会安定提供重要的保证。

(2)更真诚的服务精神。作为作者和读者的中间桥梁，编辑承担着不可或缺的服务者角色。为了提高电子书、电子报、数字图书和数字出版库等新型数字出版物的质量，做好读者和作者的工作，需要复合型编辑具备更真诚的服务精神。例如在许多网站给了网民连载原创小说的权力，这就相对比传统编辑，如今复合型编辑将面临更多从互联网匿名形式投稿而来的作者，增加不确定性。出版社如果要将其中一些优秀作品公开出版，就需要编辑付出更多努力找到作者，维护作者的著作权。并且后期要做大量的读者反馈信息调查，改进阅读方式和数字出版物销售营销策略，使出版物能以更高质量呈现在读者面前。

(3)更强的语言文字能力。语言文字工作是编辑经常性的工作之一，具备较高的文字写作能力是编辑的基本素质。这项素质包括文字规范、文字加工和写作这几个方面。复合型编辑相比传统编辑增强更高的语言文字能力，这主要体现在两方面：一是具备一门以上的外语能力。现在数字出版编辑，特别是新闻类数字出版编辑，常常需要对其他国家的新闻进行转摘、翻译，甚至展开评论。这就需要编辑对收集到的新闻仔细阅读后，判断是否值得转摘，审查新闻内容是否符合国家规定，挖掘其中的深度观点等等。如果编辑没有较高的外语水平是不可能实现这些工作的。二是具备撰写“伪原创”的能力。根据百度百科的介绍，所谓伪原创就是把一篇文章进行再加工，使其让搜索引擎认为是一篇原创文章，从而提高网站权重。“伪原创”是当前数字媒体应对相互竞争的主要手段之一，而复合型编辑作为“伪原创”的主力军，必然要在修改标题，重组正文，以及拓展原文上大下功夫，这些都要求编辑有更强语言文字功底。

2. 复合型编辑的拓展素质

当前，编辑处在第四媒体和手机、PAD、IPTV 等新媒体飞跃式发展的出版事业转型时期，复合型编辑需要承担起比身处传统报社、杂志社、音像社中的编辑更多的责任和工作项目。他们在策划营销、内容推送、商务谈判和项目运作中开始扮演起举足轻重的角色，这就要求复合型编辑具备比传统编辑更多的拓展性的素质。

(1)使用数字化技术编辑。2010年后，国内外出版社纷纷进行改革将阵地重心由纸质媒体转移到以网络为核心的数字化媒体上来。编辑的主要工作任务不再仅仅限于改稿和写作，而需要更多使用数字化技术对出版物内容进行编辑。

(2)独立运作出版物项目。目前国内大多数出版社改制后，大多将一本图书的出版视为一个项目，真正的复合型编辑需要参与从选题策划开始，一直到图书销售后的资金回笼的多个项目流程。

(3)掌握一定的心理学策略。虽然心理学作为与出版学两个独立的学科，但在复合型编辑的实际工作中，却存在着千丝万缕的联系。灵活运用心理学策略，作为复合型编辑必备的一项素质，不仅关系到编辑工作的顺利开展，同时对编辑者个人而言也起着重要的作用。具体表现在两个方面，一方面体现在复合型编辑的具体从事的工作项目中。

第四部分

设计网络新闻采访提问

一、任务描述

模拟网络编辑的工作任务，为记者或主持人设计采访提问问题。要求使用多种提问方法，问题围绕主题。本任务由学生小组自行学习教材提供的任务提示和参考资料，然后独立完成。

时间安排表

课时	工作安排	学生活动	备注
0.5	以小组为单位，接受任务，解读任务	组内讨论	好的团队是成功的基础
0.5	任务计划	组内讨论，分工，学习材料	
0.5	拟定采访问题，围绕主题进行筛选	阅读，讨论	
1.5	完成网络新闻采访提问设计	协作完成	
1	小组展示成果，自评、互评、教师评价	组织展示评价活动	

二、任务安排

假设你是国内某知名网站的网络编辑，根据网编新闻采访的要求，为演播室采访的网络记者或主持人设计新闻采访问题。

新闻材料：2015 年 9 月 6 日，女排世界杯最后一轮，中国队迎战东道主日本队，经过四局激战以 3∶1 力克对手，四局比分为 25∶17、22∶25、25∶21 和 25∶22。最终中国队以 10 胜 1 负积 30 分的成绩，继 2004 年雅典奥运会后，11 年后再夺世界三大赛冠军，也是第四次拿到世界杯冠军。

模拟任务：夺冠回国后，网站第一时间联系到了中国女排主教练郎平。你作为网络编辑，请为这次采访设计采访提问。

三、任务检验

任务完成后，各小组展示成果，先由本小组自我总结评价，然后其他小组给予评价，老师点评，再由小组进行改进，最后由教师根据改进后的成果，征求其他小组意见，给出最后得分。评价时可对照推荐结果样式(参见预览效果图)。

(一)参考答案

1. 介绍嘉宾

各位网友大家好，我是今天的嘉宾主持××。坐在我身边的是大家熟悉的郎执导，今天很高兴把她请到我们的演播室，和我们一起回忆不久前世界锦标赛上女排的故事。欢迎郎导。

2. 设计问题

①郎执导忙碌一段时间之后要有一段假期。我记得您之前纠结是不是当中国女排主教练，说一年半才能迎来假期。现在一年半过去了，你感觉时间过的快还是慢？(封闭式提问)

②这是您第三次执教国家队，中国女排、美国女排，这次又回到中国女排，三次执教，面对不同年龄段的球员，世界排坛变化非常快。这次执教和前两次有什么不一样的地方？(正问法)

③这次世锦赛看到各个球队，为了里约奥运开始发力了，您也曾经说过，这次比赛可以看到里约奥运的趋势，出现了新战术，日本队的 MB1 的战术，您给我们解读一下，您感觉现在的世界女子排坛趋势是怎么样的？(设问法)

④到比赛的时候，大脑是高速运转。说日本队、德国队教练手里面都拿一个 ipad，你为什么不用？是拿人脑算吗？(激问法)

⑤这次带中国女排，“70 后”为主，“80 后”的时候，带的是美国队，现在是 90 后为主了。是用同样一种方法对待三个年龄段的队员吗？(设问法)

⑥除了排球以外，跟“90 后”的共同语言在哪儿呢？还有她们怎么那么爱您，觉得跟您有那么多的话想说？(追问法)

⑦昨天通过电子邮件征集问题，很多球迷都没提问，就说最希望的让郎导好好休息，享受一个假期，明年回来带领中国女排继续奋斗，创造新的高峰。差不多下周就要开始渴望以求的悠长假期了，有什么计划吗？(正问法)

3. 结束语

今天的访谈到这里就结束了，感谢郎导百忙之中抽出时间来，我们感谢郎导，我们明年再见。

(二)任务检验评价表

评价内容	评价标准	配分	自评	互评	教师评价	改进	改进后得分
紧扣主题	与主题相关，有助于挖掘新闻主题	30					
提问方法	能灵活、准确的使用正问、侧问、设问等提问方法	50					
提问搭配顺序	问题顺序设计合理，符合采访对象心理接受情况	20					
总分							

第五部分

总结和反馈

1. 请一个学习小组总结本项目中遇到的问题和解决的办法。

遇到的问题	解决办法

2. 请学生总结之后完成下表。

网络内容原创的主要内容	列出你今后需要学习的知识和技能

项目九　构建和管理网络互动

【学习目标】

知识目标： 1. 了解网络互动的内涵、网民参与互动的形式、网络论坛的类型、网络问卷调查的类型与方式；

2. 理解博客、微博、微信公众号的操作方法和基础运营知识；

3. 掌握论坛管理的原则与方法、网络问卷调查的基本程序；

能力目标： 通过学习，能根据确定的主题撰写论坛活动策划方案，能实施网络问卷调查，并依据调查结果撰写网络问卷调查报告；能对博客、微博、微信公众号进行管理及基础运营。

素质目标： 1. 具备开展网络问卷调查的职业素养；

2. 具备管理网络论坛的职业素养；

3. 具备运营微信公众号、微博的职业素养。

第一部分

预备知识

一、网络互动基础

网络互动指网站与网民之间、网民与网民之间的沟通交流。互动是网络媒体的重要特性，网络互动的组织与利用在网络工作中占有重要比例，充分开展网络互动是网站建设经营的需要，同时也是网络编辑须熟练掌握的技能之一。

1. *网络互动的方式*

一般来说，网民参与的网络互动方式主要有以下 5 种。

(1)启动式互动。

启动式互动是网民在网络论坛以发帖等形式主动向网站编辑提供新闻线索。

(2)增值式互动。

网民通过转发帖子，电子邮件向其他人推荐新闻，从而使信息传播得更广，实现新闻的增值。

(3)参与式互动。

网民与当事人在网络聊天室进行讨论。如常见的网站嘉宾在线访谈即在聊天室中嘉宾与网民在线聊天。

(4)提升式互动。

网站组织网民对某一事件或新闻进行投票，开展受众调查，网民对这一事件或新闻的意见、态度等可提升该事件的关注度，从而有助于提升该事件或新闻的影响力。

(5)资源式互动。

网民参与网站组织的网络调查，为新闻报道提供依据和素材。

2. *网络互动的形式*

常见的网络互动形式有网络论坛、博客、微博、微信公众号、即时通信管理、网络受众调查等。

二、网络论坛管理

网络论坛是一种网上交流场所，即我们常说的以各种话题讨论为主的 BBS，其英文全称是 Bulletin Board System，译为电子公告板，最早被用来公布股市价格等类信息。随着网络技术的发展，论坛的发展如雨后春笋般的出现，并迅速的发展壮大。如今的论坛几乎涵盖了我们生活的各个领域，在网上几乎每一个人都可以依据自己的兴趣、爱好、需求找到适合自己的论坛，而各类网站如商业网站、专业新闻网站、资讯类网站等都青睐于开设自己的论坛，以促进网站与网友、网友与网友之间的交流，并增强网站的互动性，丰富网站的内容。

网络论坛通过网络手段开展多对多的交流，目前已成为网民表达意见的主要渠道，具有交互性、匿名性、平等性、观点纷杂等特点。

(一)网络论坛的分类

1. 按照论坛的维系点划分

(1)以传统关系维系的论坛。

这类网络论坛主要以现实社会生活中已有的关系为纽带，网民以真实身份进行交流。如人人网。

(2)以思想观念或兴趣爱好维系的论坛。

这类网络论坛主要以思想交流为主，参与互动的网民通常有相同或类似的兴趣。如人民网的强国论坛等。

(3)以产品维系的论坛。

这类网络论坛通常是以某类产品或某个品牌的产品为维系点，如小米论坛，其成员都对小米产品感兴趣，以“米粉”居多。

(4)以人物维系的论坛。

这类网络论坛的成员一般都是由某位知名的公众人物的“粉丝”，是以公众人物为维系点。如某位当红影视明星的粉丝团组成的网络论坛等。

2. 按照论坛的设置时间划分

(1)长期性网络论坛。即存在时间较长，如天涯社区、猫扑等。

(2)临时性网络论坛。这类网络论坛存在时间较短，一般是针对某种突发的、重要的事件临时设置的网络论坛，事件过后网络论坛即被取消。

3. 按照论坛的管理方式划分

(1)有限制式网络论坛。

这类网络论坛要求所有的发言者都必须是注册用户。如天涯社区、蜂鸟、人人网、吉他中国论坛等。吉他中国论坛登录界面如图 9-1 所示。会员登录界面，非注册用户无法发言如图 9-2 所示。

图 9-1

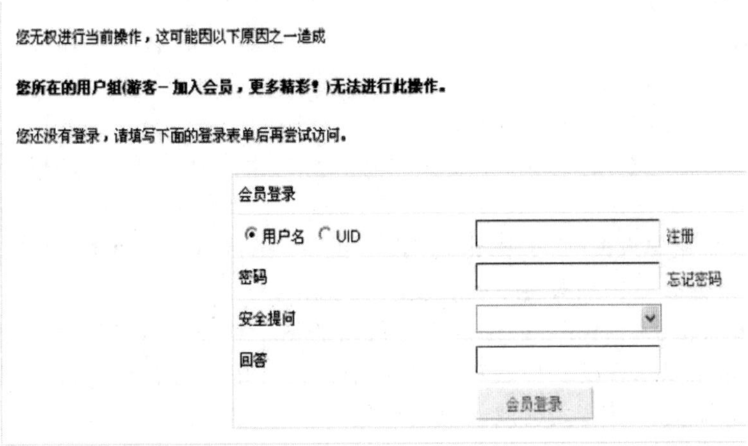

图 9-2

(2)半限制式网络论坛。

这类网络论坛既允许注册用户发言，也允许非注册用户发言，但非注册用户一般以过客身份。匿名发表帖子界面如图 9-3 所示。

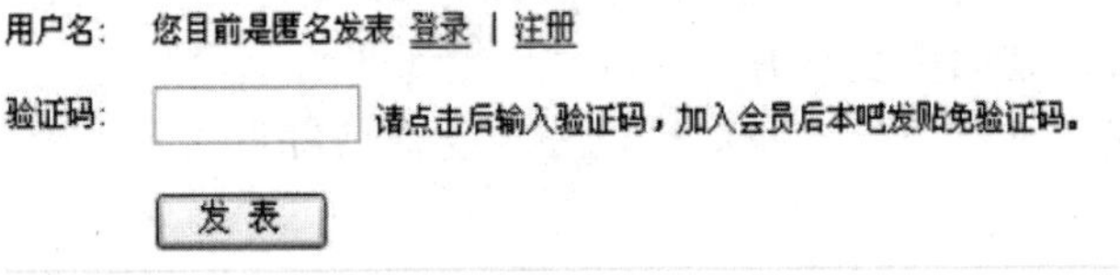

图 9-3

(3)无限制式网络论坛。

这类网络论坛允许自由发言，没有身份限制。

(二)网络论坛的管理内容

1. 成员管理

(1)论坛参与方式管理。

不同的论坛对于参与方式有不同的限制，有些论坛要求发言者都要注册，有些则无此限制。

(2)成员注册。

以获取网络 ID，是网站知晓与收集成员基本情况的一种基本手段。

(3)警告。

对发布不健康、不文明，含有歧视性或攻击性等内容信息的网友，需要及时出面予以提示、警告。

(4)ID 的封杀与解禁。

ID 是论坛成员的标识，又称之为“马甲”。对于一些严重违反论坛条例的成员，网站管理者可以封杀其注册的 ID。大多数论坛会在一定时间后对封杀的 ID 解禁。

2. 内容管理

论坛帖子的管理

(1)扣贴。一些网站的论坛，在所有帖子发布前都会进行审查。对于认为不适合发表的帖子，版主或管理员对其进行扣发。

(2)删帖。将已经在网页上发布而在内容、形式上存在有不符合有关规定的帖文，予以删除。

(3)帖子分级。如人民网“强国论坛”设立的“辩论区”、“深水区”与“浅水区”的做法，即是将帖子分级，区别对待不同长度或质量的帖子。

(4)扶持重点帖子。将一些网站认为有价值的帖子或热帖放在论坛的显著位置，或网站的其他栏目中以示鼓励。如各种形式的排行榜：单击排行榜、回复排行榜、网友发贴排行榜等，都是一种较为有效的激励机制。

3. 论题管理

网络论坛管理者一般选择具体明确、有较强现实意义和有讨论余地的论题。

三、网络受众调查

网络受众调查是网站了解受众，增强与受众交流的另一种方式，它旨在为受众提供一个表达自己要求的渠道，使其在网络信息传播中占据更主动地位。

(一)网络受众调查的类型与方式

依据网络受众调查目的的不同，可以分为受众情况调查和受众意见调查两种类型。

1. 受众情况调查

其目的在于了解网站受众的构成情况，及网民对网站栏目或服务等看法，调查项目通常有如下四个方面：

(1)网民的构成情况。如年龄、职业、受教育程度、地区等。

(2)网民的网上行为特点。如上网时间、上网持续时间、地点、费用等。

(3)网民对本网站的内容与服务的意见。如网民最喜欢的频道或栏目、网民最不满意的频道或栏目、网民最满意或最不满意的服务等。

(4)网民对网站的表现形式的意见。如对网页整体设计的评价、对某个具体频道的栏目设计的评价等。

2. 受众意见调查

网站为了解受众对某一事件或新闻的意见和看法而展开的调查。一般针对重大的或突发性事件、当前社会热点等情况开展受众意见调查。

网络受众调查是社会调查中的一种，因而社会调查的各种方式在受众调查中也可以使用。社会调查的方式可以从调查者与调查对象的接触程度不同和调查对象的范围来划分。

按照调查者与调查对象的接触程度不同，可以分为直接调查和间接调查。直接调查是调查者直接接触调查对象所做的调查，其调查方法有实地考察、口头访问和实验调查等；间接调查是通过互联网等其他方式对调查对象进行调查，如问卷调查、电子邮件调查等。

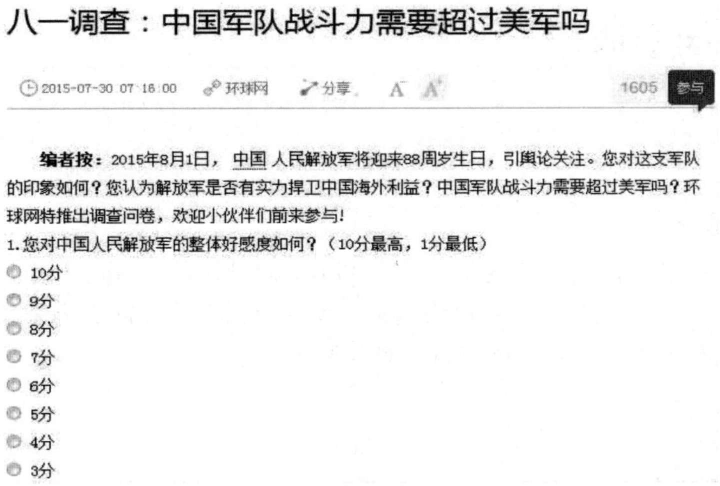
八一调查：中国军队战斗力需要超过美军吗

2015-07-30 07:16:00　环球网　分享　A　A+　1605 参与

编者按： 2015年8月1日，中国人民解放军将迎来88周岁生日，引舆论关注。您对这支军队的印象如何？您认为解放军是否有实力捍卫中国海外利益？中国军队战斗力需要超过美军吗？环球网特推出调查问卷，欢迎小伙伴们前来参与！

1. 您对中国人民解放军的整体好感度如何？（10分最高，1分最低）

- 10分
- 9分
- 8分
- 7分
- 6分
- 5分
- 4分
- 3分

图 9-4

按照调查对象的范围可分为全面调查和费全面调查，受众调查属于非全面调查。

(二)网络受众调查的基本流程

1. 明确受众调查目的；
2. 确定调查方式与调查对象；
3. 设计调查问卷；
4. 实施调查；
5. 调查数据处理与分析；
6. 调查结果的应用。

第二部分

进行网络问卷调查

一、任务描述

假如你是后浪网网络编辑论坛(网址：http：//bbs. houlang. com. cn/forum-18-1. html)管理员，该论坛将发起一次网络编辑职业探讨活动，以问卷调查形式进行，请你策划、组织此次活动，并设计网络编辑职业调查问卷。本任务由学生在老师的指导下完成。

时间安排表

课时	工作安排	教师活动	备注
0.5	划分小组，下发任务，解读任务		好的团队是成功的基础
0.5	登录网站，注册成会员，并了解论坛管理的相关内容	讲解示例，引导学生	
2	撰写帖子，并策划制作调查问卷	讲解示范，巡回辅导	在机房完成
1	小组展示成果，自评、互评、教师评价	组织展示评价活动	

二、任务实施

1. 进入后浪网网络编辑论坛 http://bbs. houlang. com. cn/forum-18-1. html，注册成会员。

图 9-5

2. 在教师的指导下了解网络编辑论坛的板块、栏目设计及相关内容。小组成员分工合作，仔细阅读后浪网的相关帖子，下载收藏网络编辑相关资料，并按论坛分类归类整理。

图 9-6

如上图所示，论坛帖子分为小编求助、网编经验、专题策划、网页设计、网编薪水、网编培训、网编资料、网络记者、网编综合九大类。

3. 在教师的讲解下了解网络编辑论坛的帖子的管理，如精华、推荐等，了解如何快速筛选出需要的内容，并筛选出网编经验的帖子，将筛选出的页面截图保存。

图 9-7

4. 小组成员通过查询回复、查看的次数多少确定热帖、精华帖等，仔细阅读回复、查看次数多的帖子，分析网民积极参与的原因，仔细揣摩、总结热帖标题的写作方法与技巧，形成热帖、精华帖分析报告，并发布一项最受网友欢迎的帖子投票式调查问卷。

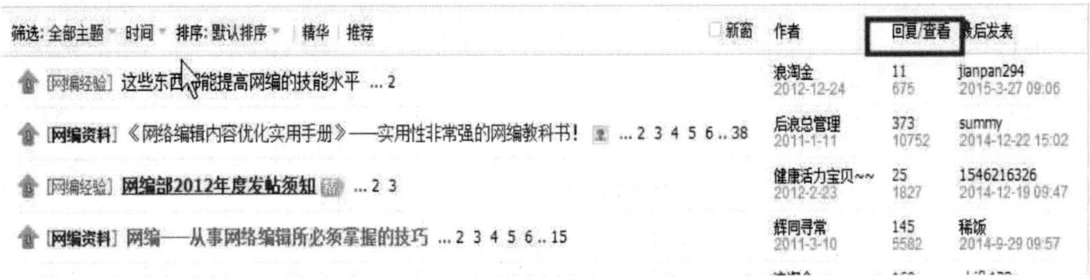

图 9-8

5. 确定网络问卷调查活动的主题，小组成员合作在网上撰写网络编辑职业调研活动的帖子。撰写帖子前，注意阅读发帖须知，明确帖子应放在哪一类别下，并集思广益制作帖子的标题。

图 9-9

6. 策划并撰写网络编辑职业调查问卷。

(1)制作标题。

标题需要以简洁的语言概括出调研的主体，使参与者能大致明确接下来将要回答的问题。如：网络编辑职业调查问卷。

(2)撰写前言。

前言可阐述组织者的身份、调查目的，或对参与者表示感谢，要言简意赅。

如：我们是……，为了……目的而实施此次调查，感谢您百忙之中参与此调查问卷，请您认真填写相关问题，您的回答对于我们非常重要，再次表示感谢！

(3)确定调查问卷的主体。

小组成员头脑风暴，探讨需调查的问题，并确定回答的方式。

提示：调查问卷的内容可从参与者的个人基本信息(性别、年龄、从事网编年限、文化程度、专业背景、收入等)、网络编辑工作的主要内容、网络编辑的职业技能等方面进行设置。问题的回答方式有开放式问题和封闭式问题两种，详细请阅读第三部分技巧和拓展相关内容。

三、任务检验

任务完成后，各小组展示成果，先由本小组自我总结评价，然后其他小组给予评价，老师点评，再由小组进行改进，最后由教师根据改进后的成果，征求其他小组意见，给出最后得分。

任务检验评价表

评价内容	评价标准	配分	自评	互评	教师评价	改进	改进后得分
帖子的标题	主题突出，有创意，能吸引网民点击	20					
调查问卷的设置	问题设置合理，选项覆盖全面，为参与者留有自由发挥空间，便于统计	50					
网民的参与程度	参与调查人数的多少	30					
总分							

第三部分

技巧和拓展

调查报告的撰写格式

调查报告一般由标题、前言、主体、结尾四部分组成。

1. 标题

即调查报告的题目，常用格式为“关于××的调查报告”、或“××关于××的调查报告”。如《国家邮政局关于2013年快递服务满意度调查结果的报告》。

2. 前言

该部分主要是注明调查的原因、目的、历史背景等。

3. 主体

主体是整个调查问卷的核心部分。其内容主要包含调查方法、调查基本过程、调查结果，以及根据调查结果分析出来的观点、结论等。

4. 结尾

其内容为解决某个问题的方法、对策，下一步工作的改进措施，前景展望等。

案例：

国家邮政局关于2013年快递服务满意度调查结果的报告

为进一步提升快递服务质量，促进行业健康有序发展，国家邮政局委托零点研究咨询集团对2013年快递服务满意度进行了调查。现通告如下：

一、基本情况

2013年快递服务满意度调查范围覆盖全部省会城市、直辖市以及快递业务量较大的共50个城市，具体包括：北京、天津、石家庄、太原、沈阳、大连、哈尔滨、上海、南京、苏州、杭州、合肥、福州、厦门、南昌、济南、青岛、郑州、武汉、长沙、广州、深圳、重庆、成都、昆明、西安、兰州、乌鲁木齐、宁波、呼和浩特、长春、南宁、海口、贵阳、拉萨、西宁、银川、珠海、汕头、无锡、常州、扬州、徐州、金华、绍兴、温州、泉州、东莞、佛山和中山市。调查的快递品牌为2012年业务量排名前10且服务水平较好的企业，包括：邮政EMS、顺丰速运、申通快递、圆通速递、韵达快运、中通速递、宅急送快运、百世汇通、天天快递和优速快递。调查采用计算机辅助电话访问和快件时限查询：其中，电话访问获得有效样本59662个，时限查询获得有效样本33597个。

二、调查结果

调查显示，2013年快递服务总体满意度为72.7分，较2012年增加1.0分，行业服务水平稳步提升。其中，公众满意度为77.1分，较2012年提升2.6分，对总体满意度的贡献度为1.33分；时测满意度为68.3分，较2012年下降0.7分，对总体满意度的贡献率为－0.33分。品牌总体满意度得分依次为：顺丰速运、邮政EMS、圆通速递、申通快递、韵达快递、中通快递、天天快递、百世汇通、宅急送快运和优速快递；其中，顺丰速运得分超过80分、邮政EMS和圆通速递得分均超过75分。

公众满意度方面，受理和揽收环节满意度均突破80分，分别达到85.2分、84.7分，较2012年分别提升3.9分、1.7分；派送和售后环节均突破70分，分别达到76.3分、71.0分，较2012年分别提升3.8分、7.1分。快递服务“重前不重后”的现象有所缓解，但仍有进一步缩小服务差距的空间。

在受理环节，普通电话受理满意度为85.9分，较2012年提升3.3分；客服热线受理满意度为82.0分，较2012年提升1.3分。表现较好的企业有顺丰速运、邮政EMS、百世汇通、韵达快递。用户对于部分企业客服热线接通率偏低、下单操作复杂以及服务态度较差等问题不满意。

在揽收环节，揽收服务满意度表现最佳，得分为88.9分；上门时限满意度进步明显，较2012年提升2.4分；快递费用的满意度仅为74.9分，明显低于其他指标得分，表明用户对快递价格的敏感度较高。揽收环节表现较好的企业有百世汇通、顺丰速运、天天快递、中通快递。

在投递环节，送达质量表现最佳，得分为85.6分；投递证实满意度进步明显，较2012年提升5.5分，但同时仍是投递环节中满意度得分最低的指标，满意度仅为65.9分，投递环节表现较好的企业有顺丰速运、圆通速递、申通快递、邮政EMS。用户对于部分快递企业无法提供投递证实服务表示不满意。

在售后环节，查询服务满意度表现最佳，分值为80.0分，同时也是售后环节中提升最明显的指标，较2012年提升5.8分；投诉服务仍是售后环节中满意度评价最低的指标，得分仅49.5分，投诉服务质量仍待提升。售后环节表现较好的企业有顺丰速运、圆通速递、韵达快递、中通快递。

消费者选择快递品牌时考虑的主要因素依次为时效(占比38.9%)、价格(占比38.0%)和服务(占比24.7%)。

从消费者反映的问题件类型及投诉快递企业的原因看，快件延误仍然是目前快递企业存在的主要问题，确保快件时效仍然是快递企业提升服务的关键。从用户使用快递的习惯看，48.3%的受访者拨打快递企业本地网点或快递员手机进行下单，而选择快递企业官方网站进行快件单号查询的用户比例也达到62.0%。在签收快件的场所方面，办公室前台仍然是用户的首选，比例达到41.5%。

调查还显示，2013年快递行业服务均衡性增强，快递行业公众形象稳步提升，公众期望进一步趋于理性；公众满意度与时测满意度的匹配程度得到改善，用户主观评价与企业时限实际完成情况之间的均衡性不断加强；受售后环节满意度提升的影响，快递服务前后端均衡性改善较大；地区服务水平差距缩小。

第四部分

建立与管理微博和微信公众号

一、任务描述

1. 通过网络，申请并建立具有小组特色的博客账号，至少发表5篇文章。对文章进行信息分类设置管理，与其他小组建立友情链接，转载文章到小组博客。(小组合作完成)

2. 通过网络，申请并建立属于自己的微博账号，经常更新微博内容，关注感兴趣的微博，并逐步增加粉丝数。(成员自主学习，独自完成。)

3. 通过网络，申请并建立具有小组特色的微信公众号，并发布信息和文章，尝试微信公众号的基础运营和管理。(小组合作完成)

本任务由学生小组自行学习教材提供的任务提示和参考资料，然后独立完成。

时间安排表

课时	工作安排	学生活动	备注
0.5	以小组为单位，接受任务，解读任务	组内讨论	好的团队是成功的基础
0.5	任务计划	组内讨论，分工，学习材料	
1.5	上网、注册、搜索文章、查阅相关资料	上机操作，阅读，讨论	在机房、无线网络环境下完成
3	内容原创，微博、微信公众号运营等	上机操作、手机操作，协作完成	在机房、无线网络环境下完成
2	小组展示成果，自评、互评、教师评价	组织展示评价活动	

二、任务计划

结合之前学习的知识，我们可以通过以下几个步骤来完成任务目标：

1. 通过网络进入博客、微博、微信网站进行注册；
2. 利用搜索引擎获得博客、微博、微信公众号等运营方法；
3. 使用电脑、手机进行操作；
4. 总结心得。

由小组讨论每一步的具体做法，整理出一份任务实施的计划书。

____

____

自行阅读以下的学习材料，尝试学习材料中介绍的各种操作，归纳要点，讨论学习材料对完成任务有哪些帮助?

____

____

在后面完成任务时可回头再查阅知识点和操作方法。

◈学习材料

（一）博客

博客是由英文单词“Blog”音译而来，是“Web log”简称，俗称网络日志。以网络作为载体，简易迅速便捷地发布自己的心得，及时有效轻松地与他人进行交流，再集丰富多彩的个性化展示于一体的综合性平台，至今已十分受大家的欢迎。

按其功能的不同，博客可分为基本博客和微型博客；按其用户的不同可分为个人博客与企业博客。不同的用户使用博客有不同的目的，一般说来有以下几种：

a. 作为网络个人日记。

b. 个人展示自己某个方面的空间，让更多人了解你。

c. 网络交友的地方，能认识各行各业的形形色色的人。

d. 抒发个人感情的地方，把自己所想写在日志里，不受局限，言论自由。

e. 话语权。话语权是博客的最重要的作用，优秀的博客犹如一个媒体，一面旗帜。

博客是社会媒体网络的一部分，是自媒体中的一种，常用的有新浪、网易、和讯等博客。大部分的博客以文字内容为主，也有一些博客结合了图片、视频、音乐等多媒体形式。

（二）微信公众号

微信公众号是商家在微信公众平台上申请的应用账号，该账号与QQ账号互通，通过公众号，商家可在微信平台上实现和特定群体的文字、图片、语音、视频的全方位沟通、互动，形成了一种主流的线上线下微信互动营销方式。

微信公众号分为订阅号和服务号两种。

a. 订阅号，每天群发一条信息，认证后有自定义菜单。没有高级接口，不能用开发模式。

b. 选择服务号，申请后自带自定义菜单。认证后可以有高级接口，每周群发一条信息。均不可主动添加微信好友。

随着手机及移动互联网的普及，微信用户人数逐步增多，微信公众号运营也成为当下普遍的一种网络营销方式。作为一名合格的网络编辑应该知晓微信公众号的基本运营方式，并尝试管理非盈利性的微信公众号。

三、任务实施

（一）申请博客账号并发布文章、上传照片

1. 注册博客账号（以和讯博客为例）

（1）打开和讯博客官方网址 http://blog.hexun.com/，鼠标左键单击注册。

图 9-10

(2)弹出注册对话框，完善注册信息，或从免注册快速登录。

图 9-11

2. 发布文章

(1)进入我的博客主页，单击下图中的“写博客”。

图 9-12

(2)进入如下页面。

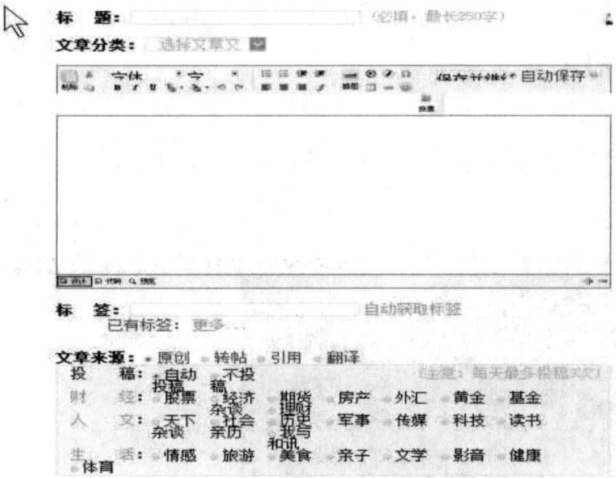

图 9-13

(3)根据要求完成稿件撰写，然后单击下图中的发表，发表文章。

图 9-14

3. 上传照片

(1)进入我的博客主页，单击下图中的“上传照片”。

图 9-15

(2)打开下列页面，按要求添加照片文件，确认后单击上传照片。

图 9-16

(二)微信公众号的创建及文章的发布

1. 创建微信公众号账号

(1)输入微信公众号网址 https://mp. weixin. qq. com/，进入微信公众平台首页。

图 9-17

(2)单击右上角的注册，进入注册页面。

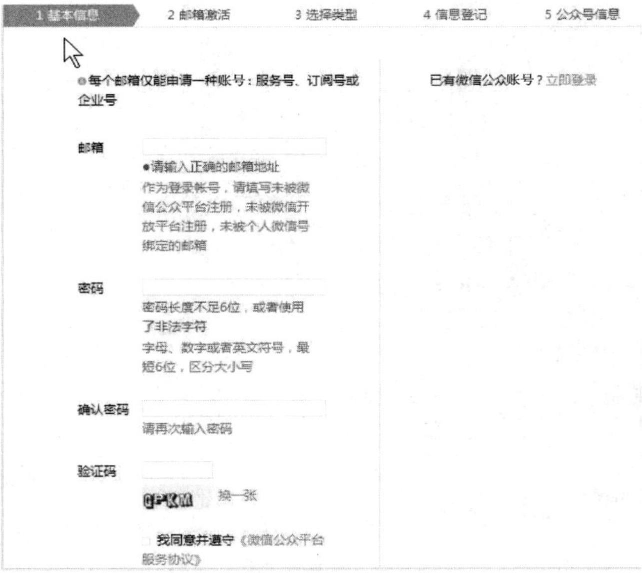

图 9-18

(3)根据要求填写注册信息，注意填写正确的邮箱地址。

(4)进入邮箱激活账号，然后选择账号类型订阅号，主体类型个人。

图 9-19

(5)根据提示完善主体登记信息并设置账号名。

图 9-20

(6)完善公众号信息，微信公众号注册完成。

2. 发布文章

(1)登录公众号账号，进入如下界面，选择素材管理。

(2)根据需要在素材管理窗口录入文字、图片、语音和视频。

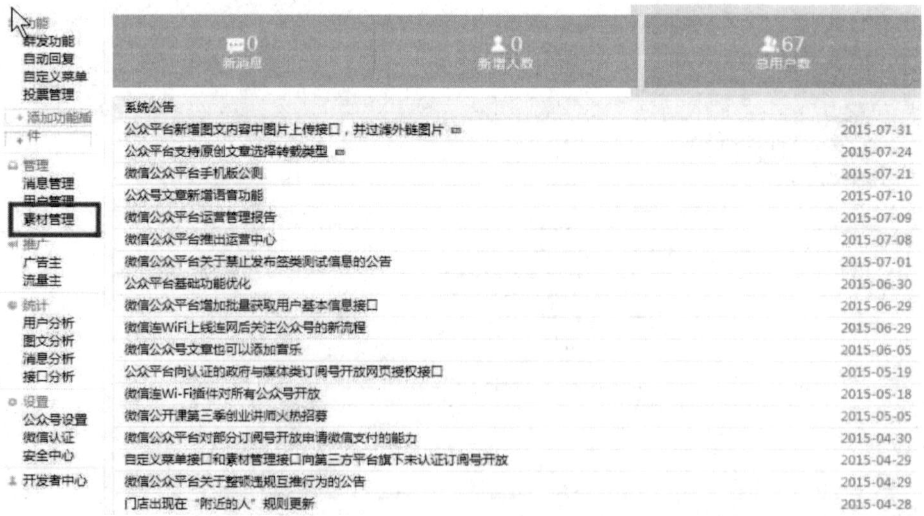

图 9-21

四、任务检验

任务完成后，各小组展示成果，先由本小组自我总结评价，然后其他小组给予评价，老师点评，再由小组进行改进，最后由教师根据改进后的成果，征求其他小组意见，给出最后得分。

任务检验评价表

评价内容	评价标准	配分	自评	互评	教师评价	改进	改进后得分
稿件采集	内容符合主题，稿件内容信息可靠						
稿件质量	标题突出，内容简练，有创意，符合原稿提供的事实						
网友互动	粉丝数、与网民的互动情况						
总分							

第五部分

总结和反馈

1. 请各学习小组总结本项目中遇到的问题和解决的办法。

遇到的问题	解决办法

2. 请学生总结之后完成下表。

网络互动的主要内容	列出你今后需要学习的知识和技能

项目十　学习法律法规

【学习目标】

知识目标： 了解从事网络编辑工作应遵循的职业道德和职业守则。

能力目标： 熟悉与网络编辑相关的法律法规。

素质目标： 具备懂法守法的职业素质。

第一部分

预备知识

一、网络编辑职业道德

1. 网路编辑职业道德的定义

网路编辑职业道德，是从事网络信息传播活动的人，在职业实践中形成的调整相互关系的行为规范的总和。网络编辑职业道德体现在调节以下关系中：

(1)网络编辑与受众的关系。网络编辑面对的受众，是指网络信息的接受者，网络编辑首先是为受众服务，只有满足他们的信息需求，才能体现职业的价值、实现职业利益。为受众负责是是网络编辑职业道德的内容之一。

(2)网络编辑与信息涉及者的关系。包括提供信息来源的机构和个人、采访对象、当事人等。

保护他们的权益不受侵害，是网络编辑职业道德的一项重要内容。

(3)网络编辑与同行的关系。网络编辑职业面对同行的激烈竞争，同行之间的良性的竞争是网络信息传播事业创新发展的强大动力；但不能恶性竞争，恶性竞争会损害网络信息传播行业的整体利益和受众利益。而网络编辑同行之间的竞争关系，不仅要靠法律调节，而且更要用职业道德来规范。

(4)网络编辑与工作单位的关系。网络编辑受雇于网站并从事网络信息传播。网站必须保障网络编辑享有必要的合法权益，并为网络编辑的职业活动提供必要的条件；同时网络编辑也要自觉维护网站的利益。

(5)网站与广告客户的关系。网站刊登广告实现盈利，为网站的生存方式之一，无可厚非。但是不能因为追求广告利润，而降低道德水准，牺牲社会责任。

2. 网络编辑职业道德的内容

(1)网络编辑人员应确保所传播信息的真实性。网络编辑必须核实信息来源，验证信息的真实性。尤其是社会反响大的内容要进行反复的验证，不宜轻信，尽量采用权威媒体的信息。首先是网络编辑应确保由自己“原创”的新闻报道要真实、客观，认真把握好采写过程的每一个环节；其次对于转载其他媒体的信息也要注重调查核实。网络作为一种全新的信息传播载体，无疑给信息的传播提供了更大的便利，但也增大了虚假信息、侵权信息、色情信息产生和散播的风险。网络编辑从业人员必须加强职业道德修养，形成一种内心的信念，约束自己的行为。

(2)网络编辑人员应坚决抵制有害信息的传播。这些有害信息包括：反对宪法所明确定的基本原则的；危害国家安全，泄露国家秘密，颠覆国家政权，破坏国家统一的；损害国家荣誉和利益的；煽动民族仇恨，民族歧视，破坏民族团结的；破坏国家宗教政策，宣扬邪教和封建迷信的；散布遥言，扰乱社会秩序，破坏社会稳定的；散布淫秽、色情、赌博、暴力、凶杀、恐怖或者教唆犯罪的；侮辱或者诽谤他人，侵害他人合法权益的；含有法律，行政法规禁止的其他内容的。

(3)网络编辑人员应该公平公正，维护自由平等的网络交流环境。在我国，每个公民都享有利用网络发布信息的权力，自由平等的交流是每个网民的愿望，网民的言论自由应得到尊重和保护。

(4)坚持真确的舆论导向。舆论的导向性历来是我国新闻媒体的一个重要功能，舆论导向的正确与否，关系到党和国家的“祸”和“福”，是关系到党和人民前途、命运根本利益的通天大事。网络媒体的舆论导向具体体现在两个部分：一是新闻报道部分，二是论坛、社区、博客等非新闻部分。这两个部分的内容要注意舆论导向问题。

(5)网络编辑人员应自觉维护著作权法。著作权也称版权，是指作者及其他权利人对文学、艺术和科学作品享有的人身权和财产权的总称。网络编辑操作中复制、粘贴的便利是盗版、侵权更加容易，网络编辑人员应自觉抵制这种行为。

3. 网络编辑职业守则

根据网络编辑职业特点，国家职业标准规定了网络编辑职业守则，一是遵纪守法，尊重知识产权，爱岗敬业，严守新闻出版规定纪律；二是实事求是，工作认真，尽职尽责，一丝不苟，精益求精，团队精神。

此外，网络编辑从业人员还应遵守《中国新闻工作者职业道德准则》。

中国新闻工作者职业道德准则

第一条 全心全意为人民服务。要忠于党、忠于祖国、忠于人民，把体现党的主张与反映人民心声统一起来，把坚持正确导向与通达社情民意统一起来，把坚持正面宣传为主与加强和改进舆论监督统一起来，发挥党和政府联系人民群众的桥梁纽带作用。

1. 积极宣传党和政府的重大决策部署，及时传播国内外各领域的信息，满足人民群众日益增长的新闻信息需求，保证人民群众的知情权、参与权、表达权、监督权；

2. 牢固树立群众观点，把人民群众作为报道主体和服务对象，多宣传基层群众的先进典型，多挖掘群众身边的具体事例，多反映平凡人物的工作生活，多运用群众的生动语言，使新闻报道为人民群众喜闻乐见；

3. 积极反映人民群众的正确意见和呼声，批评侵害人民利益的现象和行为，依法保护人民群众的正当权益。

第二条 坚持正确舆论导向。要坚持团结稳定鼓劲、正面宣传为主，唱响主旋律，不断巩固和壮大积极健康向上的舆论。

1. 始终坚持以经济建设为中心，服从服务于改革发展稳定大局不动摇，着力推动科学发展、促进社会和谐；

2. 宣传科学理论、传播先进文化、塑造美好心灵、弘扬社会正气，增强社会责任感，坚决抵制格调低俗、有害人们身心健康的内容；

3. 加强和改进舆论监督，着眼于解决问题、推动工作，坚持准确监督、科学监督、依法监督、建设性监督；

4. 采访报道突发事件要坚持导向正确、及时准确、公开透明，全面客观报道事件动态及处置进程，推动事件的妥善处理，维护社会稳定和人心安定。

第三条 坚持新闻真实性原则。要把真实作为新闻的生命，坚持深入调查研究，报道做到真实、准确、全面、客观。

1. 要通过合法途径和方式获取新闻素材，新闻采访要出示有效的新闻记者证。认真核实新闻信息来源，确保新闻要素及情节准确；

2. 报道新闻不夸大不缩小不歪曲事实，不摆布采访报道对象，禁止虚构或制造新闻。刊播新闻报道要署作者的真名；

3. 摘转其他媒体的报道要把好事实关，不刊播违反科学和生活常识的内容；

4. 刊播了失实报道要勇于承担责任，及时更正致歉，消除不良影响。

第四条 发扬优良作风。要树立正确的世界观、人生观、价值观，加强品德修养，提高综合素质，抵制不良风气，接受社会监督。

1. 强化学习意识，养成学习习惯，不断提高政治和业务素质，增强政治意识、大局意识、责任意识，努力成为专家型新闻工作者；

2. 深入基层、贴近群众、体验生活，在深入中了解社情民意，增进与群众的感情；

3. 坚决反对和抵制各种有偿新闻和有偿不闻行为，不利用职业之便谋取不正当利益，不利用新闻报道发泄私愤，不以任何名义索取、接受采访报道对象或利害关系人的财物或其他利益，不向采访报道对象提出工作以外的要求；

4. 尊重新闻同行，反对不正当竞争。尊重他人的著作权益，引用他人的作品要注明出处，反对抄袭和剽窃行为；

5. 严格执行新闻报道与经营活动分开的规定，不以新闻报道形式做任何广告性质的宣传，编辑记者不得从事创收等经营性活动。

第五条 坚持改革创新。要遵循新闻传播规律，提高舆论引导能力，创新观念、创新内容、创新形式、创新方法、创新手段，做到体现时代性、把握规律性、富于创造性。

1. 深入研究不同传播对象的接受习惯和信息需求，主动设置议题，善于因势利导，不断提高舆论引导能力和传播能力；

2. 认真研究传播艺术，利用现代传播手段，采用受众听得懂、易接受的方式，增强新闻报道的亲和力、吸引力、感染力；

3. 善于利用新载体、新技术收集信息、发布新闻，提高时效性，扩大覆盖面。

第六条 遵纪守法。要增强法治观念，遵守宪法和法律法规，遵守党的新闻工作纪律，维护国家利益和安全，保守国家秘密。

1. 严格遵守和正确宣传国家的民族区域自治制度、各民族平等团结和宗教信仰自由政策，维护国家主权和社会稳定；

2. 维护采访报道对象的合法权益，尊重采访报道对象的正当要求，不揭个人隐私，不诽谤他人；

3. 维护未成年人、妇女、老年人和残疾人等特殊人群的合法权益，注意保护其身心健康；

4. 维护司法尊严，依法做好案件报道，不干预依法进行的司法审判活动，在法庭判决前不做定性、定罪的报道和评论；

5. 涉外报道要遵守我国涉外法律、对外政策和我国加入的国际条约。

第七条 促进国际新闻同行的交流与合作。要努力培养世界眼光和国际视野，积极搭建中国与世界交流沟通的桥梁。

1. 在国际交往中维护祖国尊严和国家利益，维护中国新闻工作者的形象；

2. 积极传播中华民族的优秀文化，增进世界各国人民对中华文化的了解；

3. 尊重各国主权、民族传统、宗教信仰和文化多样性，报道各国经济社会发展变化和优秀民族文化；

4. 积极参加有组织开展的与各国媒体和国际(区域)新闻组织的交流合作，增进了解、加深友谊，为推动建设持久和平、共同繁荣的和谐世界多做工作。

二、网络编辑的相关法律法规

网络编辑除了受到职业道德的约束以外，更受到相关法律法规的强有力规范。遵纪守法是每个网络编辑从业人员必须坚持的底线。我们需要认真学习和掌握以下法律法规知识：《中华人民共和国劳动法》、《中华人民共和国著作权法》、《互联网信息服务管理办法》、《互联网新闻信息服务管理规定》、《互联网电子公告服务管理规定》、《中华人民共和国计算机信息网络国际联网管理暂行规定》、《互联网出版管理暂行规定》、《信息网络传播权保护条例》。这些法律法规都可以在网络上搜索到全文，要求每个同学认真阅读、理解和领会各项法律条款的要义。

第二部分

学法用法

一、任务描述

查阅、研读相关法律法规，回答问题。本任务由学生完成，老师检查完成情况，组织评价。

时间安排表

课时	工作安排	教师活动	备注
0.5	下发任务，解读任务		
2.5	学生查阅、研读相关法律法规，回答问题	老师辅导、监督	
0.5	组织评价，推选出最优答案	讲解示范，巡回辅导	
	小组展示成果，自评、互评、教师评价	组织展示评价活动	

二、任务实施

1. 网上搜索《中华人民共和国劳动法》，选择百度百科或者中国人民政府网站提供的资料，认真阅读《中华人民共和国劳动法》全文，回答以下问题：

①劳动者的权力和义务是什么？

______________________________。

②劳动者就业的原则有哪些？

______________________________。

③劳动合同的概念和订立的原则是什么？

______________________________。

④用人单位可以解除劳动合同和不可以解除劳动合同的情形分别有哪些？

______________________________。

⑤用人单位延长劳动者工作时间需要符合什么条件？按照什么标准支付劳动者延长工作时间的工资报酬？

______________________________。

⑥劳动法对女性的特殊保护有哪些？

______________________________。

2. 网上搜索《中华人民共和国著作权法》，选择百度百科或者中国人民政府网站提供的资料，认真阅读《中华人民共和国著作权法》全文，回答以下问题：

①著作权的概念是怎样的？

______________________________。

②著作权的内容有哪些？

______________________________。

③著作权的保护期限是怎样规定的？

______________________________。

④著作权权力限制有哪些情形？

______________________________。

⑤列出图书、报刊出版的 7 条规定。

______________________________。

⑥侵犯著作权必须承担的法律责任有哪些？

______________________________。

3. 网上搜索《互联网信息服务管理办法》，选择百度百科或者中国人民政府网站提供的资料，认真阅读《互联网信息服务管理办法》全文，回答以下问题：

①互联网信息服务管理的宗旨是什么？

____

②《互联网信息服务管理办法》第四条的规定是______________________________

______________________________。

③《互联网信息服务管理办法》第五条的规定是______________________________

______________________________。

④《互联网信息服务管理办法》第八条的规定是______________________________

______________________________。

⑤《互联网信息服务管理办法》第十四条的规定是______________________________

______________________________。

⑥《互联网信息服务管理办法》第十五条的规定是______________________________

______________________________。

4. 网上搜索《互联网新闻信息服务管理规定》，选择百度百科或者中国人民政府网站提供的资料，认真阅读《互联网新闻信息服务管理规定》全文，回答以下问题：

①新闻信息和新闻信息服务的定义是______________________________。

②互联网新闻信息服务单位应当具备什么条件？

______________________________。

③互联网新闻信息服务单位登载、发送的新闻信息或者提供的时政类电子公告服务，禁止的内容有哪些？

____

______________________________。

5. 网上搜索《互联网电子公告服务管理规定》，选择百度百科或者中国人民政府网站提供的资料，认真阅读《互联网电子公告服务管理规定》全文，回答以下问题：

①电子公告服务的定义是______________________________。

②开展电子公告服务应具备哪些条件？

____。

③《互联网电子公告服务管理规定》第十条的规定是______________________________

____。

④《互联网电子公告服务管理规定》第十四条的规定是____________________________

____。

6. 网上搜索《中华人民共和国计算机信息网络国际联网管理暂行规定》，选择百度百科或者中国人民政府网站提供的资料，认真阅读《中华人民共和国计算机信息网络国际联网管理暂行规定》全文，回答以下问题：

①《中华人民共和国计算机信息网络国际联网管理暂行规定》第四条的规定是______

____。

②《中华人民共和国计算机信息网络国际联网管理暂行规定》第五条的规定是______

____。

③《中华人民共和国计算机信息网络国际联网管理暂行规定》第七条的规定是______

____。

7. 网上搜索《互联网出版管理暂行规定》，选择百度百科或者中国人民政府网站提供的资料，认真阅读《互联网出版管理暂行规定》全文，回答以下问题：

①互联网出版的定义是____。

②《互联网出版管理暂行规定》第二十一条的规定是______________________________

____。

8. 网上搜索《信息网络传播权保护条例》，选择百度百科或者中国人民政府网站提供的资料，认真阅读《信息网络传播权保护条例》全文，回答以下问题：

①本条例保护的是哪种权力？

____

②《信息网络传播权保护条例》第五条的规定是__________________________________

____。

③《信息网络传播权保护条例》第六条的规定是__________________________________

____。

④《信息网络传播权保护条例》第十条的规定是__________________________________

____。

⑤《信息网络传播权保护条例》第十二条的规定是________________________________

____。

三、任务检验

任务完成后，交给老师检查，根据每位同学任务完成情况，给予个人任务完成分。然后将同学分成5组，每组的同学一起研究讨论，第一组给出任务中的第1项《中华人民共和国劳动法》中各个问题的标准答案。第二组给出任务中的第2项《中华人民共和国著作权法》中各个问题的标准答案。第三组给出3、4项的标准答案。第四组负责5、

6 项。第五组负责 7、8 项。然后各组分别展示完成情况。老师根据小组完成情况给出本组同学的小组合作分。

任务检验评价表

评价内容	评价标准	配分	评价方式	得分
个人任务完成分	是否认真完成任务，任务完成程度，答案正确率	50	老师检查	
小组合作分	参与小组讨论是否积极，本小组给出答案正确率	50	小组互评、自评、老师给分	
总分				

第三部分

总结和反馈

深圳市快播科技有限公司(SHENZHEN QVOD TECHNOLOGY CO.，LTD.)正式成立于2007年12月，是一家以网络流媒体技术开发与应用为核心的高科技公司。2014年4月22日，深圳警方根据群众举报，对快播公司涉嫌传播淫秽信息展开核查。5月15日，全国“扫黄打非办”通报，快播公司通过互联网传播淫秽色情信息，且情节严重，公安部门已立案调查，该公司多名工作人员被刑事拘留，拟对快播公司处以吊销增值电信业务经营许可证的行政处罚。经过北京市公安部门对快播公司网上传播淫秽色情信息一案进行的立案调查发现，自2010年以来，快播公司法人代表王欣等人开发了快播视频播放软件系统，以只做技术、不问内容为借口，大打所谓“擦边球”，明知快播系统内有大量淫秽色情视频，却放任其广泛传播，甚至在公司遍布全国各地的服务器中存储大量淫秽色情视频供网民浏览下载。根据调查情况，公安部门对嫌疑人王欣采取逮捕的刑事强制措施，实施网上追逃，并通过国际刑警组织发布红色通缉令。调查还发现，2014年6月，快播公司未经许可非法向公众传播《北京爱情故事》等影视剧、综艺类作品，非法经营额为8671.6万元，违法情节严重。6月26日，深圳市市场监督管理局宣布对快播公司开出2.6亿天价罚单。8月7日，王欣从境外入境某国时，被该国有关部门截获。8月8日，公安部门将王欣押解回国。

回顾网络编辑职业道德和相关法律知识，利用所学的知识，分析快播事件所涉及的道德和法律问题。

附录　本课程教学大纲

一、课程的性质和任务

网络编辑是网站内容的设计师和建设者，通过对信息进行收集、分类、编辑、审核，然后通过网络向世界范围的网民进行发布，并且通过网络从网民那里接收反馈信息，产生互动。本课程针对网络编辑员和助理网络编辑师的职业资格要求，训练技能，学习知识，培养素质。旨在通过这样的学习与训练，使学生具备网络编辑岗位的工作能力和职业素养。

二、教学内容和要求

本课程以网络编辑的典型工作任务为载体，采用项目教学法，“做”中“学”，“练”中“学”。项目从简单到复杂，从学会“制作”到学会“创作”。课程由以下十个项目构成：

● 项目一　解网络编辑

通过完成简单的网络编辑任务，体验网络编辑工作的乐趣，理解网络编辑的概念，了解网络编辑的工作内容和业务流程，掌握网页制作最基本的技术；了解网络编辑职业对知识和技能的要求，为下一步的学习做好准备。

● 项目二　编辑图文素材

通过这个项目的学习，使学生能够发现图片素材存在的色彩偏差问题和构图上的不足，拟出应用 Photoshop 软件进行优化的方案，并予以实施；掌握为网络编辑准备美观、适用的图片素材的方法的实际操作技能；掌握文字、图表的编辑和设计制作。

● 项目三　制作音视频

使用 Premiere 软件完成网络音视频的制作和发布任务，掌握音视频制作的相关知识；完成视频原创任务，掌握电视摄像和电视画面剪辑的基本知识。

● 项目四　动画设计

通过这个项目的学习，使学生能够动用 Flash 软件制作用于网络编辑的图片自动切换动画效果和循环滚动的图片动画效果。

● 项目五　制作网页及发布内容

通过学习和完成网页制作任务，理解网页相关的基本概念，了解网页的结构和原理，掌握网页制作的基本技术；了解网页制作的基本理论和技能，掌握制作、修改网页版面的技能。

● 项目六　获取和筛选网络信息

了解网络信息获取的途径与方法，以及网络信息筛选的重要性。理解网络信息获取与筛选的基本原则及价值标准，网络信息来源的基本途径；掌握网络信息的获取和筛选的标准与技巧、并且能够熟练地运用。

● 项目七　加工稿件

了解网络稿件常见问题、网络标题的特点、内容提要和超链接的作用；理解网络稿件修改方法、网络稿件标题的构成要素、内容提要和超链接的内涵；掌握网络稿件的加工技巧、网络标题的制作技巧、内容提要的制作和超链接的运用。

● 项目八　实施原创

了解网络内容原创的概念、稿件采访的主要形式和网络消息的基本构成；理解网络消息、评论、通讯，网络文学和博客的主要特点和网络消息写作的结构；掌握网络稿件采访的技巧和网络稿件写作的技法。

● 项目九　构建和管理网络互动

理解网民参与互动的形式与方式；通过完成社区管理任务，掌握论坛管理的原则与方法，并能根据主题撰写论坛活动策划方案；通过完成网络问卷调查任务，掌握网络问卷调查的基本程序和方法；了解博客、微博、微信公众号的操作方法和基础运营知识。

● 项目十　学习法律法规

理解和掌握从事网络编辑工作应遵循的职业道德和职业守则；全面学习与网络编辑相关的法律法规，做到懂法守法。

三、课时分配表

序号	项目	课时分配		备注
		网络编辑员层次的培养	助理网络编辑师层次的培养	
1	项目一　了解网络编辑	10	10	
2	项目二　编辑图文	12	12	
3	项目三　制作音视频	14	16	网络编辑员层次的培养第三部分作为选修
4	项目四　设计动画	12	12	
5	项目五　制作网页及发布内容	8	14	网络编辑员层次培养第一部分和第二部分作为选修
6	项目六　获取和筛选网络信息	8	8	
7	项目七　加工稿件	4	10	网络编辑员层次培养第三部分和第四部分作为选修
8	项目八　实施原创	选修	10	
9	项目九　构建和管理网络互动	选修	12	
10	项目十　学习法律法规	4	4	
合　计		72	108	

四、教学建议

1. 根据培养层次的不同对教学内容可以进行取舍，对于网络编辑员(四级)的培养，项目八、项目九可舍去，项目三、项目五、项目七可只训练其中的部分任务。

2. 教学过程中要贯彻以学生为中心的教学理念，通过学生完成工作任务，引导学生去探索学习相关的知识和技能，避免老师过多的讲授和过多的代劳。

3. 每个项目的第一个任务(每个项目的第二部分)由师生共同完成，第二个任务(每个项目的第四部分)由学生或学生小组完成。教学中要先布置任务，在做任务的过程中或者完成任务后的总结中学习项目的第一、三部分的内容。要重视完成任务后的交流与评价环节。

4. 学校必须具备学习本课程所需要的硬件和软件。

参考文献

1. 笪佐领，沈逸君. 网络信息检索实用教程. 南京：南京大学出版社，2016

2. 高俊宽. 网络信息检索. 合肥：合肥工业大学出版社，2015

3. [美]盖莫尔，[韩]金荣汉著. 网络信息论. 北京：清华大学出版社，2015

4. 仲星明. 网络信息检索与运用. 沈阳：辽宁美术出版社，2007

5. [美]科瓦齐，[美]罗森斯蒂尔. 北京：北京大学出版社，2014

6. 金力 刘路悦. 网络编辑实训教程. 北京：北京大学出版社，2010

7. 宋文官 王晓红. 网络信息编辑实务(第 2 版). 北京：高等教育出版社，2013

8. 陈文耀. 试论大数据时代新闻出版编辑的新素养. 东南传播[J]，2016(09)

9. 陈文耀. 浅谈高职院校复合型编辑人才的培养. 新闻世界[J]，2014(03)

10. 劳动和社会保障部教材办公室. 助理网络编辑师(国家职业资格三级)—教材[M]. 北京：中国劳动社会保障出版社，2006(09)

11. 李立威. 网络信息编辑[M]. 北京：北京航空航天大学出版社，2013(02)